アジアの灌頂儀礼

その成立と伝播

森　雅秀＝編

灌頂が行われた地域はインドにとどまらず、ひろくアジア全域に及んでいる。
その時代も、紀元前二千年にさかのぼる古代インドのヴェーダの時代から、
現代の日本やチベットの密教寺院に至るまで、途切れることがない。

法藏館

アジアの灌頂儀礼——その成立と伝播——＊目次

第一部　インド

目　次

第四部　日本

アジアの灌頂儀礼

その成立と伝播

総論　灌頂とは何か

森　雅秀

一　灌頂とは

灌頂。「かんじょう」と読む。仏教儀礼のひとつであり、とくに密教においては、最も重要な儀式とされる。「灌頂」の「灌」は「水をそそぐ」の意で、「頂」は頭頂を指す。儀式の中心部分が「頭頂に水をそそぐ」ことから、この名称がある。ただし、原語のサンスクリット語の「アビシェーカ」（abhiṣeka）には、「頭頂」ということばは含まれない。単に「（水などの液体を）上からそそぐこと」を表すことばである。

仏教辞典などで「灌頂」をひくと、この「水をそそぐこと」をはじめにあげる。つぎに「古代インドの国王の即位儀礼において、新しい王に水をそそいだことから、それが仏教に取り入れられ、修行階梯を終えた弟子に、阿闍梨の位を授ける儀式をいう」といった説明がなされている。

たしかに「アビシェーカ」の本来の意味は「水をそそぐこと」であるが、実際にこの語がサンスクリット文献で用いられるのは、国王の即位儀礼であることが最も一般的である。「灌頂」という名詞の他にも、動詞で「私は灌頂しよう」（abhiṣiñcāmi）や、「灌頂された（者）」（abhiṣikta）などの形で現れるが、いずれも即位儀礼の文脈であり、日常生活で、単に「水をそそぐ」という意味で用いられることはない。インドにおいて「灌頂」やその派生語は、つねに即位儀礼が意識されて用いられたのである。

しかし、このことは灌頂が古代インドの国王即位儀礼に起源を持つことを必ずしも意味しない。それは「理念的な起源」ではあるが、実際の儀礼の方法や目的についてまで、そこに起源を求めることはできないからである。灌頂が行われた地域はインドにとどまらず、ひろくアジア全域に及んでいる。その時代も、紀元前一千年にさかのぼる古代インドのヴェーダの時代から、現代の日本やチベットの密教寺院に至るまで、途切れることがない。仏教やヒンドゥー教にとどまらず、民間信仰や土着の宗教にも、灌頂は取り入れられた。本書に収録された各論文のタイトルを一瞥するだけでも、灌頂が持つこの広範なあり方が見てとれるであろう。灌頂はアジアの宗教世界を貫く、大きな儀礼の柱なのである。

このような多様な広がりを持つ灌頂を、ひとことで説明するのはむずかしい。しかし、あえてそれを行うとすると、「特定の人物に、特別な価値を与える儀礼」と言うことができる。水をそそぐというのは、その「価値を与える」行為を、シンボリックに表す動作なのである。

「聖と俗」という宗教学で好まれた概念を用いると、「俗なるもの」を「聖なるもの」に変えるのが灌頂であり、あるいは、人類学的に見れば、イニシエーション（入門儀礼）として、通過儀礼のひとつと見なしうる。

しかし、そのような普遍化や一般化をすることは、あまり意味がないであろう。むしろ、歴史的な背景や社会的な文脈の違いを把握した上で、それぞれの灌頂が示すあり方を確認し、それを総体としてとらえることが重要である。

アジアの宗教の全体像やその流れを考えた場合、インドの存在は絶大である。とくに、ネパールやスリランカのようなインドの周辺地域をはじめ、東南アジア、中央アジアなど、広い意味でのインド世界に接する地域は、その大きな影響を受けた。東アジアにおいては、中国というもうひとつの強力な文化の源があったが、宗教に関しては、インドから伝わった仏教の存在が大きい。それはそのまま、朝鮮半島や日本などの極東地域にもあてはまる。

アジアの文化、とくに宗教におけるインド的な要素の研究は、哲学や思想の分野を中心に行われてきた。あるいは、美術のような表象文化においても顕著である。これに対し、儀礼のような宗教の行為を対象とした通文化的な研究は、これまでほとんどなされていない。

「葬式仏教」ということばもあるように、現代の日本仏教は、葬儀や法事のような特別な場面でしか、一般の人々に関わってこない。これは日本に限らず、近代化や都市化が進み、伝統的な宗教的世界とのつながりを失ったアジア各地において、程度の差こそあれ、同時に進行している現象である。しかし、逆に言えば、人々が宗教とかかわりを持つ最後の場面は、儀式や儀礼なのであろう。

これはおそらく、宗教が伝来したときにも逆のプロセスで起こったはずである。すなわち、難解な教理や哲学を完全に咀嚼するよりも、儀式や儀礼は、たとえその意味することが完全には理解できなくても、忠実に再現することができた。あるいは、その荘厳さや厳粛な雰囲気は、はじめてそれに接した人々に、圧倒的な印象をもたらしたにちがいない。儀礼は宗教の先遣隊であると同時に、しんがりをもつとめているのである。

本書はこのような視点にもとづいて、汎アジア的な広がりを持つ灌頂という儀礼を手がかりに、アジアの宗教的世界をとらえることを意図している。

灌頂で与えられるのが何らかの宗教的な価値であるとか、俗なるものを聖なるものに変えるのが灌頂の基本であると言っても、それは抽象的な観念や理念ではない。もっと具体的なものであったはずである。そして、灌頂という語が、つねに即位儀礼を意識して用いられたとすると、それは王と結びつくものであったと考えられる。

二　王権儀礼

紀元前千年紀にもさかのぼるヴェーダ文献から、古代インドの国王即位儀礼を考察する土山論文は、アジアの灌頂儀礼の最も古い形態を明らかにしている。そこには、王にそそがれるのは単なる水ではなく、天界の水であり、同時に光輝とも見なされる。神的なエネルギーが宿った物質であり、それをそそがれることで、新しい王は普通の人間ではなく、特別な力を備えた超越的な存在へと変わる。水と光が同じものと見なされ、そこに宿る「ヴァルチャス」という特別な力が灌頂の主役であった。

王というのは仏教徒にとってなじみやすいイメージであった。釈迦は王族の生まれで、そのまま世俗にとどまれば、王になるのは必定であった。「シッダールタ太子」と呼ばれるように、皇太子、すなわち王位継承者であったことは、すでに保証済みである。ちなみに、パーリ語の仏典には、国王即位儀礼ばかりではなく、皇太子を定める儀礼、すなわち立太子の儀礼としても「灌頂」の語が現れる。王になることを保証するのも、王になることと同様に、一種の即位儀礼と見なされたのである。

『過去現在因果経』にもとづく日本の「絵因果経」には、この立太子の儀礼としての灌頂の描写が、絵画で表されている（表紙カバー絵参照）。太子の両側で大きな水の瓶を頭上に掲げた人物が二人いるが、同じような灌頂の場面は、インドのアジャンタ石窟にも、国王即位儀礼として描かれており（第一部 扉絵参照）、遠く離れたふたつの地で、国王即位儀礼と立太子の儀礼が同じ形式でイメージされていたことがわかる。

釈迦自身が立太子の儀礼として灌頂を行った以外にも、釈迦の母である摩耶夫人が、釈迦を身ごもったときに、四大海の水で灌頂を受けたことを伝える文献もある（『衆許摩訶帝経』大正新脩大蔵経 第一九一番）。あるいは、釈迦が生まれてすぐに、二匹の龍が釈迦に灌水を行った「龍王灌水」も、灌頂にあたる行為と見なされることもある。釈迦の前世の物語を集成したジャータカをひもとけば、王や王子として活躍した前世の釈迦は、そのたびに灌頂を受けて王や皇太子に即位している。

王の位も含め、世俗の世界を捨てて、釈迦は悟りを開いたはずであるが、釈迦を見る人々の目には、あくまでも釈迦は王として映ったのであろう。誕生直後のアシタ仙による占いをはじめ、インド世界の理想の帝王である転輪聖王と釈迦を同等に置くエピソードは、仏伝のなかでしばしば語られる。

大乗仏教の菩薩たちは、釈迦を理想のモデルとする。彼らはけっして王や皇太子として生まれたわけではないが、仏教という世界の重要な後継者たちであり、それはいわば仏法が支配する国の王子たちであった。菩薩の修行段階としてよく知られている「菩薩の十地」は、その名のとおり、菩薩が修行を重ねて順番に登っていく十のステージであるが、その最後のステージは「灌頂住」と呼ばれることも、「法王子住」と呼ばれることもある。灌頂を受けるステージであり、そのポジションは「仏法の世界の王子」が占めるべきところなのである。これらの名称よりも「法雲地」の方が経典では一般的であるが、これも同様に、仏教の教えである法が雲にたとえられ、そこからもたらされる雨が、仏の智恵であり、その恵みを受けることで菩薩が修行を完成させるのである。そのイメージは灌頂と何ら変わりはない。

ただし、注意すべきは、大乗仏教の経典には、灌頂がどのように行われたかという詳細な記述がほとんどないことである。たとえあったとしても、国王即位儀礼のイメージとして、四方を幕で囲み、その中で先の王が新しい王に、四大海の水をそそぐといった簡単な記述が現れるにすぎない。大乗仏教の菩薩たちは、理想的には釈迦と同じように灌頂を受けるべきであるが、実際に、そのような儀式が大乗仏教の教団の中で行われたかは疑わしいのである。これについては、鈴木論文が詳しく扱っているが、大乗仏教の時代では、灌頂はまだフィクションであった可能性が高い。

それならば、密教の中で灌頂を始めたものは、何をモデルにしたのであろう。当然浮かんでくる疑問であるが、残念ながらそれはほとんどわかっていない。灌頂が初期の密教経典にも登場し、しかも、すでにそこではかなり複雑なプロセスで行われていたことはわかっている。その後の展開についても、杉木論文が鳥瞰しているが、基本的な枠組みはすでにはじめからできあがっていたと考えられる。密教内部で試行錯誤して完成させていったわけではないのである。大乗仏教の理念的な灌頂を、実際の儀礼の形式に整備したのではないことも、確実である。

仏教内部にモデルが見つからないとすれば、仏教の外に求めなければならない。候補として考えられるのはいくつかある。たとえば、しばしば灌頂の原型と言われる国王即位儀礼であるが、少なくとも、ヴェーダ祭式の灌頂は、「水をそそぐ」というプロセス以外は、ほとんど共通する要素はない。密教が成立したと考えられる六、七世紀のインドにおける国王即位儀礼がいかなるものであったかは、ほとんど明らかではないが、インドにおけるヴェーダの伝統の強靱さを考えれば、それほど大きく変容した方法がとられていたとは考えにくい。

仏教における密教の存在に近いヒンドゥー教のタントリズムはどうであろうか。本書では井田論文と引田論文がシヴァ派とヴィシュヌ派の灌頂を取り上げているが、密教の灌頂とは完全には一致しないようである。水をそそぐプロセス以外にも、いくつかの共通点は認められるものの、共通する背景からそれぞれ独自の展開を示したと見ることもあるいは可能かもしれないが、そこに至るプロセスをたどるのはほとんど不可能である。また、ヒンドゥー・タントリズムの場合、ディークシャーと呼ばれる入門儀礼の一部に灌頂が位置づけられる点も、密教とは大きく異なっている。

密教の灌頂の起源として筆者が注目しているのが、プラティシュターという儀礼である。これは、仏像を作ったときの完成式に相当する儀礼である。安置式という訳語が、プラティシュターの本来の意味に最も近いが、日本の場合は、開眼作法という呼び方もある。

インドで仏像が誕生したのは紀元一世紀頃、ヒンドゥー教の神像はそれよりも少し遅れると考えられているが、いずれにしても、紀元一、二世紀には、このような儀礼がすでに行われていたと考えられる。プラティシュターに関する最新の研究成果を見ると、この儀礼が灌頂と密接に関わっていたことがわかる。また、密教ではプラティシュターと灌頂を同種の儀礼と見なしていることも、当時の文献から知られる。これは、灌頂が「人（弟子）を仏にする儀礼」であるのと同様に、プラティシュターが「モノ（すなわち仏像）を仏にする儀礼」であるからである。人とモノという違いはあっても、いずれも「俗なるもの」であり、それを仏にするために、同じ手続きがとられるのはむしろ当然であろう。儀式の場にマンダラが準備されるのも、両者に共通である。マンダラに示された「仏の世界」が、弟子や仏像が仏となって君臨する「自分（すなわち仏）の世界」を表すからである。

灌頂はつねに王権とかかわりを持つと前に述べたが、インド密教の灌頂に関する大きな謎として、そのような王権との結びつきがほとんど認められないことがある。灌頂を説く密教文献を見ても、僧院内で行われた弟子に対する灌頂の解説のみで、王侯貴族を対象とするような灌頂はまったく現れない。

これは、インド密教の灌頂の伝統を受け継いだ中国や日本などのことを考えると、きわめて特異に感じられる。中国では密教はきわめて政治的に導入された。唐の皇帝や貴族は、密教を単なる仏の教えとしてではなく、国家を治めるための理念や、さらにはその具体的な統治の手段としても活用していく。灌頂は宮中の専用の道場において、皇帝や貴族に対して与えられ、それによって生み出される功徳は、国家を治める権力と一体となって、より強固に人々を支配していった。これについては岩崎論文が詳しい。

唐代密教の伝統を継承し、日本密教の礎を築いたのが空海である。長安において、師の恵果から灌頂を受けた空海が、帰朝後に行った灌頂が、きわめて政治色の濃いものであったのも当然である。嵯峨天皇をはじめとする朝廷や貴族を対象とした灌頂は、そのまま、唐代密教の持つ王権との親和性を日本で再現したものであろう。真言宗では、世俗のものへの灌頂は「結縁灌頂」と呼ばれ、真言僧に対する伝法灌頂に比べて低位に位置づけられるのが現在では一般的であるが、空海にとっては、むしろ、二段構えで灌頂をとらえ、世俗の者向けの灌頂を軽視していたわけではないと見るべきであろう。ただし、武内論文が示すように、空海が行った灌頂の詳細を解明することは、予想以上に困難である。

空海が最晩年に勅許を得て始めた後七日御修法は、いわば天皇に対する特殊な灌頂を、密教儀礼の最上位に置いたような内容を持つ。また、後世、天皇の即位儀礼に灌頂の作法が導入されるようになったことも、松本論文が述べている。灌頂は日本で本来の王権儀礼という性格を、十二分に取り戻したのである。そこでは、天皇を中心とした支配体制の正統性を、密教が保証するという構図ができあがっている。もともと、王に権威を付与する儀礼であった灌頂が、宗教的な権威への応用を経て、ふたたび王に相当する統治者にそれが適用されることで、世俗的な権力と宗教的な権威がよりあわされ、さらに増幅された力が灌頂によって生み出されている。

三　灌頂の地域的変容と世俗化

中国や日本に伝えられた密教が、インドの密教の歴史から見ると、七、八世紀頃の中期密教にとどまるのに対し、インドから仏教が滅びる十三世紀頃まで交流があり、その伝統を忠実に受け継いだのが、チベットとネパールであった。

このうち、チベット仏教で行われてきた灌頂は、インドの密教、とくに後期密教の方法がそのまま維持されたようである。ただし、インド密教の発達史的な分類である所作、行、瑜伽、無上瑜伽の四つの段階が強く意識されたようで、それぞれの段階にふさわしい方法がとられた。とくに、性的な行法を含むこともある無上瑜伽タントラの灌頂は、ゲルク派のような戒律を重視する宗派では、場合によっては外的な所作を伴わず、行者の内面的な実践へと形を変えていった。そして、それを保証するためにも、密教や大乗仏教の経典に説かれた教理にもとづき、儀礼に関する精緻な理論体系を作り上げた。平岡論文が紹介するのは、現代のゲルク派によるこのような灌頂の基本的理解である。

チベット仏教の灌頂の場合、王権とのつながりはこれまであまり指摘されてこなかったが、けっして無関係ではなかったことが、いろいろな事例からわかる。

たとえば、中国の清朝では、歴代の皇帝や貴族たちが熱心なチベット仏教の信者であったが、彼らの要望に応えて、ゲルク派の高僧などが灌頂を与えた記録が数多く残されている。しかも、単なる結縁灌頂に相当する在家者向けの灌頂ではなく、性的な実践を含む無上瑜伽タントラの灌頂も与えられたらしい。むしろ、そのような灌頂こそを、彼らが望んだとも言われる。

チベットにおいては、仏教教団と世俗の権力とが、はやくから結びついていた。ダライラマ政権はその典型であるが、単なるゲルク派の高僧のひとりであったダライラマが、一七世紀のダライラマ五世以降政治的権力を掌握したのも、王としての権威が灌頂によって保証されていたからではないか。ダライラマ政権に先立ち、中世のチベットを特徴づける氏族教団による統治も、その先駆的な存在と見なすことができる。

チベット仏教の高僧と言えば、ダライラマやパンチェンラマのような転生ラマ制度（いわゆる活仏制度）が有名であるが、転生ラマが真の後継者となるためには、灌頂を受けることが必須である。そして、誰が灌頂を与えるかによって、その受者の宗派内でのポジション、場合によっては政治的な立場が決まるのである。チベット仏教の灌頂は、純粋に宗教的と言うよりも、きわめて政治的色彩が濃いパフォーマンスでもあった。

インド密教のもう一方の後継者であったネパール仏教は、これとはかなり様相が異なる。

インド密教の伝統は、おもにカトマンドゥ盆地を中心とするネワールという民族集団によって受け継がれた。彼らはカトマンドゥやパタンなどの都市を中心に数多くの仏教寺院を建立し、インドからもたらされたサンスクリットの経典や儀軌などを大量に保有し、その伝統を現代まで伝えている。仏像の種類や形式も、インド密教の影響を色濃く残している。しかし、ネワールの仏教の僧侶たちは、根本的なところでインド密教とは異質である。それは彼らが妻帯した在家の僧侶であったことである。

現代の日本仏教の場合、僧侶が妻帯して家庭を持つことが一般的なので、違和感は感じられないかもしれないが、基本的に仏教は出家を原則としている。家を離れて僧侶が僧院で集団生活を行う。在家信者はその経済的支援を行うのがつとめであり、その見返りとして、出家者の生み出した功徳を享受することができる。

ネパール仏教の場合、僧侶が家庭を営むとともに、職業にもとづく社会集団を形成することも重要である。いわゆるカーストである。ネパール仏教のカーストはヴァジュラーチャーリヤとシャーキャと呼ばれるふたつのグループに分かれる。

カーストとは、もちろんインドの社会で支配的な職能集団のシステムであり、ヒンドゥー社会の基盤を形作っている。そして、これもインドのヒンドゥー社会と同様であるが、それぞれの社会集団のメンバーとして認められるためには、さまざまな儀式や儀礼を経る必要がある。誕生から葬儀に至る人生の節目ごとに、かならずその集団特有の儀式が置かれている。これをインドでは「サンスカーラ」といい、「人生儀礼」と訳されることもある。

ネパール仏教においても、一人前の僧侶になるためにはさまざまなサンスカーラが課せられている。そして、その最も重要なサンスカーラとして、灌頂が行われる。

ネパール仏教のサンスカーラとしての灌頂については、いくつかの報告がこれまでにあり、本書でも吉崎論文が扱う。名称や方法はインド密教の灌頂と共通するものも多い。当然と言えば当然であるが、その目的は、宗教的な権威の付与と言うよりも、次期後継者の認定ととらえた方がただしい。いわゆる通過儀礼の一種なのである。もちろん、王権との結びつきも稀薄である。ちなみに、ネパールの国王はヒンドゥー教の信者であるため、そのための即位儀礼は、インド以来の伝統的な即位儀礼としての灌頂が、現在でも執り行われている。

ネパール仏教において、灌頂が人生儀礼に変化したことを「灌頂の世俗化」ととらえることができるが、このような世俗化は、それ以外の地域でも、しばしば見られる現象である。

インド内部のヒンドゥー教についてでは、すでに簡単に触れたが、シヴァ派とヴィシュヌ派でほぼ同じ内容の灌頂が行われていた。おそらく、宗派に分かれる前の段階で、すでに基本的な形式が確立していたのであろう。それらに見られる特徴として第一にあげられるのは、ディークシャーと呼ばれる入門儀礼の一部に、灌頂が組み込まれていることである。ディークシャーは、それぞれの宗派の信者になるための基本的な手続きであり、ヒンドゥー教においては、きわめて一般的な入門儀礼である。

シヴァ派でもヴィシュヌ派でも、信者はその宗派の最高神に帰依することで、直接、神に結びつくことができる。ヒンドゥー教的な意味での「神の子」になるのである。灌頂はこのようなディークシャーの特別な場合に行われる。すなわち、師僧になるときと、成就者になるときである。前者は密教と同様、阿闍梨（ācārya）と呼ばれる。ちなみに、ネパール仏教の僧侶階層のヴァジュラーチャーリヤも「金剛阿闍梨」という意味である。

興味深いのは、この阿闍梨灌頂を受けることで新しい阿闍梨が誕生すると、灌頂を与えた前の阿闍梨は、その資格を失ってしまうことである。ちょうどこれは、歌舞伎の襲名のようなもので、特定の名称を担うことができるのは、つねにひとりということになる。師から弟子に伝えるという師資相承を徹底していることがわかる。仏教の場合、むしろ、免許皆伝といった性格が強く、ひとりの阿闍梨は何人にでも灌頂を与えることができるし、与えるからといって、阿闍梨の資格を失うわけではない。灌頂の本来の国王即位儀礼も、当然、この代替わり的な儀礼であったことを考えれば、それが灌頂本来のあり方と見た方が適切であろう。

密教の灌頂とむしろ似ているのは、もう一方の成就者灌頂であろう。特定の超能力を有した実践者、すなわち成就者として認められる儀礼である。ただし、ヒンドゥー・タントリズムではこの成就者灌頂を例外的な灌頂と見なし、また、実際に行った場合でも、レベルの低い灌頂と見なしている。

東南アジアの灌頂については不明な点が多い。高島論文はカンボジアのアンコール・ワットの碑文を手がかりに、国王と灌頂について論じているが、そこから読み取れるのは、かねてから言われている「神に等しき王」「並びなき強大な権力者としての王」というイメージではなく、シヴァ派の敬虔な信者としての王である。従来の説に従うならば、灌頂もそのような強大な王権に正統性を与える重要な仕掛けと見なせるが、高島論文ではそれが疑わしいことを述べている。インドから見れば、マージナルなところで行われた灌頂であり、その意義も宗教的な場面に限定しなければならない。

ただし、東南アジアでは、他にもジャワ島には密教が伝わっていたことは確実で、マンダラを構成する仏たちのブロンズ像のセットなども出土している。これらの像で一種の立体マンダラを作ったとすると、そこでは灌頂も行われていた可能性もある。あるいは、ジャワ島にもバリ島にもヒンドゥー教が伝播し、とくにバリ島ではその伝統は現在でも生きている。これらの地域の灌頂については、今後の研究がまたれる。

灌頂の世俗化という点から見れば、中国や日本の灌頂もその典型と見なしうる。

岩崎論文が示す中国の灌頂の最も重要な点は、「修功徳」であったという。灌頂を受けることも、灌頂を与えることも、いずれも功徳を生み出す要因となるのである。これは、中国の宗教や文化にひろく見られる現実主義が、仏教においても優勢であり、それが灌頂にも及んでいるととらえることもできる。悟りや救いというような抽象的な目的よりも、今生では長寿と繁栄を、来世ではよりよき生まれ変わり、場合によっては生天すなわち天界での再生を願うことが、中国仏教ではつねに強調されている。これは、山部論文が取り上げる観仏経典において、とくに顕著である。

中国における灌頂儀礼は、現世利益的な儀礼であることと、王権儀礼であることが両立している。そもそも、人々や国家に安寧をもたらす儀礼であるからこそ、政治の安定をもたらし、王権の基盤の拡充や増強が可能になるのである。

日本の場合、これらとは異なる方向で世俗化が進んでいる。

ひとつは松本論文が取り上げる芸能の分野への進出である。琵琶や和歌のような芸能や学芸の領域では、一定のレベルに達したものに対し、それを保証する形で灌頂が与えられる。まさに免許皆伝である。そこでは、宗教的な権威を付与する必要があったと言うよりも、単に密教的なレトリックが、完成された芸のレベルの高さに、装飾として添えられているだけという印象を受ける。灌頂という形式をとることの必然性は、おそらくほとんどなかったであろう。

もうひとつの世俗化の例は、福江論文の紹介する立山の布橋大灌頂のような民俗化である。江戸時代に立山山中で始められた布橋大灌頂は、女人往生を願うために行われたという（ただし、実際は男性も参加していたことが、福江論文では指摘されている）。これは、生前に功徳を積む「逆修」と呼ばれる日本仏教特有の実践のひとつと見なされている。また、立山で行われたこと自体も、山岳修験との結びつきを予想させる。あるいは、女人往生を願い布橋を渡るというパフォーマンスには、迎講などと呼ばれる往生を再現する儀礼との共通性を見いだすことができる。浄土真宗の勢力が優勢な地域ならではの浄土教的な儀式の一種なのである。これらはそのまま、日本において仏教が民俗化していった事例ととらえられるであろう。

このような儀式を一般の人々が催すことができるようになったのは、それを支えるだけの経済力が蓄積されていたことも指摘できる。さらに、女性を儀式の主役においたことからは、限定的ではあっても、女性の社会的な地位の上昇も、そこには予想される。これらの点についても、灌頂の世俗化という文脈で考察すべきであろう。

四　さまざまな課題

灌頂に限らず、儀礼の研究はむずかしい。ひとつの儀礼は、儀礼に関わる人、儀礼で用いられる道具、儀礼を行う空間、儀礼で発せられることば、そして数多くの所作などで構成されている。儀礼に関わる人たちを考えても、実際に儀礼を進める中心的な人物の他にも、補助する人や儀礼に同席する人、儀礼を見ている人などがいる。中心的な役割を果たさなくても、彼らの存在がなければ、儀礼が成り立たないことはいくらでもある。

本書に収められている灌頂に関する論考の多くは、文献を基本的な情報源としている。もちろん、文字で記された資料は、われわれに多くの情報をもたらすが、こと儀礼のような複雑な要素からなる研究対象には、しばしば無力となる。儀礼に関する文献の多くは、儀礼を中心的に行う人の手順を記したマニュアル的な性格のものが多い。そして、マニュアルにありがちなことであるが、そこには必要最小限の情報が、順序に従ってならべられていることが一般的である。当時の関係者であれば、誰もが知っているような情報は省略されるが、何百年もたてば、そのような「常識」のほとんどは、未知の世界になってしまう。

儀礼のマニュアルには、儀礼の中で発せられることばを詳しくあげているものもある。とくに、インド世界においては、儀礼の中のことばは正確に発声することが強く求められたし、真言や陀羅尼のように、たとえ意味はわからなくなっても、音として正確に伝えることが守られた。しかし、どれだけ正確にことばが伝えられても、そのことばを発する以外の情報については、文献はきわめて冷淡である。

儀礼というのは行為の連続体としてとらえられるが、その行為そのものを、文献は詳しくは語らない。おそらく、伝統的な世界ではそのような行為、すなわち所作や振舞いは、実際の儀礼の場面で、師から弟子へと教えられたであろう。そもそも、身体的動作のような複雑なイメージを、ことばで表現すること自体、限界がある。ちょうど、芸能の世界における技の伝授のようなものである。実際の所作を示しながら、口伝の形で伝えられることがほとんどであったし、場合によっては、それを「盗む」ような形で、弟子が学ぶこともあったであろう。

儀礼はしばしば形式化や形骸化が起こる。これは、ネガティヴな表現であるが、見方を変えれば、儀礼は保守的、守旧的であることが理想とされ、それが歴史や伝統と呼ばれる。儀礼の形式で最も重視されるのは、儀礼の所作であろうが、たとえば、形骸化しているような所作から、その儀礼の本来のあり方を探ることも可能なことがある。断片的ではあっても、文献の中にかいま見える儀礼の具体的なイメージを、よりていねいに拾い出していく作業が求められる。現在でも行われている伝統的な儀礼の調査も、歴史的な研究に大きく貢献するであろう。

同じことは、儀礼を構成するその他の要素についてもあてはまる。

儀礼で用いられる道具、しつらえ、さらに儀礼が行われる空間などは、儀礼を理解する上で重要なカギとなるが、灌頂については、まだまだ十分な研究はなされていない。ただし、儀礼空間を含む建築については、本書でも冨島論文が収められ、灌頂のための具体的な空間のイメージを明らかにしている。今後は、そこでどのような儀礼が行われていたかはもちろん、儀礼はどのような建築空間を要求したか、あるいは逆に、建築は儀礼をどのように変容させたかなどの課題が、総合的な視点から進められることが期待される。

内田論文が取り上げる真言八祖画像も、灌頂という儀礼空間を構成する重要な要素である。灌頂の持つ「正統な教えの伝授」という目的に、最もふさわしい舞台装置であると言えよう。内田論文は真言八祖画像の形式が、日本密教の伝統において、かたくななまでに守られてきた一方、それにもかかわらず、変化をこうむることを免れ得なかったことを指摘している。これはそのまま、日本における灌頂のあり方に重なるであろう。逆に、その起源をさかのぼったとき、真言八祖画像のような歴史的な人物像を、いつから灌頂の場に導入したかという問題も興味深い。それは、本来、歴史とは無縁の、むしろ歴史を超越していたはずの灌頂を、現実の世界へと引き寄せた大きな転換点になったであろう。

灌頂で用いられるさまざまな道具については、これまでほとんど考察されてこなかったし、本書でも取り上げることができなかった。しかし、儀礼の具体的なイメージを知るためには、これらに関する情報は不可欠である。たとえば、すでに述べたアジャンタの壁画に見られる即位儀礼の中の灌頂瓶は、丸い大きな、おそらく素焼きの水瓶である。これに対し、現在の真言宗寺院で用いられている灌頂瓶は、大きさも形も異なり、素材も真鍮である。このような変化は、どこで、どのような経緯で起こったのであろうか。

あるいは、灌頂の中で弟子の目を開眼させるために用いられる金錍という道具は、もともとは古代インドの眼病治療の道具であると説明される。しかし、本当にインドではこのような道具で、眼病の治療を行ったのであろうか。金錍を見ても、その先端でまぶたをこするぐらいの方法しか思い浮かばないが、そのためだけに、このような仰々しい道具が準備されたのであろうか。インド医学史の知識が求められる。

灌頂で用いられるものの中で、最も重要なのは、このような道具よりも、むしろ、受者にそそがれる水であろう。ヴェーダ祭式の国王即位儀礼では、この水が天界の水であるとともに、「光輝」と見なされていた。おそらく、その後の展開の中でも、灌頂が行われたそれぞれのシチュエーションごとに、水の持つ意味は変化していったであろう。それと同時に、水そのものがどこからとられ、どのように準備されたのかも気になる。極端な場合、水道の蛇口から出てきた水でいいのか、特定の井戸や川から汲み上げた水であったのか、水の中に何か特別なものを入れるのか、マントラのような呪文を唱えたのか等々である。

水は生物や生態系においてはもちろん、さまざまな宗教においても、最も重要な物質であろう。死と再生の儀式において用いられることも多いし、みそぎのように浄化の機能を持つのも一般的である。世界の創造や生命の誕生とも密接なかかわりを持つ。灌頂がいかなる儀礼であり、どのように変わっていったかを知る手がかりとして、水そのものが重要な役割を果たすはずである。

もうひとつ重要な点として、灌頂を行う人の身体の内面についての問題がある。密教儀礼の多くは、儀礼を行う者の外的な所作だけではなく、精神的な状態も重要である。むしろ、外的な所作以上に、内的な世界、すなわち瞑想や観法の内容が、本質的なものと見なされる。密教行者は現実の世界と瞑想の世界という二重の世界に属すると言うこともできる。灌頂の場合、灌頂を与える阿闍梨も、灌頂を授けられる弟子も、それぞれが何らかの瞑想を随時行っていると考えられるが、それは具体的にどのようなイメージであるのか、そして、そのときの彼らの身体的あるいは精神的な状態はどのようなものなのか。さらに、灌頂を受けることで、受者である弟子の精神や肉体はどのような変化を遂げるのだろうか。本書では平岡論文がチベット仏教の正統派の考え方を示し、また、山部論文が、密教や仏教という枠組みを超えて、ひろくアジアの諸文化の中でこの問題を論じている。今後、一層の研究の進展が期待される領域である。

いずれにしても、灌頂については、わかっていることよりも、わからないことの方がはるかに多い。そのためにも、文献を中心とする仏教学やインド学だけではなく、歴史学、考古学、宗教学、建築学、美術史、芸能史などのさまざまな分野からのアプローチが必要である。われわれはようやくそのスタートラインに立ったところなのである。

第一部 インド

アジャンタ石窟壁画より、灌頂のシーン（インド）

古代インドのヴェーダ文献にみられる灌頂

土山泰弘

はじめに

前一五〇〇年頃からアフガニスタンを経てインド亜大陸に進出してきたアーリア人は、前一二〇〇年から前一〇〇〇年の間に、インダス河上流域のパンジャーブでインド最古の聖典リグ・ヴェーダを編纂した。これは神々や王を讃える歌を集成したものであり、その多くは儀礼の場で祭官によって朗唱された。この時期のアーリア人社会は数十の部族に分かれており、一定の地域内を家畜とともに移動する半遊牧の生活を営んでいた。しかし彼らの生活は安定せず、慢性的な食糧不足を他部族との争闘や先住の農耕民集落への略奪行によって補完していた。さらに西方から断続的に進出してくる同じアーリア人の部族集団の圧迫を受け、新たな牧草地を東方に求めなければならなかった。このような不安定な状況を背景にして諸部族の連合と権力の集中化が進み、前一〇〇〇年頃にはパンジャーブ東部地域からガンジス・ヤムナー両河川地域、つまり北インドの中央部あたりに、クル族とパンチャーラ族の強力な連合国家が形成された。この国家のもとで王族とバラモンの共同支配が確立し、祭祀儀礼の整備が行われた。アタルヴァ・ヴェーダやヤジュル・ヴェーダなどのヴェーダ文献の中核となるテキストもこの頃に編纂され、これまでの諸儀礼を改変して、複雑で権威を高めたシュラウタ祭式の体系が築き上げられた。この新たな国家体制のもとで競合する王族やバラモンは、祭主（儀礼の依頼主）として儀礼の執行を主催することにより、国家内部における地位と「天界の獲得」という特権が保証された。そして彼らに社会的地位を保証し、儀礼的特権を付与する儀礼行為のひとつが灌頂儀礼であった。

灌頂を意味するアビシェーカ（abhiṣeka）の語は、「そそぐ」という意味の動詞の語根 sic- に、行為の方向を意味する接頭辞 abhi を伴った動詞 abhi-ṣic- の名詞形で、何かに向かって液体をそそぎかけることを意味する。たとえば打撲した身体の部位に薬水をそそぎかけるときや、手に水をそそぎかけるときにこの語が使われる。これがヴェーダ祭式の術語である「灌頂」として用いられるときは、祭主の頭頂部に灌頂水を間断なくそそぎかける儀礼行為を意味する。

ヴェーダ祭式の中で灌頂と言えば、王の即位式で行うものがよく知られており、様々な形式が伝えられる。ヴェーダ文献は祭式の要素に応じて、リグ・ヴェーダ、サーマ・ヴェーダ、ヤジュル・ヴェーダ、そしてアタルヴァ・ヴェーダの四種類に分けられるが、このうちサーマ・ヴェーダを除くすべてのヴェーダが独自の即位式を規定しており、灌頂は一貫してそれら即位式の中心に位置した。しかしその一方で、灌頂は即位式以外の儀礼でも行なわれた。たとえば、司祭官や軍司令官という地位に就任するための儀礼や、食物の獲得を目的とする儀礼の中では、灌頂は儀礼の中心にあった。またこれとは対照的に、灌頂がその役割を後退させて、他の儀礼に従属する場合もあった。また家庭儀礼の場面では、灌頂とそれに類似する行為が区別なく扱われた。このように古代インドの灌頂は様々な儀礼の中で行われ、多様な形式と役割が与えられた。

一　ヤジュル・ヴェーダの即位灌頂

ヤジュル・ヴェーダには三種類の王即位式がある。このうちラージャスーヤ（rājasūya）はヤジュル・ヴェーダが独自につくりあげた二年以上にわたる大祭であり、祭主を務める王はそれを主催するに相応しい強大な権力基盤を必要とした。これに対して儀礼としての規模の小さいムリティウ・サヴァ（mṛtyusava）とラージャ・アビシェーカ（rājābhiṣeka）は、諸部族の長（これも王と称される）に対して執り行われ、かれらをクル・パンチャーラの国家体制に組み込む役割を果たした。

1　ラージャスーヤ

ラージャスーヤ（rājasūya）は、古代インドの王即位式の代表としての地位を確立しており、これを主催した王は名声に包まれ、長く称讃とともに語り伝えられた。いま最も古い儀礼綱要書の一つであるバウダーヤナ・シュラウタスートラ（BŚS 12.8–11）の規定を中心に灌頂の場面を再構成すると、次のようになる。

王は、灌頂を受けるための服装を整え、祭官たちが控える祭場の小屋のそばに虎の皮を敷いて、その上に、東の方角を向いて座り（あるいは立ち）、場合によっては弓矢を所持して、両腕を上げる姿勢をとる。このとき王の頭には金の板が、足下には銀の板が置かれる。灌頂を行うのはアドヴァリウ祭官、王族、庶民、親族の四人である。彼らはそれぞれ王の東南西北に立ち、手にした木製の容器から灌頂水を王にそそぎかける。王の頭の上に置かれる金の板にはいくつかの穴が開いており、灌頂水はそれらの穴を通過して王の頭に間断なくそそがれる。このときアドヴァリウ祭官が唱えるマントラは、神々の固有の力能が王に与えられることを述べる。

ソーマの威光によって私は汝を灌頂する、アグニの光熱によって、スーリアの光輝によって、インドラの力能によって、ミトラ・ヴァルナの威力によって、マルト神群の武勇によって（私は汝を灌頂する）（TS 1.8.14g）。

王の準備

灌頂に至るまでには様々な準備がなされるが、その準備自体が王に力能を付与する儀礼として行われる。まず王は特別の衣装を身につける。それはタールピアといわれる外衣とウシュニーシャという長い布で、タールピアは「汝は権力の羊膜である」「汝は権力の母胎である」というマントラとともに身につける。またウシュニーシャは王の腰のへそのあたりに巻きつける。次にダルバ草で身体をなで浄め、定められた食事をとる。

次に神々に呼びかけるマントラを唱え、その最後に祭官らが「この者は汝らの王である、バラタの民よ。ソーマがわれら祭官の王である」と言う。このマントラについて、祭官が王権に従属しないことを述べるという政治的な意図を読み取る理解があるが、儀礼の文脈を重視して王とソーマが一致するという解釈もある。実際に王が灌頂を受けるために虎の皮の上に登るとき、マントラではソーマの威光を身につけるという。時代は下るがリグ・ヴェーダの即位式の釈義では、王が権威（ブラフマン）と権力（クシャトラ）の両者を獲得するという（AB 8.9.4）。

次に弓矢が王に手渡される（この儀礼は灌頂のあとで行ってもよいとされる）。このとき唱えるマントラによれば、弓はインドラの武器（ヴァジラ）であり、矢は諸方から王を守護するものである。同様に、王の足下と頭上にある銀と金の板は、それぞれ王を死と稲妻から守るものである。このとき王が両腕を上げて灌頂を待つことはすでに述べた。

灌頂水

王にそそがれる灌頂水は次の十六種類のものからなり、それぞれが力能を有する。

一、流れる水　二、男性名詞の泉の水または海の水　三、波立つ水　四、沼地の水　五、ため池の水　六、渦巻く水　七、陽光を反射する水　八、天気雨の水　九、雹の水　十、霜の水　十一、牛の羊水　十二、牛の乳　十三、酸乳　十四、液状バター（アージア）　十五、蜂蜜　十六、サラスヴァティー河の水

祭官はこの灌頂水のそれぞれに「汝らは王権（ラーシュトラ）を与えるものである。汝らは王権を与えよ。スヴァーハー」と唱えてアージアを献供し、灌頂水が王に王権を与えることを要請する。次にそれら灌頂水を一つの容器にそそぎ込む。このとき、「神聖なる水よ、汝ら蜜豊かなるものは蜜豊かなるものと一つになれ、王族のために偉大なる光輝を勝ち得つつ」というマントラを唱えて光輝の力能を与える。続いてこの容器を置くときに、「冒しがたき汝ら（水）は座すべし、滋養溢れるものとして、王族のために偉大な光輝を置きつつ」というマントラを唱えて、水のもつ光輝の力能を準備する。ここで繰り返し言及される光輝（ヴァルチャス）という力能は、ヴェーダの即位式で灌頂によって王に与えられる主要な力能であり、後にみるようにその由来は古い。

続いてマントラを唱えながら、灌頂水の入った容器の中に金を沈めて灌頂水を浄める。この灌頂水を四つの容器に分け、それらを手にしてアドヴァリウ祭官、王族、庶民、親族の四人がマントラを唱えて王にそそぎかけること

は、前に紹介した通りである。ただし灌頂はこれだけで終わらない。王の身体を伝わり滴る灌頂水を、今度は下から上に向けてなでつける。このとき祭官は、「それらは下から上に転じた、深海の蛇（アヒ・ブドゥニア）のあとに従って。それらは、雄牛なる山の背を舟として進む、自らそそぎつつ」（TS 1.8.14k）というマントラを唱える。このマントラにあらわれる深海の蛇を即位する王に関係づけて、天に昇って豊饒の大水を地上にもたらすとする理解が提出されているが、別の可能性として、水の流れが下から上に方向を転じるというマントラの内容と、灌頂水を下から上になでつけるという儀軌との対応が、このマントラをこの儀礼場面で使用する理由であるとも考えられる。マントラの使用の一つの傾向として、行為に対応する内容がマントラの一部にあれば、マントラ全体の意味を考慮せずに使用するということがあった。

2　ムリティウ・サヴァとラージャ・アビシェーカ

ヤジュル・ヴェーダにはラージャスーヤの他にも即位式が規定される。それは、バウダーヤナ派が伝えるムリティウ・サヴァ（mṛtyusava）と新タイッティリーヤ派が伝えるラージャ・アビシェーカ（rājābhiṣeka）である。ここで両者をまとめて扱うのは、ともにタイッティリーヤ・ブラーフマナの同じマントラ（TB 2.7.15–17）を使用するからである。

灌頂を行うとき、ムリティウ・サヴァでは、王は虎の皮を敷いた上に弓を手にして東を向いて座る。このとき王の頭上に金の板、足下に銀の板を置き、王の頭上から灌頂水をそそぐというところはラージャスーヤと同じである。ただし、灌頂水の種類はラージャスーヤのように多様ではなく、四方からもたらされた水であるとされる。ラージャ・アビシェーカでも虎の皮を敷いた上に王が座って灌頂を受けるところはムリティウ・サヴァと同様であるが、ムリティウ・サヴァと違って金や銀の板は使用しない。最も特徴的なのは灌頂水の内容で、ラージャ・アビシェーカでは稲芽やドゥールヴァー草の葉を入れたものを使用する。稲芽は王権祭式のひとつであるヴァージャペーヤやインドラ神に捧げるサウトラーマニーで使用するスラー酒の原料であるから、ラージャスーヤの灌頂水の伝統からは区別される。なお王が両腕を上げるという動作は、ラージャスーヤの場合と違って灌頂を終えたあとに行われる。

近年の研究によると、この二つの即位式を伝えるバウダーヤナ派と新タイッティリーヤ派は、パンチャーラからコーサラまでを活動領域とした。パンチャーラはパンジャーブから東進してきたアーリア人が強大な国家を形成する地域の一部であり、コーサラはその東に接する当時まだヴェーダ文化が及んでいない地域である。これらの地域は諸部族の長が政治的優位を獲得するためにヴェーダの儀礼的権威を必要としており、小規模な即位灌頂の執行はその需要に応えるものであったと考えられる。

二　アタルヴァ・ヴェーダの即位灌頂

前項で述べたタイッティリーヤ・ブラーフマナに伝承された即位式のマントラは、もとはアタルヴァ・ヴェーダの即位の讃歌（PS 4.2~ŚS 4.8）が、ヤジュル・ヴェーダに取り込まれて増広を加えられたものである。この讃歌を用いた即位式は、パンジャーブからクルの地に進出したアーリア人が王権祭式を整備した頃のものと考えられ、最も古い即位式の讃歌のひとつである。この讃歌には、灌頂、王が虎の皮に登ること、および戦車に乗ることが言及されており、後の即位儀礼の特徴となる儀軌があらわれている。このうち灌頂に使用するマントラは次のものである。

乳を楽しむ天の水、また虚空にある（水）、（および）大地の（水）、それらが有するすべての水の光輝（ヴァルチャス）をもって私は汝を灌頂する（PS 4.2.6～ŚS 4.8.5）。

この詩節から知られるように、王にそそぎかける水は天空地にあまねく存在して光輝（ヴァルチャス）という力能を持ち、灌頂を通じて王となる者に与えられる。光輝とは、水と深い関わりを持って広く世界に存在する火の力であり、特に天上の火とされる太陽の光り輝く力である。この力を所有することは、長寿の獲得や子孫に恵まれるなど生命力を増強する。また競争者や敵対者に優越する栄光・威光をもたらす。アタルヴァ・ヴェーダの灌頂とは、このような力能を祭主である王に与えることであり、この考えはすでに述べたようにラージャスーヤにも受け継がれた。

アタルヴァ・ヴェーダの中でこの讃歌を用いる王の即位式は、カウシカ・スートラが規定するラグ・アビシェーカ（laghvabhiṣeka）とマハー・アビシェーカ（mahābhiṣeka）、およびヴァイターナ・スートラのラージャスーヤの灌頂である。このうちカウシカ・スートラの二つの即位式の灌頂についてみると、両者の違いは、ラグ・アビシェーカがダルバ草を敷いた上に立つ王に灌頂水をそそぎかけるのに対して、マハー・アビシェーカは椅子の上にダルバ草を敷いて、そこに座る王に対して灌頂を行うというところにある。ただし、灌頂水は両者ともに聖水（シャーンティ・ウダカ）を使用する。これは清浄な衣をまとった祭官が、マントラを唱えながら薬草に水をそそぎかけて真鍮の容器に準備したものである。同じアタルヴァ・ヴェーダの即位の讃歌を用いるヴァイターナ・スートラでは、虎の皮を敷いた椅子に座る王に対して灌頂を行うが、これは次項で扱うようにリグ・ヴェーダの即位式と同様の後代のものである。

三　リグ・ヴェーダの即位灌頂

リグ・ヴェーダが伝える固有の即位式は、プナル・アビシェーカ（punar abhiṣeka）とアインドラ・マハー・アビシェーカ（aindra mahābhiṣeka）の二つである。前者は一世一代の即位式であり、後者は年ごとに王位を更新する祭式である。アイタレーヤ・ブラーフマナの中核となるテキストはパンジャーブで編纂されたが、即位式の記述は後に追加されたテキストにあらわれ、この部分はヴィデーハからマガダにかかる地域において成立した可能性がある。この地域はクル・パンチャーラの勢力範囲から東に外れる地域であり、辺境の新興国家が必要とした即位式をリグ・ヴェーダの祭官がつくりあげたものである。したがって、これまで概観してきた即位式とは幾つかの点で大きく異なっている。

まずこの二つの即位灌頂では、王は虎の皮を覆った椅子（王座）に座る。王が椅子に座って灌頂を受けるという形式は、ラージャスーヤの中でも新タイッティリーヤ派の綱要書からあらわれてきた傾向で、それまでは灌頂を受けるときは虎の皮を敷いた上に立つか皮の上に直接座るという形式であった。またアイタレーヤ・ブラーフマナの即位灌頂が他の即位式の灌頂と大きく異なるのは、ウドゥンバラ樹の使用を重視することである。すなわち灌頂は、祭官が王の頭にウドゥンバラの枝を置いて（アインドラ・マハー・アビシェーカでは金の浄化具も加えられる）、ウドゥンバラで作った容器から灌頂水をそそぐ。王の足下には、やはりウドゥンバラの枝が敷かれる。灌頂水はウドゥンバラの枝に触れて王にそそぎかかり、身体を伝って足下のウドゥンバラの枝に滴り落ちる。灌頂を終えた王はこのウドゥンバラの枝の上に降りる。つまり、王がウドゥンバラのもつ力能を獲得することがこの儀軌の眼目であり、典型的な共感呪術の思考が背景にある。このようにして獲得された力能はブラーフマナの釈義に拠れば滋養と食物である。

灌頂のときに唱えるマントラの特徴は、「偉大なる汝を、大いなる諸民の王を、神聖なる母は産んだ。幸多き母は産んだ」（AB 8.7）と言って、王の誕生を述べることである。また灌頂水の内容について、凝乳、蜜などのラージャスーヤのそれと重なるものの他に、若草、稲芽、スラー、ドゥールヴァー草など、新タイッティリーヤ派のラージャ・アビシェーカにおいて新しくあらわれた要素と共通する内容をもつのが特徴的である。

四　即位式以外の灌頂

灌頂は即位式以外の他の祭式でもひろく行われた。それらの一部は、儀礼綱要書などでサヴァ（sava）として一括される儀礼群に見ることができる。サヴァとはソーマ祭に関係する儀礼分類の一形式で、地位の獲得や願望の成就を目的として行う儀礼が所属する。いまバウダーヤナ派のサヴァを概観すると、バラモンが学識の威光や司祭官としての地位の獲得を望んで行うブリハスパティ・サヴァ（bṛhaspatisava）、布告官に就任するためのスータ・サヴァ（sūtasava）、地方官に就任するためのスタパティ・サヴァ（sthapatisava）、そして豊かな食物を願望して行われるオーダナ・サヴァ（odanasava）など十種類を数える（BŚS 18.1—19）。灌頂はこれらのサヴァの中心に位置し、その儀軌は概ね定型化している。すなわち祭主は獣の皮の上に座って、金を頭上に、銀を足元に置いて、祭官によるマントラの朗誦とともに灌頂を受ける。各祭式の相違は主として祭主が座る皮の種類（虎の皮の他に黒羚羊の皮、牡牛の皮など）と、マントラおよび灌頂水の内容の相違である。前に扱ったムリティウ・サヴァはこの種類の祭式に属する王の即位式である。灌頂は王の即位だけではなく、役職への就任や願望の成就のために行う儀礼行為のひとつであり、クル・パンチャーラの国家体制を支える手段として機能した。

即位式以外の灌頂の中には、灌頂水を独自に準備せず、直前に行った献供で使用した供物の残りを灌頂水として使用する形式がある。これは前に挙げたヴァージャペーヤ、煉瓦火壇を構築するアグニチャヤナ、そして馬を犠牲に供するアシュヴァメーダなど大規模な王権祭式の灌頂に見られるもので、直前に行う献供（ヴァージャプラサヴィーヤ）で使用したものの残りを灌頂水として使用する。灌頂水を独自に準備しないところから、灌頂は儀軌としての独立性を失っているとして、後に追加された儀礼行為であるという指摘がある。

五　グリヒア儀礼の灌頂

ここまで扱った資料は、主にシュラウタ祭式を扱う儀礼綱要書（シュラウタ・スートラ）に規定されるものであるが、ヴェーダ聖典には、この他に家庭の儀礼を扱う綱要書（グリヒア・スートラ）があって、そのなかの結婚儀礼（vivāha）に祭主の頭または身体に水をそそぎかける行為がある。たとえば新郎新婦が東北の方角へ七歩進んでのち頭に水をそそぎかけられる行為があって、これを「それ（壺）より、その者（新婦）の頭に（水を間断なく）そそぎかける（abhiṣiñcanti）」（PGS 1.8.5）といって、動詞 abhi-ṣic-を用いて言い表す。しかし他学派のグリヒア・スートラを見ると、「（新郎新婦の二人の）頭に、壺の水をそそぎ落として（avasicya）」（ĀśvGS 1.7.20）、「（新郎新婦の身体に）（水滴状に）振りかけて（prokṣya）」（Vaikh GS 3.4）と規定するなど、シュラウタ祭式と違って厳密な語の使用にこだわらない。さらに、「（新郎新婦の身体を）ステーヤー水でなでて（mārjayitvā）、（その水を）頭にそそぎかけて（abhiṣicya)」（ŚāṅkhGS 1.14.8—9）というように、身体をなで浄める行為と連合する場合がある。

これに関連して注目されるのは、帰家儀礼（samāvartana）である。この儀礼はヴェーダ学習を終えた学生が師のもとを去って家に帰る時に行う儀礼であるが、そのなかに学生が自ら水をそそぎかける行為があって、多くのグリヒア・スートラが、たとえば「(容器から水を掬いとって）それ（マントラ）とともに自身にそそぐ（abhiṣiñcate)」（PGS 2.6.11）というように動詞abhi-ṣic-を用いて規定するが、これとは別に「微温の水によって沐浴して（snātvā)」（AśvGS 3.8.9）のように動詞snā-を用いて規定する場合がある。そしてこの儀礼を終えた者は「沐浴を終えた者」（snātaka）と言い、「灌頂を終えた者」（abhiṣikta）とは言わない。要するに、頭に水をそそぎかける行為と、身体にそそぎかける行為および沐浴が、儀軌として区別なく扱われる。

グリヒア儀礼の綱要書はシュラウタ祭式の綱要書に倣って作成されたが、その内容はシュラウタ祭式以前のアーリア人の各家庭で行われていた儀礼に由来し、グリヒア儀礼は独自の儀礼伝統を維持していた。祭主に水をそそぎかける行為の多様性は、そのようなグリヒア儀礼の特徴をあらわすと考えられる。

おわりに

クル・パンチャーラの国家体制のもとでシュラウタ祭式の体系化が行われたとき、灌頂は王をはじめとする種々の役職への就任と儀礼的な利益を保証する儀軌の一つとして位置づけられた。これに対してグリヒア儀礼では、シュラウタの灌頂にあたる行為が種々に表現され、したがって行為の内容も多様であった。しかし、行為の意義についてはグリヒア儀礼の中で共通の理解があったと考えられる。それは、帰家儀礼と結婚儀礼がいずれもアーリア人にとって新しい生活段階に入ること、とくに家長（グリハパティ）となるための重要な儀礼であり、頭に水をそそぎかける行為（あるいは沐浴）は、家長の地位の獲得と関わるということである。このことは灌頂の起源について考えるときに示唆を与える。水を頭にそそぎかける行為が、もとは家庭儀礼において家長としての資格を与える――またおそらくは初期の簡素な公共儀礼でも役職に就任させる――意味をもっていたものが、シュラウタ祭式において「灌頂」として大規模な資格付与・役職就任の儀礼行為となって発展したということである。その頂点に立つのが王の即位灌頂であった。

文献略号

AB: Aitareya-brāhmaṇa, ĀśvGS: Āśvalāyana-gṛhyasūtra, BŚS: Baudhāyana-śrautasūtra, PGS: Pāraskara-gṛhyasūtra, PS: Atharvaveda-paippalādasaṃhitā, ŚāṅkhGS: Śāṅkhāyana-gṛhyasūtra, ŚS: Atharvaveda-śaunakasaṃhitā, TB: Taittirīya-brāhmaṇa, TS: Taittirīya-saṃhitā, VaikhGS: Vaikhānasa-gṛhyasūtra,

大乗経典における授記と灌頂

鈴木隆泰

はじめに

仏道修行者が将来仏位（成仏）に至ることを保証する授記と、王族階級に生まれた者が将来王位に就くことを保証する灌頂は、それぞれの脈絡における「究極的階位に進むことの保証」という点において性格を同じくしている。そのため、灌頂が仏教に取り入れられると、双方とも「仏位を得ることの保証や証明」という類似の意味合いで用いられることとなった。

「灌頂」をテーマとする本書において、大乗経典にみられる授記と灌頂を並列して概観しようとする本論は、今述べたような思想的背景に立脚している。ところがその一方で、授記と灌頂の間には大きな相違点も存在する。それは、授記がカースト社会を離脱した出世間的な意味合いを本来的に持つ手続き・儀礼であるのに対し、灌頂は元来、カースト社会を前提とした俗権の継承を象徴する世間的な手続き・儀礼であるという点である。そしてこの相違点は、大乗経典における両者の位置づけにも色濃く反映されている。そしてその結果、ある経典に灌頂儀礼の儀軌（執行マニュアル）が明示されているか否かが、その経典の、ひいてはその経典を制作した仏教徒たちの「カースト社会との関わり方」までをも物語る場合も少なくないのである。本論「大乗経典における授記と灌頂」は、共通点と相違点の両者を併せ持つ授記と灌頂の「仏教史における足跡」を、主に大乗経典を題材として辿ることを通して、インド仏教の実像理解の一助となることを期す小論である。

一　大乗経典における授記

1　授記作仏の淵源

釈尊の本生譚（釈尊の過去世物語、ジャータカ）によると、釈尊は過去世においてスメーダと呼ばれる修行者（菩薩）であった。彼は燃燈仏《ねんとうぶつ》という名のブッダが歩む際に、汚れないようにと泥道に身を投げた。すると燃燈仏は群衆の中で、「スメーダは、はるかな未来世にゴータマという名のブッダと成るであろう」と予言し、成仏を保証したという。このような、先達のブッダによる修行者に対する成仏の保証のことを「授記」と呼ぶ。仏教における授記（成仏の保証）思想の淵源は、この「燃燈仏授記」の説話に遡るとされている。

修行の果報のみに基づいて成仏が保証される「業報成仏《ごっぽう》」が「法の絶対視」であるのに対し、修行の果報に加え、先達のブッダによって成仏が保証される「授記作仏」は、「ブッダの絶対視」とも呼べる思想である。この思想は、成仏し涅槃に到達した釈尊と他の仏弟子たちとの差違を強調するとともに、弟子としてブッダの声は聞いたが、授記を得ていないため成仏できない仏弟子（声聞）たちが、成仏していない阿羅漢（供養や尊敬を受けるに相応しい聖者）の状態にとどまることを正当化することとなった（田賀　一九六六、一九七四、塚本　一九八六）。

2　授記作仏の展開

その後、授記作仏は成仏理論の主流となり、大乗経典においても多くの授記作仏が説かれるようになった。

阿弥陀仏

例えば、四十を超える達成困難な目標を誓願として立て、それらをすべて成就したことによって阿弥陀仏となった法蔵菩薩も、成仏以前に授記を受けていたと考えられている（藤田　一九七〇）。『無量寿経』より引用する。

〔法蔵菩薩が誓願をなしたとき〕大地は振動し、諸々の華が雨のように降った。そのとき空中では幾百の楽器が鳴り響き、天の妙なる栴檀の抹香が撒かれた。そして、〔空中から次のような声があった〕。「汝は〔この〕世においてブッダと成るであろう」と。

『法華経』

また、声聞の不成仏は、『法華経』において釈尊が声聞たちへの授記を行ったことによってその根拠・正当性を失うことになった。古来、『法華経』の中核思想を説く章の一つと考えられてきた「方便品第二」より引用する。

ここに常に清浄で、明晰で、清らかで、柔和で、幾千万もの多くの諸仏に供養をなしてきたブッダの息子たちがいる。私は彼らのために諸々の方広経典を説くのである。

このようにして、彼らは意欲を完成させ、清浄な習慣を身につけた者たちとなった。私は彼らに〝汝らは未来世に、利益と憐愍を兼ね備えたブッダと成るであろう〟と告げるのである。〔その授記を〕聞いて〔彼ら〕全員は〝我々は衆生の最高者であるブッダと成れるのだ〟と喜びに満たされる。さらに私は彼らの所行を知った上で、〔各々に応じた〕諸々の方広経典を説示するのである。私のこの教説を聴いたこれらの者たち、彼らは導師〔である如来〕の声聞なのであり、一偈でも聴いたり記憶（受持）したりするならば、その者たち全員が覚りへと向かっていることに疑いはない。

〔シャーリプトラよ、〕このようなブッダの息子たち（＝菩薩たち）〔がここにいること〕を見て、そなたの疑念も晴れたであろう。そしてここにいる〔そなたたち〕煩悩を尽くした千二百人の〔すでに阿羅漢果を得た〕者たちも、全員がこの世間においてブッダと成れるのである。

それゆえ、諸々のブッダ・世間の師・救世者たちの、〔一切衆生を成仏させるという〕意図を含んだ言説を了知し、疑惑を捨て、疑念を払いなさい。〔すでに阿羅漢果を得た〕そなたたち〔であっても、実〕はブッダに成れるのだぞ。歓喜せよ。

さらに、すべての仏道修行のゴールは成仏であるという一乗思想に立脚する『法華経』は、声聞のみならず一切衆生の成仏の可能性を保証している。

シャーリプトラよ、私もまた、ただ一つの乗物のみに関して衆生たちに教えを説くのである。すなわち、一切智たることを最終目的地とするブッダへの乗物〔仏乗〕である。言い換えれば、如来の知見に勧め導く〔教え〕だけを衆生たちに、如来の知見を示す〔教え〕だけを、如来の知見に入らせる〔教え〕だけを、如来の知見を覚らせる〔教え〕だけを、如来の知見の道に入らせる教えだけを衆生たちに説いているのである。シャーリプトラよ、私のこの教えを聴く衆生たちもまた、全員が無上正等覚を獲得する者たちとなるであろう。

未来世にも、幾千万もの思議することもできないほど多くの無量の諸仏があろうが、彼ら最上の世間の保護者である諸仏もまた、この〔ような種々の〕方便を示すであろう。彼ら〔未来世の〕世間の導師たちには無量の善巧方便があって、それを用いてこ〔の世間〕において、幾千万もの生命あるものたちを、無漏の仏智へと導くであろう。彼ら〔諸仏〕の教えを聴いて、ブッダと成らないような衆生は、いかなる時もただの一人としていない。なぜならば、〝私は〔自らが〕覚りへ向けて修行した後に、〔他の者をも覚りへ向けて〕修行させよう〟ということが、諸々の如来の〔共通の〕誓願だからである。

しかし『法華経』では、「一切衆生は成仏可能である」ことは強調されていても、「なぜ一切衆生が成仏できるのか」についての解明はいまだ不十分であると見なされている。その理論的完成は、後の如来蔵・仏性思想、特に涅槃経系経典群（『涅槃経』第一類、『大雲経』、『涅槃経』第二類、『央掘魔羅経《おうくつまらきょう》』、『大法鼓経《だいほっくきょう》』という、相互に影響を与え合って成立した四ないし五経典よりなる）のうち、後半の三経典の登場を待つ必要があった。

涅槃経系経典群

『涅槃経』第二類は、如来蔵（タターガタガルバ。一切衆生の成仏の可能性）を、仏性（ブッダダートゥ。ブッダの構成要素、ブッダそのもの）とも解釈した。『涅槃経』第二類の「問菩薩品第十七」では、一切衆生の成仏の根拠を如来蔵・仏性に求め、その実在性に基づいて一切衆生に対する成仏の授記を行っている。

阿羅漢であろうと思って、声聞乗を批判し、〝私は菩薩であり、方広の説示者である。一切衆生には如来蔵の諸功徳があり、ブッダが存在する〟と言ってブッダと成るとの授記をなし、〝私もあなたも様々な煩悩を水瓶のように破壊しよう。疑いなく菩提を修習しよう〟と言う。（中略）それと同様に、方広を堅持している智慧ある者は、愚者たちの中で命を賭けて、一切衆生には如来蔵があるのでブッダに成るとの授記を与えるのである（下田　一九九七）。

『涅槃経』第二類の忠実な後継者である『央掘魔羅経』にも、同様の理解が示されている。

過去世に昼間は全く見ることができず、暗闇のみを見る梟となっていて如来蔵を信じない衆生たちは、現世においても、世間で師を見ても求めようとはしない。未来世においても、安慰説者のもとで如来蔵〔の教え〕を聞いても、〔如来蔵、すなわち〕ブッダに成れるという授記を信じない衆生たちは、プールナよ、梟に等しく、不信の者たちであって、占い師の予言のよう〔にとるに足らないものなの〕である。

如来蔵・仏性があるから成仏できる、しかも一切衆生に例外なく如来蔵・仏性があるという『涅槃経』第二類の提言は、ともすると「では、修行などしなくても成仏できるからいいではないか」という、「修行無用論」へと堕するおそれをはらんでいた。『涅槃経』第二類を受け継ぐ『央掘魔羅経』は、この問題の解決を試みている。抄訳で紹介する。

文殊がアングリマーラに問う。「一切衆生に如来蔵・仏性があるのであれば修行など無用であり、誰でも一闡提の業をなすであろう」。

世尊が答えた。「ある子供があって、迦葉仏に〝汝は今から七年後に転輪王となるであろう〟と授記された。その子供はたいそう喜び、暴飲暴食したところ、それがもとで死んでしまったとしたら、いかなる理由によるものか」。

文殊は答えた。「彼の過去世の悪業によるものです」。

世尊は告げた。「そうではない。如来が過去世になした業を知らずに授記することはなく、如来が妄語することもない。彼は自らの過ちで死んだのである。

文殊よ、それと同様に、もし〝私には如来蔵があるのだから修行は無用だ〟と思って悪業をなすなら、どうして成仏できようか。仏性は一切衆生にあるとは言っても、放逸であれば決してブッダと成ることはできないのである」。

文殊は質問した。「一切衆生には過去世の悪業はないのでしょうか」。

世尊は答えた。「如来の慈悲業と『央掘魔羅経』の功徳によって過去世の悪業は消滅し、一切衆生は菩薩として歩み出すことができるだろう。そしてその後、不放逸に修行して、自ら幾億もの煩悩を断ち切れば、必ず成仏できるのである」。

このように、『涅槃経』第二類と『央掘魔羅経』は、一切衆生に如来蔵・仏性という「成仏の可能性」があることをもって、一切衆生には成仏の授記がなされたと主張しているわけであるが、ここに大きな問題が生じてしまった。しかもそれは、授記思想の本質を破壊しかねないほど重大なものであった。

古来、ブッダは「真実を語るもの（サティヤヴァーディン、ブータヴァーディン）」であり、決して妄語はしないもの、嘘をつかないものと信じられてきた。だからこそ、先達のブッダによって成仏が保証される授記には、極めて大きな意義と価値があるのである。逆に言えば、成仏の授記を受けた者は、授記してくれたブッダを「真実を語るもの」たらしめるため、妄語者としないため、以前よりさらに強い自覚と責任感をもって仏道修行に邁進し、自らの成仏を実現しなくてはならない。すなわち授記とは、授記されたからもう大丈夫、などというものでは決してなく、授記された側に多くの義務と責任を負わせるものなのである。

一切衆生における如来蔵を、「成仏の可能性を保証するもの」と理解する限りこの問題は起こらなかった。一切衆生は如来蔵があるから成仏が可能であったとしても、それはあくまで可能性にとどまるものであって、本人が精進努力しない限り、成仏など到底おぼつかない。ところが『涅槃経』第二類が如来蔵を仏性と見なしたことによって、事情は大きく変化することとなった。如来蔵がどこまでも可能性、可能態にとどまるものであるのに対し、仏性は「ブッダそのもの」という意味を持つ、極めて完成態に近いものであった。そのため、如来蔵という「成仏の可能性」は、仏性という「成仏の確約」へと格上げされ、その結果、一切衆生に如来蔵・仏性が存在すること自体が、一切衆生の成仏の授記とされることとなったのである。ところが当然ながら衆生の中には、仏道修行に全く関心を示さない者もある。そのような衆生たちも含めて、いわば「機械的」に全員に授記を与えたため、「成仏が実現しなくても、ブッダは妄語していない」という非常に苦しい言い訳をせざるを得なくなったのである。しかして涅槃経系経典群の最後に位置する『大法鼓経』では、如来蔵・仏性の実在性と成仏の授記とをもう一度切り離し、この問題の解決を図ることとなった（鈴木　二〇〇〇）。

二　大乗経典における灌頂

1　仏伝における灌頂

シッダールタ王子誕生後の仙人による予言や、ブッダの説法を転法輪と称することからも知られるように、地上世界の理想の王である転輪王と精神世界の王であるブッダとは、古来、仏教史上において対比される存在であった。ブッダの位（仏位）を得ること（成仏）を保証する授記と、王位継承の儀式、あるいは次の王を決定する儀式である灌頂とが結びつくことも、インド仏教の文脈から見れば、自然な流れであったと言える。

仏位と灌頂とが結びつけて説かれている例は、成仏へと至る修行の階梯を説く仏典の中において多く確認される。仏伝（ブッダの伝記）の一つ『大事（マハーヴァストゥ）』においては、修行の完成を迎える十番目の階梯が「灌頂」とされている。

2　『十地経』における灌頂

代表的な初期大乗経典の一つ『華厳経』に編入された『十地経《じゅうじきょう》』においても、十地である法雲地《ほううんじ》を「（ブッダに成るとの〕灌頂を授けられる地《くらい》」と呼んでいる。荒牧（一九七四）を一部改訳した上で紹介しておこう。

これらの光明は、再びあらゆる如来の説法会を照明する。十種類の世界を巡って右遶の礼をなし、彼ら如来・応供・等正覚の下方より足下に帰入する。そのときに、かの諸如来と諸菩薩には知られるのである。「かしこに拡がる世界にあって、このような菩薩行を行ったかの菩薩が、〝仏に成る〟との灌頂を授けられるときがやってきたのだ」と。

そのとき、わが仏子よ、十方に拡がる無際限の世界から、無量無数無辺の第九地にある諸菩薩がやってきて、かの〔十地に達した〕菩薩の廻りに集って、恭しく礼拝供養してから、かの菩薩を見つめつつ、十百千の三昧に入る。そして、「仏に成るとの灌頂を授けられる」地に達した諸菩薩は、身体の胸上を飾る吉祥な卍型から（中略）放光する。（中略）

さて、みなさん、仏子たちよ、「すべてを知る知者の不思議な神通力をもつ」という名の光明が、かの諸如来・応供・等正覚の眉間の白毫から放たれる。（中略）その光はかの〔十地に達した〕菩薩の頂上にも達する。ここにおいてこそ、かの菩薩は、「仏に成るべく灌頂を授けられた」と言われるのである。しかしながら、正しく菩提を覚った諸仏の観察する不可思議界において十種の知力を円満するときにはじめて、「正しく菩提を覚った仏」という名号で呼ばれるのである。

みなさん、仏子たちよ、それはあたかも次のごとくである。

あまねく四方を治める転輪王の王子であり皇太子であれば、皇后より生まれ、あまねく四方を治める転輪王たるに相応しい身体的特徴を円満している。あまねく四方を治める転輪王は、その皇太子をして神象に置かれた黄金の座に坐らせ、上方には宝玉の装飾を垂らし、花を飾り、芳香を香らせ、燈明を燃やし、花環をつけ、香油を塗り、香を薫き、衣服をつけ、傘蓋や幢幡や幟をこしらえ、管弦を奏で、歌唱を歌わせる。そして四方の大海より水をとってこさせ、手ずから黄金の瓶をもって、その水を、かの少年なる皇太子の頭上に灌頂する。灌頂されるやいなや、そのときそのまま、「頂上に灌頂された武人たる王」という名称で呼ばれるのであるが、しかし十種の善なる実践道を円満したときにはじめて、「あまねく四方を治める転輪王」という名称を得るのである。

みなさん、仏子たちよ、まさしくそのように、灌頂を授けられるやいなや、そのときそのまま、かの菩薩は、「彼らさいわいなる諸仏によって大いなる知の灌頂を授けられた」と言われるのであるが、しかしながら、「正しく菩提を覚った仏に成る」との灌頂を授けられてから、十種の不可思議な知力を円満したときにのみ、「正しく菩提を覚った仏」という名号で呼ばれるのである。

みなさん、仏子たちよ、かくのごときが、かの菩薩の大いなる知の灌頂である。まさしくそれを求道してこそ、かの菩薩は何百千という難行苦行を実践したことになるのである。かの菩薩は、このように灌頂を授けられるとき、無量無辺のゆたかな徳と深い知があって、「限り無い法の雲のような」菩薩の地（法雲地）にある、と言われるのである。

この引用例からもわかるように、大乗経典における灌頂が、インド王権の継承儀式である灌頂をモデルとしていることは明らかであろう。

3 『大法鼓経』における灌頂

涅槃経系経典群に属する『大法鼓経』にも灌頂の概念が表れている。以下、一種の「三時教判（仏法を、説かれた時節に基づいて三種に分類し、優劣の評価を下すもの）」を行っている箇所より翻訳引用する。

カーシャパよ、例えば、コーサラ国のプラセーナジット王が多くの王に侵攻され彼らと戦う時に、象兵や騎兵や歩兵の中で、立派な鎧を身につけ、大きな太鼓と螺貝の音を聞いても恐怖せず、落胆することのない者たちに、王は堅い食事、軟らかい食事、食べ物、飲み物、衣、装身具、飾り物、衣裳などを与える。それとは別の、戦いに突入し戦う兵士たちには、金、摩尼宝、真珠、町、国などを与える。その中でも、軍勢を率いて後戻りすることなく、象兵や騎兵や車兵を伴って、敵の軍勢を退治した勇者たちには、王自ら知らしめて、王位継承者として灌頂の冠を授ける。

カーシャパよ、それと同様に、私の弟子である比丘や比丘尼や優婆塞や優婆夷たちで、学処（律の条項）を正しく教誡に従ってよく学んだ者たちと、波羅提木叉（学処の総体）の制戒によって規制され、律の行動規範と対象とに住する者たちには、如来は天、人の楽を与える。それとは別の、蘊魔、煩悩魔、死魔、天魔を退治した者たちには、如来は四聖諦の解脱の冠を授ける。さらにそれとは別の、偉大なものに志を向け、如来蔵の常住・堅固・寂静・恒常なる偉大な本質である〔常住〕如来〔と成ること〕を望む者たちには、如来は一切種の中で最勝の一切智者の智、大乗の灌頂を授けるのだ。

カーシャパよ、汝も今日より大乗の灌頂の冠を受け、〔幾〕百千の多くのブッダのもとでこの『大法鼓経』を宣布するであろう。カーシャパよ、したがって、汝は今や私の滅後にこの経を宣布するにふさわしいのだ。

『大法鼓経』は、大乗を成仏に導く教えとする従来の理解を踏襲しながら、如来蔵・仏性を説く涅槃経系経典群こそが一切衆生を成仏へと導く真の大乗であると主張しているため、涅槃経系経典群の教えに従って成仏を目指す者たちには、一切種の中で最勝の一切智者の智、大乗の灌頂を授けられることになるのである。

4 『金光明経』における灌頂

このように、灌頂という「術語、概念」が仏典〈大乗経典〉に広く確認されることは事実である反面、灌頂の「儀式規則」については大乗経典は基本的に多くを語ることはない。事情は、沐浴儀礼や護摩儀礼など、仏教外部の宗教儀礼を幅広く取り入れ、チベットの伝承では密教経典に分類される『金光明経』においても変わるところがない。全出現箇所を引用して紹介する。

「最浄地陀羅尼品第六」その1

例えば、虚空や転輪王のようなものである。心が一切の境界において障礙なく、一切処において皆自在を得て灌頂位に至る。それゆえ、これを第十智波羅蜜の因というのである。

「最浄地陀羅尼品第六」その2

善男子よ、また菩薩大士は五法によって〈第十〉智波羅蜜を成就する。五〈法〉とは何かといえば、すなわち、［1］諸法において善悪を分別し、［2］悪法を遠離し善法を摂受し、［3］生死輪廻を厭うことも喜ぶこともなく、［4］福徳と智の大集積をそなえ、［5］一切智智の灌頂を受ける地《くらい》に到達する。善男子よ、これが菩薩大士が智波羅蜜を成就するということなのである。

「最浄地陀羅尼品第六」その3

善男子よ、十地に住する菩薩大士には、「無尽蔵」という名の陀羅尼が生じる。（中略）善男子よ、この陀羅尼は吉兆であり灌頂であって、ガンジス河の砂の量をも超える諸仏世尊によって、十地に住する菩薩を守護するために説かれたのである。この陀羅尼を唱えたり記憶したりするならば、一切の怖畏や猛獣や悪鬼や人や人ならざるものなど、様々な怨敵や厄災によるあらゆる危害や苦しみや害毒、そして五つの障りから解き放たれ、十地を忘念することはないであろう。

「大吉祥天女増長財物品第十七」

この『金光明最勝王経』の威力によって、そのとき〔私〕吉祥大天女はその家を見守り、彼の所蔵する穀物を増やすでしょう。〔私〕吉祥大天女を勧請したいと願うものは、（中略）次の私に関する呪文を唱えなさい。（中略）

これは灌頂法性の呪句、決定成就の句、違うことのない意味を持った句です。

衆生のうちで、過失のない諸善根によって〔これらの〕行を七年間唱え続ける者たちは、（中略）自らの願いが成就するでしょう。速やかに成就するでしょう。

「王法正論品第二十」

さて、そのとき〔前王である〕力尊幢王は、息子の、灌頂を受けて王位に就いてから間もない妙幢王に告げた。

「息子よ、『王法正論』という名の王論がある。これはかつて私が灌頂を受けて王位に就いてから間もない頃、父である智力尊幢王から直接賜ったものである。私はその『王法正論』に従って、二万年間に亘り統治してきたが、その間、私は一瞬たりとも不法をなす者の側に与《くみ》したことはない」。

以上、種々の大乗経典資料からもわかるように、大乗経典に説かれる灌頂は、密教文献の場合とは異なり、その執行を伴う文脈に載せられていないため、「儀式、儀礼」としてテクストの外部に出ることができない。この観点に立つとき、大乗仏教における灌頂は、どこまでも大乗経典というテクストの内部に留まり続ける「術語、概念」であり続けたと言える。

三　なぜ大乗経典に灌頂儀礼が説かれないのか

本論は前章において、大乗経典に説かれる灌頂が、大乗経典というテクストの内部に留まり続ける「術語、概念」であり続けた、という見解を示した。それはどのような意味を持つのであろうか。

漢訳された大乗経典の年代から推定して、遅くとも二世紀には大乗経典は成立していたと考えてよい。ところが、大乗仏教を担った人たち、いわゆる「大乗教団」については、五、六世紀に至るまでその実体が捉えられないという（ショペン　二〇〇〇、Schopen　2005、下田　二〇一一）。したがって、「大乗経典の登場」と「大乗教団の誕生」

の間には、数世紀に亘るタイムラグが存在することになる。大乗教団が実体化していなかったならば、大乗経典に説かれる灌頂が「灌頂儀礼」として実際に執行されることはなかったことになり、テクストの内部に留まり続ける「術語、概念」に過ぎなかったことも当然であろう。しかしその一方で、大乗経典には種々の宗教儀礼が、その執行方法も含めて説かれている。ここでは「大乗の実体化」等の問題には触れず、大乗経典には種々の儀礼執行が説かれる一方で、なぜ灌頂儀礼については説かれなかったのかという点に問題を絞って考えてみたい。

仏教の「本義」は世俗的な欲望を断ち、無明をコントロールして、最終的には涅槃を得ることである。少なくとも出家仏教者（沙門）にとってはそうであった。そのため、彼らは「出家」することで一切の生産活動・社会活動を放棄し、ひたすら「自らの修行」と「仏法の伝承」に邁進しようとした。

しかし、彼らが生産活動・社会活動を放棄したことは、彼らが経済・社会と無縁になったことを意味しない。むしろ、彼らが自ら行う生産活動・社会活動を放棄したことによって、在家者を含めた他者が行う生産活動・社会活動との縁が、かえって深くなっていったと見るべきである。彼らは「出家者」として、日々の糧を自ら生み出すことも稼ぎ出すことも不可能なため、それらを他者からの布施によって賄うしかないからである。

古来インドでは、立派な宗教家は「福徳・功徳をもたらす田んぼ、畑」であると見なされてきた。これを福田《ふくでん》思想という。田んぼに種を蒔くと作物が実るように、宗教家に布施をすると功徳が実る。作物を収穫できる権利を持つのが種を蒔いた人であるように、育った功徳を受け取る権利は布施をした本人、もしくは本人が功徳の回向を指定した人にある。また、土壌に肥えたもの、痩せたものがあるように、宗教家にも「良質な福田」と「劣った福田」があることになる。清らかな生活を送る者や厳しい修行を行う宗教家は「良質な福田」と見なされ、逆に、きちんと修行もせず俗っぽい生活を送る者は「劣った福田」となる。なぜ律（出家者の生活規定）の条項があれほど多くなったのか（男性出家者で二百五十ほど）といえば、その最大の理由は「出家者を良質の福田たらしめるため」と考えてよい。俗人にはとうてい守りきれない数多くの律の条項に従い、高潔な生活を送っている（と在家者が見なした）出家修行者には、「良質な福田」として多くの布施がもたらされることが期待されるのである。

出家者が在家者から布施を得る方法は、出家者が（良質の）福田であること以外にも存在する。それは、出家者が在家者の望む何らかの儀礼（例えば、仏塔などに対する礼拝儀礼や、除災招福の祈願儀礼など）に関与することである。ここでの布施は、いわば「法礼」の意味合いを持つことになる。『金光明経』が在家者の望む種々の儀礼を説くとともに、その儀礼の効果を保証する『金光明経』の価値を称揚し、『金光明経』を受持する出家者への布施を勧めていることも、この文脈で理解することができる。

ただし、この「儀礼を通した布施の獲得」であれ、先の「出家者が福田であることによる布施の獲得」であれ、出家者から在家者へは功徳が、在家者から出家者へは布施が渡されるという点において、両者に本質的な差違はない。この「功徳（出家者から在家者へ）と布施（在家者から出家者へ）の交換」という「事実上の経済行為」が、インドにおける出家仏教徒の生活を支えてきたのである。

ところで、出家者が在家者から布施を得る方法として、出家者が在家者の望む儀礼に関与することを指摘したが、インドの出家仏教者は、在家者の望む儀礼のすべてに関与していたかと言えば、決してそうではなかった。インドの出家仏教者が関与していた儀礼は、除災招福を目的とした祈願儀礼が主なものであって、私たちが「儀礼」として通常想起する、婚姻儀礼（結婚式）や葬送儀礼（お葬式）は含まれていなかった。これは何も、「釈尊が、出家者たちが葬送儀礼に関与することを禁じたから」ではない（現在ではこの解釈は誤りであることが指摘されている。〈鈴木 二〇一三〉）。なぜインドの出家仏教者は、祈願儀礼には関与しても在家者の葬送儀礼等には関与しなかったのであろうか。それは、葬送儀礼等が「通過儀礼」と呼ばれる種類の儀礼に属しているからであった。

「人の一生には、誕生、命名、成人、結婚、死などいくつかの節目があるが、こうした節目は、個人が生活する社会内での身分の変化と新しい役割の獲得を意味している。そのためいかなる社会でも、人生の節目の通過に際して、その平安を保障し新しい身分への移行を公示する目的で、それに応じた儀礼を行っている」(『世界大百科事典』平凡社)と説明されているように、通過儀礼とは、所属する特定の社会に対して個人がどのような状態になったかを知らせることを目的とした、「社会的義務として執行される儀礼」を意味している。このこと自体は、インドであろうが日本であろうが、変わるところがない。ところが、他の社会とは異なるインド社会の特徴・特異性として、インド社会が、カースト社会であることが挙げられる。カーストとは、生まれつきの浄・不浄に基づく上下の身分関係と、経済的な相互扶助・相互依存関係で有機的に結合した、排他的な社会集団を意味しており、各々のカーストは、通過儀礼等に関して厳格な規制を持っている。すなわち、あるカーストはそのカースト独自の通過儀礼を有しており、逆に言えば、独自の通過儀礼を備えた集団は、インドにおいては凝集力を持った社会集団であると見なされ、一つのカーストを形成することになるのである。

一方、「人は生まれによって賤しかったり尊かったりするのではない。行いによってこそ、賤しくもなり尊くもなるのである」(『スッタ・ニパータ』より)と言われるように、仏教は「血統主義」ではなく「行為主義」に立脚する宗教である。もちろん、社会を離れた出家者集団である以上、インドの出家仏教徒が、カースト社会の改革運動に乗り出したりすることはなかった。しかしそれでも、「人は、生まれながらにして貴賤の区別がある」というカーストの発想自体は、断固として受け容れることを拒絶し続けた。「修行(行為)を通じた、覚りの可能性の万人への開放」を掲げる仏教にとって、「行為主義」を廃して「血統主義」を受け容れることは、そのまま仏教の根幹の破壊を意味するからである。

事情は伝統仏教、大乗仏教の別を問わない。かつては「愚かなこと」と否定されていた沐浴儀礼を含め様々な儀礼を取り入れた『金光明経』であっても、ついに葬送儀礼に代表される通過儀礼を取り入れることはなかった。『金光明経』が灌頂儀礼を取り入れなかったことについても、この文脈で理解できると考えられる。王族カーストに生まれた者にとって灌頂は、最も大切な通過儀礼の一つである。すなわち、古来インドにおいて灌頂儀礼は、特定のカーストに固有の通過儀礼として、広く社会に認知されていたと考えられる。したがって、もし大乗仏教が在家者向けの灌頂儀礼を受容していたとしたら、それはインド社会において、仏教徒が一つの新たなカーストを形成したと受け取られたことであろう。しかし、伝統仏教と同じく行為主義に立脚する大乗仏教は、伝統仏教と同様、カーストの肯定的受容を断固拒否した。灌頂儀礼を導入して自分たちが新たなカーストと認知されることは、行為主義に立脚する彼らにとっては到底受け容れられることではなかったのである。

このように、『金光明経』に代表されるヒンドゥー儀礼を大幅に受容した大乗経典においても、ついに通過儀礼を受容することはなかった。ところが密教経典になると、灌頂儀礼はおろか、葬送儀礼を説く典籍まで登場するのである。そこで、以下のような推定が成り立ちうる。大乗経典では灌頂儀礼も葬送儀礼も説かれることなく、逆に、密教経典ではどちらも説かれるようになっていったことは、密教経典を奉じる者たちの一部が、経済面や社会面等での様々な状況変化の中で、独自の通過儀礼をそなえた凝集力のある社会集団（カースト）となっていったことを意味するものではないか、という推定である。

十三世紀初頭のムスリム勢力によるヴィクラマシーラ寺院の焼き討ちをもって、インドでは仏教は一旦滅亡したと言われることが多い。たしかに、大きな僧院を中心とした出家仏教は、ヴィクラマシーラ寺院の焼き討ちをもって終焉を迎えたかもしれない。ところが、小さなコミュニティを中心とした仏教は、大僧院中心の出家仏教滅亡後も、依然として存続し続けたのである（奈良　一九七九）。しかも注目すべきは、滅亡を免れた彼ら仏教徒たちは、仏教式の通過儀礼をそなえた「仏教徒カースト」を形成していたことである。彼らは在家者向けの灌頂儀礼・葬送儀礼を行っていた。さらには、現存しているネパールの仏教徒もカーストを形成し、仏教式の灌頂儀礼・葬送儀礼を行っている。これらの事実はいずれも、「（広義の）インドにおいてはカーストを形成しなければ、在家者に対して仏教式の灌頂儀礼は行えない」という筆者の推定と矛盾しないと言えよう。

おわりに

仏教の研究は従来、主として教理面から行われることが多かった。それによって数多くの成果があげられてきたことは事実であるが、その分、儀礼面からの探求に遅れが出てしまったように思われる。教理も儀礼も、どちらも仏教という宗教にとって必須の要素である。仏教の実像理解を深めるため、今後はこれまで以上に、双方の要素に留意した研究が増えていくことが望まれる。その際に大切なことは、「その儀礼が祈願儀礼なのか通過儀礼なのか」及び「その儀礼が出家者向けなのか在家者向けなのか」という二つの視点の確保である。たとえ灌頂儀礼や葬送儀礼であったとしても、それが出家者向けのものであれば、カーストの形成要素のひとつである通過儀礼（社会的儀礼）とはならない。インドにおける出家者は社会的存在ではないからである。一方、灌頂や葬儀を受ける対象者が在家者を含む場合、事情は一変する。在家者が社会的存在である以上、彼らに対して行われる灌頂儀礼や葬送儀礼は社会的な通過儀礼となるため、そこには独自のカーストが形成されることになる。インドには、行為主義を厳守し在家者向けの通過儀礼を拒絶した仏教と、行為主義を止めて在家者向けの通過儀礼を受け容れた仏教という、二つの仏教があったのである。仏教が行為主義に立脚する宗教である以上、建前上は前者が正当的かつ理想的であることは論を俟たない。ただし社会情勢が変化し「理想論」だけでは済まなくなったとき、カーストを形成してでも仏教の生き残りを目指したグループがあったことは十分に理解できる。仏教の主流派（メインストリーム）はカーストを形成することを拒否し、インドでは滅亡する道をあえて選択した。一方、一部のグループはあえてカースト化することで、南アジア社会で生き残ることに成功したのである。灌頂をテーマにした本書の出版を契機に、インド仏教の実像を探る研究が一層盛んになることを願っている。

参考文献

荒牧典俊　一九七四　『大乗仏典八　十地経』中央公論社。
下田正弘　一九九七　『涅槃経の研究―大乗経典の研究方法試論』春秋社。
下田正弘　二〇一一　「経典研究の展開からみた大乗仏教」高崎直道監修『シリーズ大乗仏教1　大乗仏教とは何か』春秋社、三九―七一。
ショペン、グレゴリー　二〇〇〇　『大乗仏教興起時代　インドの僧院生活』（小谷信千代訳）春秋社。
鈴木隆泰　二〇〇〇　「如来蔵系経典の宗教倫理構造」『日本仏教学会年報』六五、七七―九一。
鈴木隆泰　二〇一三　『葬式仏教正当論―仏典で実証する』興山舎。
塚本啓祥　一九八六　『法華経の成立と展開―インド文化と大乗仏教』佼成出版社。
田賀龍彦　一九六六　「燃燈仏授記について」『金倉博士古稀記念・印度学仏教学論集』平楽寺書店、八九―一〇七。
田賀龍彦　一九七四　『授記思想の源流と展開―大乗経典形成の思想史的背景』平楽寺書店。
奈良康明　一九七九　『仏教史Ⅰ』山川出版社。

藤田宏達　一九七〇　『原始浄土思想の研究』岩波書店。
Schopen, G. 2005. *Figments and Fragments of Mahāyāna Buddhism in India*, Honolulu: University of Hawaii Press.

インド密教における灌頂の展開

杉木恒彦

はじめに

ある者を特定の集団へと正式に加入させる儀礼を、宗教学や人類学ではイニシエーション（加入式）と呼ぶことがある。イニシエーションを得てその集団の正式な成員になった者は、その集団の規範を遵守することが要求される。その規範の遵守により、集団間の秩序が保たれ、集団成員外の人々との関係・交流のあり方が方向づけられると同時に、救済宗教の場合であれば、成員個々人は（一般に）死後に救済を得ることができるからである。インド密教における灌頂は、紛れもなくこのようなイニシエーションの一例である。それは密教の修行者として正式に承認する手続きであり、加入者を、密教が設定する規範を遵守する者――自らの救済と他者の救済の責を負う者――へと転身させる。

また、「灌頂」は「（水を）そそぐ」という語に由来する言葉である。事実、「水をそそぐ」過程が重要プロセスとしてインド密教の灌頂に含まれる。宗教的には、水は創造や破壊（創造的破壊）、あるいは浄化といった意味をもつと言えるが、インド密教の灌頂は、いわばそのような水の力により加入者を質的に変容させる「水のイニシエーション」の一例と見なすことも可能である。もちろん、インド密教の灌頂は「水をそそぐ」過程のみで構成されるわけではないので、灌頂の解釈をすべて水の象徴解釈へと帰着させることはできない。

本論は、インド密教における灌頂の展開を概観し、最後に小考察を行う。そのための題材として、中期密教文献群のうち『大日経』(チベット語訳テキストと漢訳テキストが現存するが、本稿ではチベット語訳テキストを使用)と『真実摂経』(日本では一般に『金剛頂経』と呼ばれている。堀内校訂本を使用)を、後期密教文献群のうち、とくにアバヤーカラグプタ作『ヴァジュラーヴァリー』(〝金剛杵の環〟。Mori［森］校訂本を使用)を取り上げる。

一 『大日経』が説く灌頂

『大日経』(七世紀頃)は主として第二章において灌頂を詳説する(東北No.494 fols.160a2~176a1)。

まず師(阿闍梨)は、灌頂に用いるマンダラ(偉大な慈悲の心髄から生じるマンダラ)を作成する。本経典には詳細が明記されていないが、伝統的にこのマンダラは七日間かけて作成すると考えられてきた。注釈者のブッダグヒヤ(八世紀)によれば、この七日間のうちの六日目に、弟子を受認する手続き、つまり灌頂を受けるにふさわしいと認められる弟子を受け容れる手続きが行われる。

受認される弟子の条件は、「信仰があり、良き家系(文字通り出自の高い者か、あるいは大乗の徒を表す比喩表現)であり、そして三宝を信じ、深い理解力があり、強い熱意があり、戒を保ち、忍耐があり、嫉妬なく、勇敢であり、誓願を堅固にしている」である。「戒を保ち」という表現が示唆するように、本経典では、受認されるべき弟子は、仏教が求める受戒をすでに済ませている仏教者でなければならない。

師は、まずこのような弟子に三宝（仏・法・僧）への帰依をさせ、続いて、罪を犯してはならないことを命じる。そして師は弟子を焼香と花などでもてなした後、「過去と現在と未来において妨げのない智慧に関する戒」を弟子に与える。これは、仏と菩薩たちに意識の上で自分自身（すなわち自分の身体と言葉と心）を完全に奉献するという戒である。これにより、その者は我執を離れ自分の身体と言葉と心を冷静にコントロールすることができ、以降の学びにふさわしい状態となる。次に、師は弟子に歯木（聖木で作った歯磨き道具）を噛ませ、投げさせる。これは占いの一種であり、歯木の落ち方で、その弟子が真に灌頂に適器であるかどうかを調べる。続いて、師は弟子の守護のために、弟子の左手に糸（金剛線）を結ぶ。一種のまじないである。その後、師は弟子に「あなたは仏に受け容れられつつある」という旨の言葉を述べ、弟子を一層前向きな気持ちにさせる。以上が、弟子を受認する儀礼である。ここで一日が終わる。弟子はその夜見た夢を、翌朝、師に報告しなければならない。夢占いである。弟子の話を聞き、師は弟子の夢の吉凶を判断する。

七日間かけてマンダラが作られると、弟子に対し、（日本密教で言う）投華得仏が行われる。まず師は、マンダラの尊格たちに聖木や焼香などさまざまなものを用いて供養を行う。続いて師は弟子をマンダラの前に立たせ、花を持たせ、目隠しをし、弟子にその花をマンダラの上に落とさせる。花が落ちた箇所に描かれた尊格が、弟子の守護尊となる。その後、師は息災の護摩を行う。息災の護摩は、災い等の悪しきものを鎮める火献供の儀礼である。インド密教では、灌頂のような大きな儀礼の効果を有効なものにするために、息災護摩の実行が儀礼の節目に挿入される傾向がある。以上が終わると、弟子は師に対し、金や銀や馬や衣服など適切な物品を報酬として支払う。さらに師は弟子に対し、「僧伽（仏教僧団）は福田（功徳を生み出す源）であるから、能力の限り僧伽に布施を行うべきである」という旨の教令を与える。以上で、弟子は密教へと入門したことになる。これは同時に、最後の「能力の限り僧伽に布施を行うべきである」という教令が示唆するように、弟子の意識を僧伽へと一層強く結びつけようとするものでもある。以上の灌頂は、日本密教における結縁灌頂に相当する。

次に、師はより簡潔な第二のマンダラを、先の第一のマンダラの手前に作成する。この第二のマンダラが、以下に述べる一連の灌頂〈水、金製のヘラ、鏡、法輪と法螺貝、誓約の授与の儀礼〉を行う場となる。注釈者ブッダグヒヤによれば、これらの灌頂は、最終的には弟子に師の位を与えることを目的としたものである。

まず、師は真言で加持した宝瓶の中の水を弟子の頭にそそぐ。その際、各種供物が捧げられ、傘と幢と旗が立てられ、耳心地のよい太鼓の音と吉慶なる詩歌の読誦がなされる〈後代、このような灌水の儀礼は一般に水灌頂〈あるいは瓶灌頂〉と呼ばれることになる〉。新たなマンダラで行われるこの「水のイニシエーション」は、弟子が新たな人生の段階〈つまり師になる段階〉への移行を開始したことを象徴的に示している。

次に、師は金製のヘラを手に取り、弟子に「かつての眼科医王により世間人の眼膜が取り除かれたのと同じように、息子〈＝弟子〉よ、あなたの無明の眼膜が、勝者たちにより取り除かれた」と述べる。これは古来の眼病治療法を密教儀礼に応用したものである。金製のヘラは眼病治療の道具であり、それを用いることは、弟子が視野を曇らす眼膜を取り除き、真理をまざまざと見る眼力を得たことを象徴的に表す。

次に、師は鏡を手に取り、弟子に対し存在のあり方を説明する。鏡に映っているものは反射にすぎず、そのもの自体がそこに実在しているのではない。同じように、師は鏡を用いて、存在は鏡に映る像のように無自性で縁起生であること等を弟子に説く。その上で、そのような正しい存在認識を保ちながら人々の利益を行うべきことを弟子に告げる。先の金製のヘラを用いた儀礼において、弟子は仏の眼力を儀礼的に養った。続いて鏡を用いたこの儀礼

図1　仏坐像の台座に描かれた法輪（インド・ウダヤギリ遺跡）

において、弟子は鏡の助けを得ながらその眼力により、存在が空なることの理解を儀礼的に進める（あるいは確認する）のだと解釈できる。

次に、師は弟子の両足の間の下に法輪（図1）を置き、弟子の右手に法螺貝を持たせる。そして「この上ない法の〈音を発する〉法螺貝を全方位に響かせて、今日から世間において救世者たちの輪を転じよ（つまり人々の救済を行え）」等の言葉を告げる。法輪も法螺貝も説法を象徴する法具である。要するに、弟子に衆生救済の活動を行う許可を与えることが、この儀礼の趣旨である。弟子はいまや師として、（自分の修行も進めつつ）人々の救済に励むことが要求されるのである。

最後に、師は弟子に、仏法を放棄してはならない、菩提心（悟りを求める心）を放棄してはならない、人々に仏法を説くことを惜しんではならない、生き物を害してはならないという四つの誓いを立てさせる。弟子は自分の生命を守るのと同じように、これらを守ることを誓う。

二　『真実摂経』が説く灌頂

『真実摂経』（八世紀頃）は、その最初の章（金剛界の章）において、本経典の基本となる灌頂の構成を説明する（堀内校本。二〇七―二三四）。

まず受認される弟子の条件について、「〈弟子が〉適器であるか非器であるかを調べてはならない」と説かれる。本経典のマンダラは効力絶大であるので、罪人であっても、財物や飲食物や踊りや歌など感覚的な喜びに溺れる者（具体的には、当時インド社会の有力者であった、感覚的な喜びを日常とする王族などの宮廷人や富豪をとくに意識したものと思われる）であっても、このマンダラに入り灌頂を受けるならば、成就を得ることができる。仏道修行に励む者であれば、それはなおさらである。要するに本経典は、マンダラの効力を根拠に、弟子の条件をとてもゆるやかなものにしている。弟子となる者がすでに仏教の受戒を経た仏教者であることも問わない。この規定は、本経典の密教が多くの立場の人々に受け容れられることを目指したものと考えられる。このとてもゆるやかでオープンな弟子の条件規定との因果関係の検証は今後の課題としなければならないが、以降に編纂された密教経典の多くは『大日経』系統ではなく本経典の系統のものであり、かつそれら後代の密教経典は、仏教外（僧伽外）のさまざまな要素――たとえば後述するような性的な実践――をより積極的に取り込んだ内容になっていく。

弟子をマンダラに引き入れるに際して、まず師は弟子に四礼をさせる。四礼とは、金剛部族、宝部族、蓮華部族、羯磨部族――如来たちを分類する四つのグループ――にそれぞれ所属する如来たちに対し、「自分を捧げます」という言葉とともに礼拝することである。その後、師は布で弟子の顔を覆って目隠しをし、花輪を持たせ、描かれた

図２　金剛薩埵（インド・サールナート考古博物館）

マンダラの前に導く。そして弟子に「あなたに智慧を生じさせよう」と告げ、「マンダラを見ていない者に対し口外してはならない」と命令する。そして手に印を結び（あるいは手に金剛杵を掲げ）それを弟子の頭に置き、「もし口外すればこれがあなたの頭を粉砕する」といった旨の言葉を弟子に告げる。さらに、「もし口外すれば、あなたの胸に存する金剛薩埵（図２）があなたの身体を引き裂き、出て行く」という旨の言葉から成る真言で加持された水――これを誓約水という――を弟子に飲ませる。そして師は、「今日からあなたにとって私は金剛手（金剛杵を手に持つ、密教の代表的な菩薩尊）であるので、私の教令に従わなければならない」と告げる。要するにこれらの儀礼行為を通して、弟子は口外禁止と師の教令への遵守を、生命を賭す覚悟で誓うのである。これは、『大日経』に見られた弟子と僧伽との間の関係の構築を否定するものではないが、弟子と師個人との関係の構築をより強調するものである。事実、本経典以降の密教経典群では、師個人と弟子の間の密接な師弟関係が、密教規範の中核要素の一つとして強調されるようになっていく。

続いて、印と真言を用いたシャーマニズム的儀礼により、金剛薩埵を弟子の身体内に憑依させ一体化させる。これにより他人の心を理解できる等、金剛薩埵の智慧が弟子に生じるとされる。

次に、弟子の守護尊を確定する投華得仏が行われる。引き続き目隠しした状態で、弟子はマンダラに花輪を落とす。それが落ちた箇所に描かれた尊格が、弟子の守護尊となる。その後、弟子はその花輪を取り上げ、弟子の頭に結びつける。花輪を頭に結びつけるというこの行為は、（それを投じることにより選ばれた）守護尊により弟子が受け入れられることを象徴的に示そうとするものである。また、花輪を弟子の頭に結びつける（つまり、花輪で弟子を灌頂する）ことから、後代のいくつかの密教文献ではこの儀礼は「花輪灌頂」と呼ばれることになる。

続いて、師は弟子の目隠しを解き、弟子にマンダラを見せる。以上、誓いを立て、自分の守護尊とつながり、マンダラを見るという一連の儀礼は、日本密教における結縁灌頂に相当する。

次に師は、加持した瓶中の香水を弟子の頭にそそぐ。『大日経』の際にも述べたように、後代、この儀礼は一般に水灌頂（あるいは瓶灌頂）と呼ばれるようになる。

次に、金剛杵灌頂が行われる。師は一切仏性を表す金剛杵を弟子に授ける。金剛杵は密教における最重要法具の一つであり、不滅の智慧を象徴する。

次に、金剛名灌頂が行われる。これは、弟子に密教者としての名前を与える儀礼である。

『真実摂経』の該当箇所が説く灌頂のプロセスは以上である。だが本経典以降に編纂された、アーナンダガルバ（九世紀頃）による本経典の論書・儀軌文献群においては、宝冠を弟子に授ける宝冠灌頂と、鈴を弟子に授ける鈴灌頂（あるいは尊主灌頂とも呼ばれる）がこれらに付加されるようになる。結果、『真実摂経』伝統群の灌頂の構成は、結縁灌頂相当儀礼に始まり、続いて順に、①水灌頂、②宝冠灌頂、③金剛杵灌頂、④鈴灌頂、⑤名灌頂を行うという形に定まっていく。これら五つの灌頂は五種灌頂とも呼ばれ、密教の代表的な五人の仏（五仏。毘盧遮那仏、宝生仏、無量光仏、不空成就仏、阿閦仏）と関連づけられる。すなわち弟子は五種灌頂により、儀礼上、五仏がもつ智慧を獲得するとされる。なお、水灌頂（水のイニシエーション）を経て、金剛杵と鈴を手に持ち、頭に冠を被る弟子は、密教の代表的な菩薩尊であると同時に密教修行者の理想像でもある金剛薩埵の姿（図2）そのものである。要するにこれら五種灌頂は、弟子を（五仏の智慧を備えた）金剛薩埵と同等の存在へと儀礼的に高めていこうとするものである。

三　後期密教の灌頂――『ヴァジュラーヴァリー』が説く灌頂――

後期密教の伝統には数多くの経典があり、その内容も多岐にわたる。それらが説く灌頂の構成・内容も細部においてはさまざまであるが、ある程度の共通傾向も認められる。

まず前節の最後で述べた五種灌頂は、後期密教では「瓶灌頂」という名で総称されることが多い。

この瓶灌頂の後に、女性パートナーとの性的実践をともなう「秘密灌頂」と「般若智慧灌頂」が続く。一般に秘密灌頂とは、師と女性パートナーが性的ヨーガを行い、それにより生じた二人の性的な体液を〝菩提心〟として弟子に飲ませるというものである。この直後に行われるのが般若智慧灌頂である。般若智慧灌頂は、弟子自身が女性パートナーと性的ヨーガを行い、それによる体験智を得るというものである。この性的ヨーガの体験智を説明する代表的な理論は、『ヘーヴァジュラ・タントラ』など後期密教経典群に広く説かれる四歓喜の体系である。四歓喜は、〝歓喜〟と〝最高歓喜〟と〝離歓喜〟と〝倶生歓喜〟という四種類の喜びの体験から成る。〝歓喜〟からはじまり、順に〝最高歓喜〟、〝離歓喜〟へと進み、最も高次元の喜びである〝倶生歓喜〟を真理体験とするものである。それは性交で得られる感覚的な性の喜びが、段階的に主客の二元論を解消させ不二の真理智へと高まっていくという考えを理論化したものである。後期密教経典の主尊は、女尊と性的に交わった姿で表現されることが多い（図3）。その姿は、二つの原理（たとえば智慧と慈悲）が一体となった不二の真理を可視的に表現したものとされる。要するに、これら秘密灌頂と般若智慧灌頂は、弟子を後期密教の主尊と同等の存在へと儀礼的に高めていこうとするものである。なお、この女性パートナーを、生身の女性ではなく観想された女性で行うとする立場もある。

それらの後に、それらを締めくくる、言葉により弟子に何らかの教示を授ける「第四灌頂」が続く。だが、たとえばクリシュナーチャーリヤ流やジャヤセーナ流の灌頂儀軌のように、この第四灌頂を説かない後期密教の灌頂体系もインド密教には並行して存在してきた。

以上の四種の灌頂（瓶灌頂、秘密灌頂、般若智慧灌頂、第四灌頂）以外に、弟子に後期密教の師の位を授けるための「師灌頂」などの各種灌頂が説かれることも多い。これら師灌頂などの各種灌頂は、先のアーナンダガルバによる『真実摂経』系統の論書群にも説かれるが、後期密教文献群では広く説かれる。それらを瓶灌頂と秘密灌頂の間

図３　明妃をともなうサンヴァラ（中国・北京首都博物館）

に行うとする文献もあれば、第四灌頂の後に行うとする文献もある。

ここでは、後期密教の灌頂の具体例として、インド密教の大学僧アバヤーカラグプタ（十一～十二世紀）の作である『ヴァジュラーヴァリー』の灌頂を取り上げたい。インド密教の伝統・流派にはさまざまなものがある。アバヤーカラグプタが生きた時代の東インドでは、さまざまな密教伝統の経典群のうち重要なものはすでに編纂が終了しており、それらの論書もさまざまな学僧たちにより多数作成され、さまざまな流派が形成されていた。このような時代の中で、アバヤーカラグプタは密教の多様な儀礼・観想の諸体系を総合させることを考えていた。こうして編纂されたものの一つが、『ヴァジュラーヴァリー』である。

灌頂は『ヴァジュラーヴァリー』の中の「伝承と付帯項目を備えた灌頂儀軌」の章（Mori［森］校訂本。20.1-44.2）で詳説される。その章はさらに二つの節に、すなわち「他者への灌頂の儀軌」と「自らへの灌頂の儀軌」の節に分かれている。前者の「他者への灌頂」とは（師から）弟子への灌頂という意味であり、これが灌頂の基本形である。総合化を目指していることから、原則としてどの密教の伝統のマンダラを用いても可能なように構成されている。後者の「自らへの灌頂」とは、すでに師から灌頂を受けた者が、（各種法具を用いずに）自ら観想によって自らに対して灌頂を授けることである。観想のみによる灌頂と言ってよい。修行者は、密教戒に違反した場合、師から一連の灌頂儀礼を受け直さなければならない。しかし、師が遠方に住んでいる等の理由でそれが困難である場合、例外的に観想による「自らへの灌頂」が行われるのである。以下、基本形である「他者への灌頂の儀軌」の内容を見ていこう。

1　弟子を受認すること

灌頂は、適切と認められる弟子を受け容れる手続きから始まる。受認される弟子の条件は、「よく調べられた、奢り高ぶる等といった過ちのない、男性在家者などが学修するべき事柄をよく聴き学ぶ等により準備が整っており、信心ある、金剛薩埵の誓戒を保持するにふさわしい者たち」と定義される。簡潔ではあるが、灌頂を受ける者は原則として、すでに伝統的な在家五戒あるいはそれ以上の律・戒を受けている仏教者であるべきことが暗示されている。灌頂を受ける弟子は一人でもよいし、同時に二人以上でもよい。

このような弟子に対し、師は「共通の誓戒」を授与する。その内容は、弟子が三宝への帰依と菩提心を起こすことを誓うというものである。もちろん、弟子はこの弟子受認の儀礼を受ける以前に（つまり仏教に入門する段階で）すでにこれらの誓いを立てているはずである。そうであっても、心機一転、弟子は初めて密教の世界へと入るのであるから、ここであらためてそれらの誓いを密教儀礼の形式で行うのである。

もしその弟子が師となることを望むのであれば、これに加えて「師の誓戒」も授与する。「師の誓戒」はいわゆる「五部族の誓約」を内容とする。五部族とは、多数の仏・菩薩たちを五つのグループ（部族）に分類したものであり、仏部族、金剛部族、宝部族、蓮華部族、羯磨部族を指す。これら五つの部族にはそれぞれ独自の誓約がある。それらは順に、三宝を受持すること、金剛杵と鈴と印と師を受持すること、法・財物・安心・優しい語りなどといった四種類の布施を毎日行うこと、三乗と密教の正法を受持すること、能力の限りさまざまな供養を行うことである。これらの誓いが「五部族の誓約」である。

これら「共通の誓戒」「師の誓戒」の授与に続き、いくつかの儀礼（弟子を加持すること、歯木を用いた占い等）が行われ、弟子を受認する儀礼が終わる。ここで、一日が終わる。

2　師が入ること

翌朝、まず師は弟子に、昨夜どのような夢を見たかを尋ねる。もし弟子が不吉な夢を見たようであれば、浄めと守護の小儀礼を行う。次に、師は弟子に鼓舞されてマンダラの家屋（マンダラが内に設けられている家屋）の中に入る。そして祈りの中でマンダラの尊格たちに、これから弟子に対して一連の灌頂を施行するための許可をもらい、さらにマンダラが弟子の灌頂に効果的に働くこと等を祈る。

3 誓約水の授与

まず弟子は、一連の灌頂に対する物品などの報酬を師に前払いする。それを受けて師は、布で弟子に目隠しをし、花輪を持たせ、マンダラに入る懇願などをさせる。マンダラは幔幕に囲まれている。師は、弟子をその幔幕の内に入れる。そして順にマンダラの東門と南門と西門と北門の箇所にて、弟子にマンダラの尊格（五仏）に対し「自分を捧げます」という言葉とともに礼拝をさせる。続いてマンダラの東門の箇所にて、師自身に対して「自分を捧げます」と礼拝させる。

次に師は、握った金剛杵を弟子の頭部に近づけ、「マンダラを見ていない者に対し口外すれば、この金剛杵があなたの頭を粉砕する」といった旨の言葉を弟子に告げる。続いてその金剛杵を弟子の胸に近づけ、「もし口外すれば、あなたの胸に存する金剛薩埵があなたの身体を引き裂き、出て行く」と弟子に告げる。最後に、弟子に誓約水を飲ませる。この水は地獄の水、あるいは金剛なる甘露水という別名をもつ。弟子の体内に取り込まれた誓約水は、もし弟子が誓約を破るならば、弟子を内側から焼き滅ぼすと考えられている。これらの儀礼行為を通して、弟子は口外禁止と誓約遵守を、生命を賭す覚悟で誓うのである。

4 憑　依

ここで挿入的に「憑依の儀礼」が説明される。これは、師がシャーマニズム的儀礼により弟子の身中に金剛薩埵を憑依させ一体化させるというものである。これにより金剛薩埵が身中に刻印された弟子は、将来的に成就に至ることが確定する。この儀礼は次に述べる5と6の儀礼と同時に行ってもよいし、あるいはもし師にその儀礼遂行能力がない場合には全く行わなくてもよい。

5　目隠しをした弟子をマンダラに入れること

引き続き、目隠しをしてマンダラに顔を向ける弟子に対し、師は「何（どんな色）が見えるか」と質問する。その答えにより、弟子がどの種類の成就を得るのがふさわしいかを師は判断する。もし白色ならば息災、黄色ならば増益、赤色ならば敬愛、黒色ならば調伏の成就が弟子にふさわしいとなる。続いて、師は弟子がマンダラに引入されたことを宣言し、弟子が彼自身にふさわしい成就を得ることを祈る。

6　花輪灌頂

続いて、花輪灌頂が行われる。その主目的は、弟子の守護尊を確定することにある。まず師は、目隠しをしてマンダラの前に立つ弟子に、花輪の中から花を一本取って持たせる。弟子は目隠しをしたままで、その花をマンダラに落とす。花が落ちた箇所に描かれた尊格が、弟子の守護尊となる。その後、師はその花を取り上げ、もとの花輪に結び合わせ、その花輪を弟子の頭に結びつける（つまり、花輪で弟子を灌頂する）。花輪を頭に結びつけるというこの儀礼行為は、（その花を投じることにより選ばれた）守護尊により弟子が受け入れられることを象徴的に示そうとするものである。

7　マンダラに、弟子が拝見を主目的として入ること

花輪灌頂の後、師は弟子の目隠しを外し、弟子にマンダラを見せ、マンダラのそれぞれの尊格名を教える。ここで弟子は初めてマンダラを見ることになり、それを構成する尊格たちの名前を知ることになる。

8　水灌頂

開始時に弟子は師に対して物品などの報酬を前払いし、水灌頂を授けてくれるよう懇願する。それを受けて、師は弟子を阿閦仏であると観想する。続いて師は、弟子が如来たちと女尊たちにより頭に甘露をそそがれ讃えられる様子を観想する。その後、師は実際の瓶中の水を弟子の頭にそそぐ。

9　宝冠灌頂

弟子の懇願に続き、師は弟子を宝生仏であると観想する。続いて、先の水灌頂の場合と同じように、そのような弟子が如来たちと女尊たちにより頭に甘露をそそがれ讃えられる様子を観想する。その後、師は、宝生仏をその性質とする宝冠（黄金や布などで作られている）を弟子の頭に被せる。

この宝冠灌頂の付帯儀礼として、布（「勇者の布」とも称される）を弟子の額に結びつける行為が行われることもある（なお、これを布灌頂という独立の儀礼と見なす場合もある）。

10　金剛杵灌頂

弟子の懇願に続き、師は弟子を無量光仏であると観想する。続いて、水灌頂の場合と同じように、弟子が如来たちと女尊たちにより頭に甘露をそそがれ讃えられる様子を観想する。その後、師は無量光仏をその性質とする金剛杵を弟子の右手に授ける。

11　鈴灌頂、別名、尊主灌頂

弟子の懇願に続き、師は弟子を不空成就仏であると観想する。続いて、水灌頂の場合と同じように、弟子が如来たちと女尊たちにより頭に甘露をそそがれ讃えられる様子を観想する。その後、不空成就仏をその性質とする鈴（あるいは金剛鈴〈柄が金剛杵になっている鈴〉）を弟子の左手に授ける。さらに、金剛杵と鈴を把持した両手で女性を抱擁するポーズをとらせる。

12　名灌頂

弟子の懇願に続き、師は弟子を毘盧遮那仏であると観想する。続いて、水灌頂の場合と同じように、弟子が如来たちと女尊たちにより頭に甘露をそそがれ讃えられる様子を観想する。その後、先の花輪灌頂で得た守護尊が所属する部族にちなむ言葉を用いて、弟子に名前を与える（たとえば「〇〇金剛」といったように）。

以上、花輪灌頂、水灌頂、宝冠灌頂、金剛杵灌頂、鈴灌頂、名灌頂は、全体で明灌頂と呼ばれる。明灌頂は全体を通して以下の二つの目的をもつ。すなわち、輪廻や苦しみの根本原因である無明を克服する能力を得ることと、比較的下位の密教経典群（「作タントラ」と「行タントラ」に分類される経典群。つまり初期・中期密教の経典群）の教えに適性を得ることである。もし上位の密教経典群（「瑜伽タントラ」と「瑜伽女タントラ」、あるいは「瑜伽タントラ」と「上瑜伽タントラ」と「無上瑜伽タントラ」に分類される経典群。つまり中期・後期密教の経典群）の教えに適性を得ようとするならば、以降の灌頂も経なければならない。

13　三誓約の授与

開始時に、弟子は師に報酬を前払いし、金剛師灌頂（つまり密教の師の位を授けるための一連の灌頂、あるいは次の師灌頂を指す）を自分に施してくれるよう懇願する。それを受けて、師は弟子にまず金剛杵を授け、続いて鈴を授け、最後に弟子に女性を抱擁するポーズをとらせる。これらをそれぞれ「金剛杵の誓約」、「鈴の誓約」、「印の誓約」と言い、合わせて三誓約と呼ぶ。金剛杵と鈴を授け、抱擁の仕種をさせる点は、先の明灌頂における金剛杵灌頂と鈴灌頂に類似する。だがここでは、師の位を得る過程としてそれらが行われる。

14　師灌頂、別名、不退転灌頂

内容は先の明灌頂における水灌頂と宝冠灌頂とマンダラ拝見に類似する。だが、ここでは（この灌頂名が述べる通り）師の位を得るために行われる。師は弟子に対し、まず水をそそぎ、阿閦仏をその性質とする冠を被せ、最後に三つの真実を説く。

三つの真実とは、マンダラの真実と、尊格の真実と、真理は無自性をその性質とするという真実を指す。マンダラの真実を説くとは、楼閣など、マンダラを構成する各部分が何を象徴するのかを説明することである。尊格の真実を説くとは、マンダラを構成する尊格たちが何を象徴するのかを説明することである。最後の真実を説くとは、それらマンダラなどは究極的には無自性であると説明することである。こうして、弟子はマンダラの意味を知るのである。

15　真言の伝授

密教の修行・儀礼においては、さまざまな真言が用いられる。ここで、弟子は師からそれらさまざまな真言を伝授される。

16　眼　膏

師は、酥油と蜂蜜を混ぜて作った眼膏を金製あるいは銀製の器に盛り、金製のヘラを用いてその目薬を弟子の両まぶたに塗る。眼膏をヘラで両まぶたに塗るという行為は、視野を曇らす眼膜を取り除き、真理をまざまざと見る仏の眼力を得ることを表す象徴的行為である。

17　鏡灌頂

師は鏡を用いて、存在は鏡に映る像のように無自性で縁起生であること等を弟子に説く。その上で、そのような正しい存在認識を保ちながら有情利益を行うべきことを弟子に告げる。金製のヘラを用いた眼膏の儀礼の直後にこの鏡灌頂が続くことは、『大日経』の灌頂の構成と同じである。

18　射　箭

続いて「射箭の儀軌」が行われる。弟子は如来たちを愛することを宣言しながら、悟りを妨げるさまざまな障害を射抜くつもりで、東南西北の方位にそれぞれ一本ずつ計四本の矢を放つ。それは、仏陀が悟りの際に四魔を降伏したことにあやかったもの（仏陀は矢を用いなかったが……）である。

19　秘密灌頂

この灌頂は、「智慧（＝女性）と方便（＝男性）の双方の世俗の菩提心（＝性的な体液）という秘密なるものによる灌頂」とも呼ばれ、性的実践を含む。幔幕で隔てられた場所にて、弟子は自分が連れてきた女性を師に引き渡し、秘密灌頂を授けてくれるよう懇願する。それを受けて、弟子に目隠しをした後、師は如来たちが自分の体内に入り液状化したと観想し、弟子が引き渡した女性と性的ヨーガを行う。それによって生じた自分の性的な体液――それは液状化した如来たちでもあり、世俗の菩提心とも呼ばれる――を、師は親指と薬指を用いて弟子の口の中に落とし、飲ませる。師と交わった女性も、自分の性的な体液を世俗の菩提心として弟子に飲ませる。

20　般若智慧灌頂

師は弟子の目隠しを解き、弟子に女性を譲り渡す。この女性は、先の秘密灌頂と同一の女性でもよいし、あるいは密教戒を受持する別の女性でもよいし、あるいは若々しい容姿を備えた別の女性でもよい。弟子に対し、師は「この女性は奉仕するに値する」といった旨の言葉を、女性は「私の女性器の中に悟りがある」といった旨の言葉を告げる。さらに弟子は師から四歓喜の教えを受けて、その女性と性的ヨーガを行う。弟子は性的ヨーガの過程で得る体験を、四歓喜の教えに当てはめながら、その体験の意味を理解していく。最後に弟子は可能な限り自分の世俗の菩提心を体内に保った後、ゆっくりと女性の中に放出する。放出した自分の世俗の菩提心を、舌を用いて、女性の性器の中からすくい出し飲み込む。

これら19と20の二つの灌頂においては、現実の生身の女性（羯磨印女）が重要な役割を果たす。だがもし弟子が悪人である場合、あるいは比丘という善人であっても（女性を含めた）万物の空性をきちんと理解していない場合は、生身の女性を用いてはならないとされる。なぜなら、彼ら理解が未熟な者たちにとって、生身の女性との交わりは修行の上で悪影響を与えるからである。それゆえ彼らは、観想により作り出した女性（智印女）を用いなければならない。師が観想に巧みである場合、師はそのイメージ力により女性を（弟子にとっても）リアルに作り出すことができるので、観想により作り出した女性はますます有用である。弟子が悪人でなく、かつ存在が空なることをきちんと理解している場合に限り、生身の女性の使用が認められる。

21　第四灌頂

師は、先の般若智慧灌頂で弟子が得た体験智の内容と意義を、言葉のみによって弟子に解説する。それにより、弟子はその体験智が、持金剛（法界が仏の姿をとった、密教の理念的最高尊）を本性とするものであることを理解する。

22　明禁戒

明禁戒とは、生身の女性であれ観想による女性であれ、般若智慧灌頂で弟子に引き渡した女性のみが、煩悩のない正しい楽を増大させる具体的な修行手段であるので、決して彼女を捨ててはならないという命令である。要するに、性的ヨーガの継続的実行を命令するものである。弟子はこの禁戒を保たねばならない。なお、明禁戒の「明」（原義は「知識」）とは、ここでは（性的ヨーガを通して真理の知識をもたらす）女性を指す。

23 金剛杵禁戒

師は弟子に、金剛薩埵に倣って、一切仏性を象徴する金剛杵を常に受持すべきであるという旨の命令（金剛杵禁戒）を与え、弟子に金剛杵を把持させる。

24 行禁戒

行禁戒は、さまざまな行具を弟子に授けることを内容とする。ここでの行具とは、カトヴァーンガ杖とダマル太鼓と瓶、あるいは五仏を象徴する五印（輪宝、耳輪、喉輪、腕輪、腰帯）、あるいは剃髪頭をつなげて作ったネックレス（剃髪頭は実際の人間のものではなく、別のもので代用されていたのだろう）や虎の皮の衣服などである。これら行具のうちいくつか（あるいはすべて）が、ケースに応じて弟子に授けられる。

上位の密教経典群（つまり後期密教の経典群）において、行者はしばしばこれらの行具を身にまとった姿で描かれる。これらの行具を弟子に与えるという儀礼行為は、弟子を上位の密教経典群が描く行者像と象徴的に重ね合わせようとするものである。

25 授　記

授記とはもともと、仏が弟子に対し、未来時においてその弟子が悟りを開き仏となることを予言することである。師は自分を金剛薩埵であり如来であると宣言した上で、弟子に対し、弟子の成仏を予言する。その目的は、このような予言により弟子を奮い立たせることにある。

26 許可

許可には二種類ある。「共通の許可」と「特別の許可」である。弟子はまず「共通の許可」を受け、次に五部族別の「特別の許可」を受ける。

「共通の許可」の内容は以下の通りである。まず師は、法輪と法螺貝と経典と鈴を弟子に授ける。弟子は受け取った鈴を鳴らす。鈴を鳴らす弟子に対し、師は「この上ない法の音を発する法螺貝を響かせて法輪を転じよ（つまり、人々の救済を行え）」という旨の言葉を告げる。一方、「特別の許可」とは、五部族それぞれを表す言葉を用いた五つの宣言文により、弟子に有情を救済すべき旨を告げることである。最後に、弟子はこの師の命令を承諾する。要するに、弟子に衆生救済の活動を行う許可を与え、弟子がそれを承諾することが、この儀礼の趣旨である。

27 蘇息

蘇息《そそく》とは「活気づける」という意味である。師は弟子に対し、いまやあなたはマンダラを扱う能力のある師となったこと、それゆえマンダラを用いる各種儀礼を通して人々を救済すべきこと、あなたはもはや修行の進展において後退することがないこと、密教戒などの密教の諸実践を遵守すべきこと、あなたはすべての仏たちと菩薩たちにより一同に受け入れられていること等を告げる。それに応えて弟子は、いまや自分の出生と生命が実りあるものとなったこと、仏子となったこと等を師に述べる。

続いて弟子は、自分の支払い能力に応じて、灌頂を授けてくれた師に対し報酬を支払う。

こうして、一連の灌頂は終わる。その後、灌頂の後行として、下級神などへの施食（穀物の供養）、護摩、飲食物等による僧伽への供養が行われる。

おわりに

『大日経』は、まず弟子が密教尊との結縁により密教への入門を果たし、続いて儀礼的に真理智を深めつつ、最終的には説法を象徴する法輪と法螺貝を授かって人々の救済活動を行う許可を得た師となる、という灌頂の基本構成を作り上げた。続く『真実摂経』系統の文献群においては、五仏の知慧を備えた、菩薩の理想像である金剛薩埵へと弟子を儀礼的に高めていく五種灌頂の体系が構築された。次の、後期密教の文献群においては、理想の菩薩となるこの五種灌頂の後に、性的実践を通して後期密教の最高尊――不二の知慧を体現した男女抱擁尊――へと弟子を儀礼的に高めていく体系が構築された。『真実摂経』が説く弟子の条件は、すでに仏教の受戒を得た仏教者であるかどうかすら問わないとてもゆるやかなものであった。このような姿勢が、仏教外の要素――その中には上述の性的実践のような仏教の伝統的な律と矛盾する要素もある――を大胆に取り込む後期密教の性格形成をある程度準備した可能性がある。また同時に、内容的に五種灌頂と類似する儀礼要素を多くもつ、師の位を弟子に授けるという意味付けのされた師灌頂という儀礼次第も、後期密教で一般化していった。

アバヤーカラグプタの『ヴァジュラーヴァリー』は、おおむね、密教経典群が説く多様な灌頂体系の最小公倍数といった性格をもつ。第四節において各儀礼に付した番号を用いて述べると、1と5、6、7と8と16、17、26の原初形態は、すでに『大日経』に見られるものである。3と4と9、10、11、12は、『真実摂経』の伝統において新たに説かれたものである。その他のものは、後期密教のさまざまな儀礼をほぼくまなく集めたものである。また、性的な灌頂における女性パートナーに関する規定にも同様のことが言える。アバヤーカラグプタ自身は、密教戒はもちろん部派の伝統的な律も遵守する比丘であったため、生身の女性との性的ヨーガを行わなかったようである。しかし、後期密教の経典の中には生身の女性を重視する教えもあるため、聖典説として全く無視することもできない。それゆえ、ケースを分けて、生身の女性と観想された女性という双方の立場を尊重する体系を作り上げたのだと推測できる。

だがこの「最小公倍数」は、単なる雑多な寄せ集めではなく、ある程度の一貫性も見出せる。注意すべきは、『ヴァジュラーヴァリー』の灌頂プロセスの最初のほうに位置する諸儀礼も、最後部に位置する26も『大日経』由来の儀礼であり、しかもこの26は『大日経』でも灌頂を締めくくる儀礼の一つであるという点である。言い換えれば、『ヴァジュラーヴァリー』の灌頂は、『大日経』由来の儀礼で始まり、次に『真実摂経』由来の儀礼が続き、その後に後期密教のさまざまな儀礼が続き、最後は再び『大日経』由来の儀礼を含む過程で終了している。灌頂の受者となる資格についても、仏教者に限定しており、『大日経』的である。諸伝統の総合という意図のもと、途中に多くの伝統の要素を導入しつつも、『ヴァジュラーヴァリー』の灌頂体系は『大日経』由来の基本構成を大きな枠組みとして構成されている。

参考文献

『大日経』　チベット大蔵経デルゲ版東北大学目録四九四番。
堀内寛仁　一九八三　『初会金剛頂経の研究』(上)、高野山大学密教文化研究所。
Mori, Masahide (森雅秀)　2009, *Vajrāvalī of Abhayākaragupta: Edition of Sanskrit and Tibetan Versions*, Vols. 1 and 2 (Buddhica Britannica XI). The Institute of Buddhist Studies, Tring, UK.

ヒンドゥー教タントリズムにおける灌頂

――聖典シヴァ派の例から――

井田克征

はじめに

中世以降のヒンドゥー教において発展したタントリズムにおいては、複雑な儀礼を執行しつつ観想法を行うことによって、世界原理たる最高神との一体性を獲得することが目指された。そのような一体性を確立した個人は、神と等しい存在となって、解脱を得ることもさまざまな現世利益を得ることも可能となる。

タントリズムはシヴァ神を信仰するシヴァ派と、ヴィシュヌ神を信仰するヴィシュヌ派に大別されるが、本論ではシヴァ派の分派である聖典シヴァ派（シャイヴァシッダーンタ）の灌頂儀礼を取り扱う。この派は中世以降に南インドを中心として発展し、王権と結びついて多くの寺院を建立するとともに、きわめて高度な儀礼体系を発達させた。古くは八世紀頃にまで遡るこの派の聖典群には、そうした寺院儀礼や教義などが体系的に述べられている。本論では、この派の灌頂儀礼がおおむね体系化された後、十世紀頃に成立したと考えられる『ムリゲーンドラアーガマ』を主に参照し、さらに同じ十世紀の『ラウラヴァアーガマ』や十一世紀成立の『ソーマシャンブパッダティ』などの資料でそれを補いつつ、この派の灌頂儀礼の特徴を明らかにする。

聖典シヴァ派では、最高神シヴァを主人（パティ）、個人の魂を家畜（パシュ）、そして個人を物質的な存在として地上につなぎ止める束縛を索縄（パーシャ）と呼び、あわせて三つの世界原理と考えている。主人たるシヴァ神は完全かつ永遠な、独立した存在であり、純粋に精神的な存在であるとされる。そして個人の魂は、本来はシヴァと同様の永遠性をもつのであるが、その本質が束縛によって覆い隠されているため、限定的な存在として地上に留まっている。原初から個人に固着している汚れや幻影、業などの索縄をふりほどくことさえできれば、個人は本来の完全性、永遠性を回復して、シヴァと同様の絶対的境地へと到達することができる。ただしこの派では、個人が独存の状態を回復したとしても、それは決してシヴァそれ自身と同一の状態であるとは考えないため、二元論的であるとされている（高島　一九九五、六九頁）。

一　聖典シヴァ派の灌頂

こうした解脱論にもとづく聖典シヴァ派の宗教実践においてきわめて重要視されるのが、この派の信徒が入門する際およびその後の修行の各段階において、導師から順次受ける四つの儀礼である。それらは個人を縛る索縄を滅して死後の解脱を保証したり、個人にシヴァ神にも等しい権能を付与する極めて重要な儀礼として理解されている。この派に入門すると、信徒は導師から以下の四つの儀礼を受けることになる。

①誓願を授ける入門儀礼（サマヤ・ディークシャー）…信徒が入門する際、最初に受ける儀礼である。これにより

誓願を授けられた者は誓願者（サマイン）となり、毎日の神格供養を行うことなどが許可される。

②涅槃を授ける入門儀礼（ニルヴァーナ・ディークシャー）…これは誓願者の資格を得た者が、十分に修行を行った後に受ける入門儀礼である。この儀礼は、個人を束縛する索縄を断ち、死後の解脱を確定する。この儀礼を受けることで、誓願者はシヴァの息子（プトラカ）として生まれ変わる。狭義における入門儀礼とは、この涅槃を授ける入門儀礼を指すのが普通である。

③導師灌頂（アーチャールヤ・アビシェーカ）…これはシヴァの息子の資格を持つ者に、導師（アーチャールヤ）の資格を与えるものである。導師になると、自分の弟子に対して教えを説いて、その者に入門儀礼や灌頂儀礼を行うことが許されるようになる。

④成就者灌頂（サーダカ・アビシェーカ）…これもまたシヴァの息子に対して行われる灌頂で、彼に、成就者（サーダカ）の資格を与えるものである。成就者とは、さまざまな超自然的な力——主に現世的な欲求を満たすための——を得た者のことである。ただしこの成就者は、弟子に対して入門儀礼などの通過儀礼を行うことは許されない。一方、導師の資格を持つ者は、成就者のように現世利益的な儀礼を行うことは許されない。

聖典シヴァ派において、修行者はこれらの通過儀礼（二つの入門儀礼と二つの灌頂儀礼の総称として、本論では便宜上、通過儀礼という語を用いることにする）を段階的に行っていくことになるが、いわゆる灌頂儀礼に相当するのは、この中の③導師灌頂と④成就者灌頂である。①誓願を授かり、さらに②涅槃を授ける入門儀礼を受けた修行者は、シヴァの息子の次の段階として、導師になるか成就者になるかを選択することになる。一人の修行者がその両方を兼ねることは許されないため、彼は②涅槃を授ける入門儀礼を受ける時点で、自らが解脱を求める（ムムクシュ）か、享受を求める（ブブクシュ）かを選択する。そして前者を選んだ場合にはその次の段階として③導師灌頂へ、後者を選んだ場合は④成就者灌頂へ進むことになる[1]。

二　導師灌頂

以下では灌頂儀礼の進行を、『ムリゲーンドラアーガマ』儀礼篇にもとづいて概観する。先述のような二つの灌頂が説かれる場合、まず導師灌頂が基本とされて、成就者灌頂はそのヴァリエーションとして理解されるのが普通である。それゆえ本論もまた、まず導師灌頂の手順を確認した後に、成就者灌頂へと話を進めることにする。

1　儀礼の準備

灌頂儀礼は、そのために特別に作られた祭式小屋（マンダパ）の中で行われる。祭式小屋を建てるには、まず吉祥な場所を選び、方位を確定する必要がある。そしてその土地を儀礼によって浄めた後に、八本の木柱と天幕を用いて正方形の空間を外界から区別する。留め具のある入口の扉と、煙抜きの穴を四方に作って、床を牛糞で塗り固め、儀礼に用いる水瓶や火炉、マンダラなどが設置される場所を確保する（『ムリゲーンドラアーガマ』、以下出典表記のない場合は同テキスト）。祭式小屋が用意されたら、月や星宿の位置関係にもとづいて吉祥な日を選んで、灌頂儀礼を執り行う。

聖典は、導師灌頂を受けるにふさわしい弟子の特徴をいくつか述べている。まず弟子は寛大で慈悲深く、巧妙であり、自制心を持ち、信仰に満たされているべきとされる。そしてタントラの知識という炎によって、疑いや渇きが焼き尽くされていなければならない。身体も美しく、優れている必要がある。

このような美点を持つ弟子は、十分な学習によって教義に精通し、さらにシヴァの入門儀礼という刀によって、束縛を断ち切った者であり、シヴァ神を愛する者たちを愛する者であり、タントラという財宝の偉大なる蔵を庇護する者であり、シヴァ神を供養する者でなければならない。つまり涅槃を授ける入門儀礼を受け、シヴァの息子の資格を持つ者でなければ、灌頂儀礼を受けることは許されない。

2　前日祭

灌頂儀礼が行われる前に、前日祭（アディヴァーサ）と呼ばれる予備的な儀礼が執り行われる。一連の儀礼を執行する導師は、沐浴をすませた後に祭式小屋に入り、翌日に行われる灌頂儀礼の準備に取りかかる。まず神格に献供するための水（アルグヤ）を用意した後、導師は自分自身の手をシヴァ神の手（シヴァハスタ）と同一化する儀礼を執行する。その後、祭式小屋やマンダラ、水瓶などを用意して、香などを塗って浄化する。神像に最高のシヴァ神を勧請し、マントラを唱えて供養した後、彼の眷属らに供物をそなえて供養する。翌日の灌頂儀礼で用いられるシヴァの水瓶とヴァルダニーの水瓶という二つの重要な水瓶を飾り立てて、マントラによって浄化する。

次に導師は、パンチャガヴヤ（牛からとれる五つの聖なる品(2)）と米粥、歯木（歯を掃除するための小枝）を用意し、弟子に与える。その後、弟子はシヴァ神の保護のもとに眠りにつく（『ソーマシャンブパッダティ』）。

3　水瓶の用意――五つの水

前日祭を終え、その夜が明けた翌日に、灌頂儀礼が執り行われる。導師は最初に最高のシヴァ神の供養を行ってから、灌頂に用いる水瓶の準備に取りかかる。北面して、東西南北および上方を代替する北東に、合わせて五つの水瓶を用意し、その水瓶にそれぞれ水を満たす。水瓶には穀物類や宝石、香料、金属類などの中から吉祥なものを選んで混ぜ入れる。そしてこの五つの水瓶に対して、以下のように五体の神格が配置される。サドヨージャータ神は西の水瓶に、ヴァーマデーヴァ神は北の水瓶に、バフルーパ神は南の水瓶に、タットプルシャ神は東の水瓶に、イーシャーナ神は北東の水瓶に、それぞれ固有のマントラを唱えて配置される。

サドヨージャータに始まるこれら五体の神格は、「五体のブラフマー」と呼ばれ、最高のシヴァ神の五つの顔に対応する重要な神格群である。これらはシヴァ神の物質的な姿である永遠のシヴァ（サダーシヴァ）を構成する部分的な神格と考えられ、儀礼の中で重要な役割を担っている。これら五つの神格は、後述する五つの限定力（カラー）とも対応づけられる。

五体のブラフマーを五つの水瓶に配した後、さらにアンガマントラとともにシヴァ神の根本マントラを唱えて、最高のシヴァ神をこれら五つの水瓶すべてに結びつける。そしてさらにこれらの水瓶の周囲八方に、八体の知の主宰神（シカンディン、シュリーカンタ、トリムールティ、エーカルドラークシャ、エーカネートラ、シヴォッタマ、スークシュマ、アナンタ）、シヴァ神の八つの眷属（ナンディン、マハーカーラ、ガジャヴァクトラ、ヴリシャ、アバラ、スカンダ、ウマー、チャンダ）、八体の方位神、そして八つの武器などといった従属的神格群を配置する。

こうした神格の配置や水瓶の数は、テキストによって多少の異なりを見せている。たとえば『ラウラヴァアーガマ』や、『ソーマシャンブパッダティ』などは九つの水瓶に言及する。この場合、まず八方位に設置された水瓶は八つの海と同一視され、そこに先述の知の主宰神八体が配置される。そして中央の水瓶——それはシヴァの海と呼ばれる——に対して、シヴァ神の根本マントラが唱えられて、そこにシヴァ神が配置される。

4 灌頂儀礼

諸々の神格をそれぞれ所定の水瓶およびその周囲に配置した後、導師はそれらの水瓶を用いて弟子に対する灌頂を執行する。導師はまず祭式小屋の北東に特別な座を用意して、そこに弟子を導く。弟子は北面し、自らの正面にシヴァ神が正対しているものと観想する。導師は弟子の左側に立って東を向き、彼の手をとる。そしてクシャ草などを用いて五つの水瓶から弟子の頭に水をそそぐ。この時には、五つのブラフマーのマントラおよびシヴァ神の根本マントラが唱えられる。一連の灌頂のプロセスの中で、導師はそれまで自分の身体の中にいた最高の主宰神たるシヴァを、スシュムナー脈管あるいはイダー脈管を通じて外に出し、弟子の身体の中へ入れるものとされている。

弟子の頭にそそぐ水は、五つの限定力（カラー）と同一視されている。限定力とは、シヴァ神が世界を限定する五つの位相（停止・存在・知恵・寂静・超寂静）として理解されており、それを辿ることによって最高のシヴァ神の境地へと達するプロセスであるとも考えられている。この五つのカラーは、ブラフマー、ヴィシュヌ、ルドラ、イーシュヴァラ、シヴァ（これは最高神としてのシヴァと区別される）という五体の神格によって支配されている。

そしてさらに最高のシヴァ神と、シヴァの眷属を配した後、最後にシヴァ神の五つの権能（創造・維持・守護・除去・恩寵）と、解脱が讃えられる。以上のように導師は、シヴァ神の諸側面に対して多重的な観想を行いつつ、それらと同一視される灌頂の水を弟子の頭にそそぐことで、弟子にシヴァ神の権能を付与するのである。

5 資格の移譲

灌頂のプロセスが終わった後、導師は弟子に新しい衣と聖紐を与える。そして弟子の身体の各部にマントラを配置する身体の浄化儀礼や、シヴァ神の手と同一視される導師の右手を弟子の身体に当てる、「シヴァの手」と呼ばれる儀礼を執り行う。
こうした手順を踏んで新しく導師の資格を得た弟子は、導師から聖典、水瓶、糸、小刀、念想用の布、祭匙と祭杓、数珠、ターバン、日傘、サンダル、払子などの道具類を与えられる。
導師灌頂においては、この後にそれまでの導師がこの弟子に敬礼し、彼をシヴァ神に紹介して「主よ、この者はあなたによって命じられ、あなたの意思によってわれわれの手で資格を与えられた。彼に恩寵を下されよ」と述べる。こうして新しく導師の資格を得た弟子は、自らシヴァ神を供養し、完全な献供を執行する。そして最後に、かつての導師が弟子に対して次のように述べて、一連の儀礼は終了する。

「あなたは［今までに］説明され、知られたことを、もしくはそれ以外のことを、望む者たちに聞かせなさい。多くの種類の多くの知識と儀礼の手順が、正しく学ばれた。おお導師よ。怠惰を捨てて、［シヴァ神の］信徒たちに、あなたから恩寵が与えられる。そして強く願う者たちに対しては、シヴァ［の神像］などの開眼儀礼が［行われるべきである］。あなたは、わずかな護摩や誦唱や供養とともに、毎日戒律を遺漏なく守り、世俗のしきたりも守り、自分の聖典と矛盾しないようにしなさい。他にも命じられたことや、禁じられたこと、教えられるであろうことのすべてに従いなさい。［そしてそれを］後に続く者たちに語りなさい」。

このようにして導師の資格（アディカーラ）を弟子に移譲してしまうと、かつての導師はそれ以降、その資格を喪失する。つまり聖典シヴァ派では、一つの師資相承の系譜において導師の資格を持つのは常に一人ということになる。

三　成就者灌頂

次に成就者灌頂について見てみよう。成就者灌頂は、その準備や儀礼の手順などにおいておおむね導師灌頂のそれを踏襲するが、大きな相違点が一つ存在する。というのは、導師灌頂では常に最高のシヴァ神のマントラが中心的な役割を果たしており、弟子は最高のシヴァ神とのみ結びつけられるのに対して、成就者灌頂ではシヴァ神の部分的神格である五体のブラフマー神格群の中から一体の神格だけを選択し、そのマントラが弟子に与えられる。弟子はシヴァ神ではなく、その部分的神格との特別な結びつきを獲得することになる。

『ムリゲーンドラアーガマ』は、弟子と結びつけられる神格は、彼の顔色や身体的特徴などによって決定されると述べている。たとえば「欲望に悩まされず、中空の色をしていて、繊細な身体を持つ賢い者は、僅かな努力のみによってイーシャの神格［のマントラ］を獲得する。黄色い、よい顔色をした者は、タットプルシャ神のマントラを［獲得する］。云々。」といった具合である。弟子と結びつけられるこの五体のブラフマー神格群は、最高のシヴァ神の五つの限定力（カラー）と対応関係をもつとされている。それゆえに成就者は、自らが獲得した神格に対応する限定力にもとづいて、諸々の超常力を発揮することになる。

弟子に結びつける神格が決定したら、最高のシヴァ神の代わりにその神格を中心に据えて、灌頂の儀礼が執行される。この時には、五神のマントラや水瓶の使用順序などのすべては、弟子に結びつけられる神格が中心となるように変更される。

灌頂のプロセスが終了した後には、導師灌頂と同様に導師から諸々の道具を与えられる。しかしこのとき受け取る道具の中には、ターバンが含まれない。(3) これは、成就者が導師より低位にあることを含意している。実際に、弟子に対して成就者灌頂を与えた導師——彼は導師の資格を失ってはいない——は、新しく成就者となった弟子を、導師灌頂の場合のようには「礼拝してはならない。［この場合、弟子は］優れた地位にないからである」と言われている。

そして最後に、導師が弟子に対して以下のように述べて、成就者灌頂は終了する。

「自身が属する教えの説く行為に従うべきである。森で、洞窟で、あるいは聖地で、リンガを保守して、君は良い仲間を得て、魅惑的な成就法に努めなさい。恩寵を損なうような、聖典の説くところへの背信なく、隠れて祭祀を行い、不実や妬み、傲慢を避けなさい」。

こうして成就者の資格を得た弟子は、導師に仕えるそれまでの生活から離れて、成就者として独立することになる。

四　聖典シヴァ派における灌頂の特質

聖典シヴァ派の灌頂儀礼は、二つの入門儀礼とともに、修行者が段階的に経験する四つの通過儀礼の中に位置づけられている。それは頭に水をそそいで資格を授与するという灌頂儀礼の基本的な形式を引き継ぎながら、タントラ的な儀礼体系の中核とも言える入門儀礼から多大なる影響を受けて、新しい側面を獲得するに至ったものと言えるだろう。

かつてヴェーダ祭式において、祭官が祭主の頭頂に水をそそぐ灌頂儀礼が発達した。この時、灌頂の水にはある種の力、光輝などが宿るとされ、それをそそがれた祭主にもそうした力、光輝が宿ると考えられた。そのために灌頂の水を準備する際には、入念な手間がかけられた[4]。

聖典シヴァ派の二つの灌頂儀礼もまた、聖性を帯びた灌頂の水を頭にそそぐことで、弟子に権能が付与される。シヴァ派の聖典は、灌頂とそれに付随する諸々の手続き、つまり水瓶や水の準備と、この水に対してマントラを唱え、神格を勧請することなどを詳細に述べている。聖化された水を頭頂から浸透させて弟子に特別な権能を付与するという考え方は、まさにヴェーダ祭式以来の灌頂儀礼のそれの延長線上にあるだろう。

その一方で、タントリズムにおける灌頂は、入門儀礼から多くの要素を取り込んでいる。涅槃を授ける入門儀礼の基本的な枠組みは、弟子の聖化と再誕生という二つのプロセスから成り立っている。まず弟子の身体に対し、さまざまなマントラおよび神格が配置され、そして限定力（カラー）や諸々の道などの念想によって、彼の身体を聖化する。こうして解脱に相応しい存在となった弟子は、言葉の主宰神（＝シヴァ神）と言葉の主宰女神（＝シャクティ）との間に、シヴァの息子（プトラカ）として、この世に誕生する手続きを踏むのである。これによって、弟子は将来的にシヴァ神と同質の解脱を約束された者としてこの地上にふたたび生まれ変わる。

灌頂儀礼は、四つの通過儀礼の中に組みこまれるにあたってこの入門儀礼からさまざまな身体の聖化のプロセスを導入した。とくに前日祭の段階から準備される「シヴァ神の手」の儀礼（導師の手をシヴァ神の手と同一視して、それを弟子の身体にあてることでシヴァの聖性を付与する儀礼）は、入門儀礼においてはきわめて重要な意義をもつ儀礼であり、灌頂儀礼にも導入されている。ただし頭頂に水をそそいで権能を付与するという灌頂儀礼のクライマックスの後に挿入された「シヴァ神の手」の儀礼は、ここでは入門儀礼の中で行われる同じ儀礼ほどには重要な意義を与えられていないように見える。この他にも、多くの浄化・聖化のためのプロセスが入門儀礼と灌頂儀礼の両者に共通して認められる。

一方で、入門儀礼において重視される言葉の主宰神と言葉の主宰女神の間に、シヴァの息子として生まれるというプロセスは、灌頂儀礼の中には見出されない。つまり入門儀礼においてはシヴァ神との将来的な同質性が保証されることが重要なモチーフであったのに対し、灌頂儀礼では個人がシヴァ神の権能をひきついで、シヴァと同等の資格を得ることに力点がおかれている。

灌頂が終了する際には、導師もしくは成就者の権能を象徴する道具類が弟子に与えられる。そして導師灌頂の場合には、新しく導師の資格を移譲された弟子が、儀礼を執行した導師から礼拝を受ける。一方、成就者灌頂の場合には、弟子が同様の礼拝を受けることはない。これらの事実にはタントリズムにおける導師（アーチャールヤ）の権威の卓越性が示されているとも言えるだろうが、そうした権威は、この導師の資格が究極的には最高のシヴァ神に由来することにもとづいている。シヴァ派の聖典の教えは、原初にシヴァ神がその五つの口で説き起こした教えが師資相承で伝えられたと理解されており、それゆえシヴァ神は最初の導師と呼ばれている。それならば導師とは、シヴァ神と同様の権能をもつ、地上におけるシヴァ神に相当する存在ということになるだろう。導師は灌頂儀礼の際に、自己の身体内からシヴァ神を呼び出して、弟子の身体内へ転移させる。こうした観念も、原初の導師たるシヴァ神から現在の導師を経て、次に新しく導師となる弟子へと権能が連続していることを示すものと言えるだろう。

おわりに

入門儀礼においてシヴァ神と同じような精神性、超越性が個人の中に普遍的に見出され得ることが示された後に、灌頂儀礼において唯一かつ超越的な存在としてのシヴァ神と導師との師資相承における連続性と、その資格の継承が提示される。こうした儀礼の背後には、あらゆる個人の本来的な超越性を説くこの派の救済論が存在する。これらの通過儀礼が重要視されるのは、単に修行者たちにそれぞれの段階にふさわしい資格を与える儀礼であるというよりは、それがシヴァ神にも連なる、究極的な境地を個人にもたらすための実践であるからに他ならないだろう。

註

（1）ただし、導師（アーチャールヤ）の資格をもつ者が特定の個人的な願望を満たすために、一時的に成就者になることが認められている。その場合、彼は成就者灌頂を受けるか、もしくは自分自身に対して成就者灌頂を行うことになる。

（2）牛の尿、糞、乳、ヨーグルト、澄ましバターの五つを混ぜた液体。清浄なるものとして考えられ、しばしば儀礼において用いられる。

（3）新しい成就者に与えられない道具として、小刀が言及される場合もある。弟子に入門式を行う資格をもたない成就者には、不要だからである。

（4）灌頂の水の中にさまざまな要素を混入するのはヴェーダ祭式以来のことであるが、時代が下るにしたがってその傾向は増大する。

参考文献

Bhatt, N. R.（ed.）1962, *Mṛgendrāgama*（*Kriyāpāda et Caryāpāda*）*avec le commentaire de Bhaṭṭa-Nārāyaṇakaṇṭha*, Pondichery.

Bhatt, N. R.（ed.）1988, *Rauravāgama*, vol. 3, Institut Française Pondhichery.

Brunner-Lachaux, H.（ed. and tr.）, 1963-1998. *Somaśambhupaddhati*, 4 vols, Pondhichery.

Goudriaan, T., D. J. Hoens., S. Gupta. 1979. *Hindu Tantrism*, E. J. Brill.

高島淳　一九九五「最初期シヴァ教アーガマの思想I—Svāyambhuva-āgama 知識部」『アジア・アフリカ言語文化研究』四八—四九号、六五～八〇頁。

ヴィシュヌ教の灌頂儀礼

引田弘道

はじめに

ヒンドゥー教の最高聖典とみなされている『バガヴァッド・ギーター』はヴィシュヌ教の最高の傑作でもあり、『マハーバーラタ』第六巻に含まれている。この作品はヴィシュヌ教でも特にバーガヴァタ派の聖典と考えられている。いっぽう、同じ『マハーバーラタ』第十二巻のナーラーヤナ章はヴィシュヌ教のパーンチャラートラ派の思想を語ったものとされる。この派はヴェーダの祭式を継承しながら、最高神ナーラーヤナを、儀礼や瞑想をもって崇拝することを目的としていた。同派は中世になると汎インド的なタントリズムを採用して主たる儀礼を形成していった。中世には、同じヴィシュヌ教の集団にヴァイカーナサ派があるが、この派は積極的にヴェーダの伝統を取り入れ、ヴィシュヌ神崇拝者の正統派であると自負していた。

南インドではアールヴァールと呼ばれるヴィシュヌ教の宗教詩人たちの活躍によって神に信愛を捧げるバクティ運動が活発となった。その後、パーンチャラートラ派の思想の影響を受けて、ヤームナやラーマーヌジャによって、南インドの代表的なヴィシュヌ教集団であるシュリーヴァイシュナヴァ派の思想が大成される。ランガチャリはこのシュリーヴァイシュナヴァ派のバラモンの生活を調査し、その実態を一九三一年、マドラスより写真入りで発表した。この中で同派のバラモンの最初の入門儀礼として「パンチャ・サンスカーラ」と呼ばれる五の儀礼が示されている。それらは烙印（tāpa）・派のマーク（puṇḍra）・命名（nāma）・マントラ（mantra）・祭祀（yajana）である。このうち烙印とは右肩にチャクラの印、左肩に法螺貝の印を焼き鏝で付けるものであり、ヴィシュヌ神の持ち物の烙印を施すことにより入門者が明らかにヴィシュヌ教徒になったことを証明している。

この入門儀礼と同じく灌頂儀礼もヴィシュヌ教にあっては必要不可欠の中心要素である。前者は入門者個人の浄化を目指したものであるのに対して、後者は一宗教団体における個人の地位の変化を伴うものであると定義されている。あるいは、入門儀礼は浄化と同時に神との接触を目的としているという説もある。[1] この入門儀礼とヴェーダ儀礼との関連性はすでに紹介されている。[2] ここではこの儀礼よりも、灌頂儀礼に焦点を当てて述べていきたい。まず入門儀礼で四種の志願者の定義を行い、次にこれらの志願者と灌頂儀礼との関係を述べ、さらに灌頂儀礼自体の様子を明らかにしていきたい。扱う文献は、ヴィシュヌ教パーンチャラートラ派の文献の『サートヴァタ・サンヒター』[3]（以下『サートヴァタ』）と『ジャヤークヤ・サンヒター』[4]（以下『ジャヤークヤ』）を中心とする。

一　四種の志願者

『サートヴァタ』に従えば、入門儀礼を受けるに足る志願者は彼らの能力によって四種に分類される。すなわち、「持戒者」（samayin）、「息子」（putraka）、「成就者」（sādhaka）、「師」（ācārya）である。

『サートヴァタ』第二十二章にこれらの四種の志願者の具体的な内容が説かれている。第一の持戒者とは、戒あるいは規則（samaya）を守る志願者を指す。所属する派の一員として、決められた規則を守ることが必要とされる。同じく『ジャヤークャ』にも、持戒者はマントラの念誦を先とし、あらゆる規則を守るべきであるとある。

第二の息子とは、聖典の意味を正しく理解し、師匠により毎日の神の供養をする認可を得た者である。『ジャヤークャ』にもヴィシュヌ神の供養を行うべきとある。

第三の成就者とは、マントラ供養を行い、マントラを完成し、マントラのもつ超自然的な力を身につけた人を指す。『ジャヤークャ』にも、マントラ供養に専念する者こそ成就者と呼ばれるとある。(5)

第四の師とは、所属する派のマントラの意味や聖典の内容を知悉し、伝統を受け継いでいく人を指す。『ジャヤークャ』によれば、彼は師として良き信者に灌頂を施すことができるとある。

『サートヴァタ』に従えば、入門儀礼は限られた階層の男性だけに適用されるのではなく、老人・女性・子どもにも開かれている。また『ラクシュミー・タントラ』では、財のある人、財の少ない人、財のない人の順番に、大マンダラ供養、火供のみ、言葉だけの入門儀礼が示されている。聖典シヴァ派の聖典『ソーマシャンブ・パッダティ』（第三巻）に対する訳注で、仏訳者ブルンネルはどのカースト出身者でも師になることができるが、入門儀礼を行えるのは自身と同じカーストの志願者か、彼より下のカーストに限られるとする。たとえば、バラモンの師はすべてのカーストの志願者に入門儀礼が行えるが、クシャトリヤは下位の三カーストに限定される。また人生の段階では、師は「学生期」（brahmacārin）と「家長期」（gṛhastha）に限られる。前者は解脱をかなえ、後者は解脱と現世利益の両方をかなえるとする。(6)

ところで、これらの四種の志願者は入門儀礼だけで十分なのであろうか。灌頂儀礼は必要ないのであろうか。『サートヴァタ』によれば、

さてマンダラを見、聖典を正しく理解し、（マントラの）供養に専念し、「息子の状態」になった、そのような良き弟子に対して、（弟子が）超自然力（siddhi）を得るために、もしくは一切のマントラに対する資格（adhikāra）を得るために、そのとき師によって灌頂が実行されなければならない。

これによると灌頂は超自然力をもつため、あるいはマントラに対する資格を得るために必要だとされている。つまり「成就者」、あるいは「師」になるために必要とされるのである。ただし注釈者アラシンハ・バッタは、この偈に関連して、「師の家系に生まれた者にのみ灌頂を行うべきであり、彼らに灌頂を行うと資格が生じる」と説く『パードマ・サンヒター』を引用している。そうだとすれば灌頂は、師になる者のためにのみ行われることになる。

一方、『サートヴァタ』を補強したものである『イーシュヴァラ・サンヒター』には、「個人儀礼（svārtha）と他者のための儀礼（parārtha）の両方に資格ある者（adhikārin）を対象として灌頂儀礼が行われるべきであり、他の志願者は入門儀礼だけで浄化される」という説をあげている。とすれば少なくとも師は灌頂すべきであり、第一の持戒者と第二の息子には灌頂は必要なく、第三の成就者はどちらにもとれることになろう。つまり『サートヴァ

タ』本論では成就者と師の両方に灌頂儀礼が適用されるが、注釈者の時代である十八〜十九世紀には、師だけに灌頂儀礼を行えばよいとする考えが定着していたようである。

『ジャヤークャ』にも、成就者の内容を記す中で、「灌頂を受けて暇乞いした後」(abhiṣikto 'bhyanujñāto) という表現が認められ、同文献にも、灌頂は解脱のため、特定の権力のため (ādhipatya)、さらには苦しみの消滅のためになされるとある。これからすると、この文献では明らかに成就者にも灌頂儀礼が適用されることになる。ただ同聖典の第十八章には、持戒者・息子・成就者・師の四種の志願者すべてに灌頂を行うべきと説いており、『サートヴァタ』の主張とは完全に相違する。しかも『ジャヤークャ』には、持戒者には将軍 (senāpati) の方法で、息子には大臣 (mahāmantritva) のやり方で、成就者には王子 (yuvarāja) の方法で、師には王のもてなし (rājopacāra) のやり方で灌頂を行うべきだと説いている。とすれば四種類の志願者すべてに灌頂が必要になることになる。

灌頂儀礼が適用されるカーストについて、『ジャヤークャ』に、バラモン出自の師はあらゆるカーストの志願者に灌頂を行う資格があり、バラモンがいない場合はクシャトリヤの師が自ら属するカーストより下の三カーストの者に、ヴァイシャの場合は二カーストの志願者に灌頂を行えるとある。これにより、四カーストすべてに灌頂儀礼を行うことが可能だということになる。これは先の入門儀礼で述べた聖典シヴァ派の聖典『ソーマシャンブ・パッダティ』に対する訳注者ブルンネルの説に一致する。

三　灌頂儀礼次第

次に、『サートヴァタ』第二十章より灌頂儀礼の次第を概観してみたい。

①四角形の祭式小屋を準備し、中央に玉座（bhadrāsana）を用意する。
②師は志願者をアルガ水（閼伽《あか》）や花などで供養すると、玉座に座らせる。
③超自然力を目的とした灌頂。ヴィシュヌ神の壺、つまり大壺にヴィシュヌのマントラを千回、あるいは百回唱え、マントラが溶けた黄金のようだと観想して、師の心臓の蓮華からあふれ出たマントラ、つまり大壺の水で志願者に灌頂をする。その際、スヴァーハー（svāhā）で終わるマントラを心で唱える。
④解脱を目的とする灌頂。この場合、マントラは水晶の如く透明であり、しかもそのマントラが志願者の頭頂の裂け目を通過して心臓まで到達したと観想する。またマントラを唱える際は、ナマス（namas）で終わる。
⑤資格の移譲。師は志願者に自らの資格の移譲をする。具体的にはアーガマ聖典、玉座、数珠、ヴィシュヌの持ち物である法螺貝とチャクラ等である。この具体的な物を師は志願者に与えることにより、後者が師たるに相応しい存在になったことを証明する。
⑥沐浴に使用した水を大地にまき、護摩を行う。
⑦儀礼の過失の許しを神に請い（kṣāntvā）、火壇・マンダラ・アルガ水の壺にいる神を本来の場所に帰入させ（mantropasaṃhāra）、一切の生類に食物の一部を捧げるバリ（bali）供養の儀礼を行い、儀礼の終盤に過失の寛恕をお願いする目的でヴィシュヴァクセーナ神（Viṣvaksena）を供養する。
⑧甘露（sudhā, pīyūṣa）を飲む。二種の瓶を用意する。第一は水が入った水瓶である。その中に武器の機能をもち、「パット」（phaṭ）と唱えるアストラ・マントラ（astra-mantra）を観想し、このマントラと同じ機能をもつヴィーリャ・マントラ（vīrya-mantra）を唱える。もう一つは甘露、具体的には蜂蜜・水・牛乳の入ったアルガ水の瓶である。この中にアストラ・マントラと同様、武器を表わす円盤のチャクラ・マントラ（cakra-

mantra）を観想し、ヴァシャト・マントラ（vaṣat-mantra）に前後を挟まれた根本マントラ（mūla-mantra）を唱える。最初の瓶の甘露は祭場の周囲にまいて清めるためのものであり、もう一つの瓶にある甘露は志願者が飲むためのものである。

⑨終わりに、志願者は師を供養し、パーンチャラートラ派の苦行者たちに贈り物を与え、師の許可を得て同朋たちと共食をし、師が帰るときは途中まで随行してお見送りをする。

一方、『ジャヤークャ』第十八章によれば、師になる志願者のための灌頂の次第は以下のように記されている。

①祭壇（ヴェーディ）の中央に灌頂の清浄な座を用意する。この座はマントラが唱えられて神聖な状態であり、多くの煎った穀物で飾られている。

②その上に志願者を座らせ、マントラの身体をもつ状態にする。具体的には志願者の身体にマントラを置く（nyāsa）ことによって、彼の身体が清浄なマントラそのものへと質的転換させる。こうすることによって彼は祭式を行うのにふさわしい状態となる。

③マンダラの端に行き、最高神に以下のようにお伝えする。「汝の教えに忠実な者たちに私は資格を与えます。私は、信愛する志願者を汝自身と同一にいたします。私は汝の下に帰滅いたします」。

④そして許可を得ると、東等に備えられた壺を自らのマントラや自らの印をもって供養し、千八回、百回、十回、あるいは一度マントラを唱えて、甘露に満ちたマントラと宝石の輝く神を観想する。

⑤志願者の頭にマントラで供養された清浄な壺（の水）を与え、次いで順番にあらゆる壺の水で灌頂する。

⑥リグ・ヴェーダ、サーマ・ヴェーダ、ヤジュル・ヴェーダ、吉祥句を唱え、法螺貝の音などを響かせながら灌

頂を行う。
⑦マントラというあらゆる資具を志願者に付与する。
⑧師の右手に千の光線で輝くアチュタ神を太陽の種子を唱えながら観想し、左手にソーマの種子を唱えながら、千の花弁に満ち、甘露を流しているナーラーヤナ神を観想する。
⑨師は志願者に、師としての特別な規則（samaya）を聞かせる。
⑩師になった場合に行うべき独自の規則の列挙。基本的にはヴィシュヌ神の供養に関すること。
⑪師は自身の右手にマントラよりなる最高神ヴィシュヌがいると観想し、香や花などで供養した後、その手を志願者の頭に置く。
⑫彼は師の足元に頭を下げ、師の蓮華のような足を洗った水を飲む。
⑬成就者にはその資格として、軟膏から歯みがき用の木にいたるあらゆる道具を与える。ただし諸々の制約項目（niyama）は必要ない。
⑭息子には供養を行う資格に関する知識を与える。
⑮持戒者には一般的な同派の聖典本を与える。
⑯灌頂儀礼による幸運などの多くの果報の説明。

おわりに

以上、ヴィシュヌ教における入門儀礼と灌頂儀礼の内容を『サートヴァタ』と『ジャヤークヤ』の両文献を中心に概観した。入門儀礼の四種の志願者のうち、灌頂儀礼を受けるべきかどうかは、文献によって違いがある。『サートヴァタ』ではおそらく師と成就者の双方に適用されるような形式でこの儀礼が説かれており、『ジャヤークャ』では四種の区別があることを念頭に置きながらこの儀礼を説いている。『サートヴァタ』では超自然力（siddhi）を目的とした場合は、マントラが黄金のようだと観想し、解脱を目的とする場合は、透明だと観想して、違いを明らかにしている。成就者はマントラを自在にあやつり、それにより超自然力を行使する能力の持ち主であるのに対し、師は超自然力と解脱の両方を備えた「法を伝える存在」としての役割をもつ存在である。

また両文献に共通する点としては、灌頂を行う水瓶にマントラを唱え、そこに最高神を観想して、マントラの力を、水を通して弟子に付与する点である。そして灌頂が完遂され、弟子がその資格をもったことを表すために、師の持ち物を移譲することも両者に共通する。それ故、この二点が灌頂儀礼の中核をなすものであると言えよう。

註

（1）引田弘道　一九九七、『ヒンドゥータントリズムの研究』山喜房佛書林、四五八頁。
（2）J. Gonda, *Change and Continuity in Indian Religion*. Disputationes Rheno- Trajectinae, Vol. 9, The Hague, the first Indian edition（1985).
（3）*Sātvata-saṃhitā, with commentary by Alaśinga Bhaṭṭa*, Varanasi, 1982.
（4）*Jayākhyasaṃhitā of Pāñcarātra Āgama*, Gaekwad's Oriental Series, No. 54, Baroda: Oriental Institute, 1967.
（5）『ジャヤークャ』を中心とした成就者の内容を詳細に説明したものに、M. Rastelli, "The Religious Practice of the Sādhaka According to the Jayākhyasaṃhitā", *Indo-Iranian Journal*, vol. 43（2000), pp. 319-395がある。
（6）*Somaśambhupaddhati. Introduction, traduction et notes*, par Hélène Brunner-Lachaux, Pondichéry, vol. 3, 1977, pp. 14-19.

第二部　チベット・ネパール

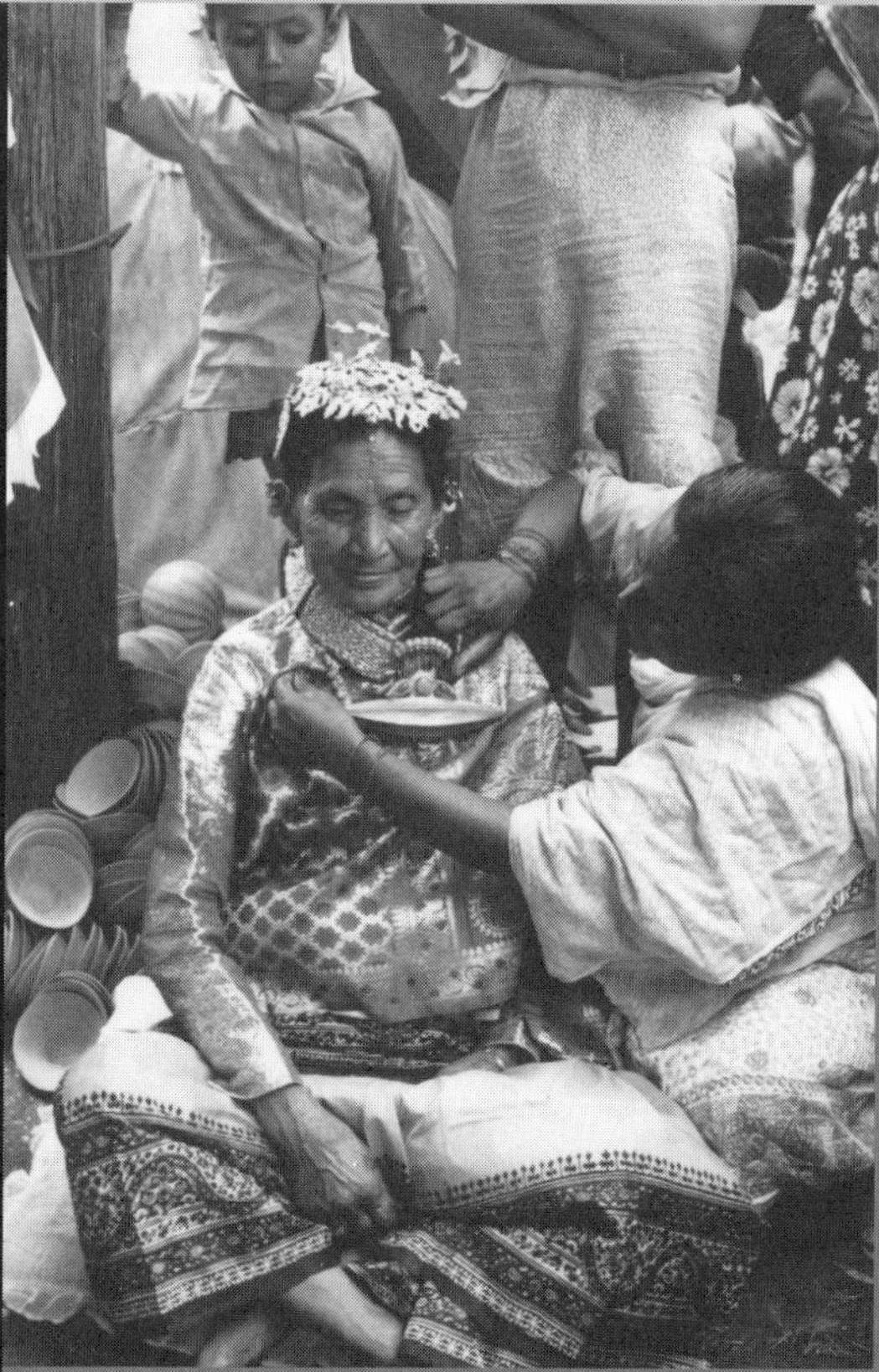

通過儀礼で灌頂を受けた女性（ネパール）

チベットの密教の灌頂の構造

――ゲルク派の場合――

平岡宏一

はじめに

密教において最も重要な儀式の一つに灌頂がある。この灌頂について密教経典『秘密集会（グヒヤサマージヤ）』の釈タントラ、『金剛鬘』には次のように説かれている。

灌頂は〔密教の行すべての〕中心であり、すべての悉地が常に住する所である。私〔世尊〕が正しく意味を説明するから、はじめによくお聞きなさい。最初に弟子は、智慧を備えた〔阿闍梨〕から灌頂を受けるならば、その時、究竟次第（観想の力で大楽を起こして行を行う無上瑜伽タントラの後半の行法）のヨーガを行じてもよい器となれる。〔しかし〕正しい灌頂を受けていないなら、成就者がタントラの意味を知ったとしても、阿闍梨ともども耐えがたい大地獄に落ちることになる（東北 No.445　fol.212A2～3)。

それなくしては、密教の行をどんなになしても成就しないばかりか、阿闍梨（灌頂を授ける師匠）・弟子ともに地獄に落ちることになるもの、密教において決して欠いてはいけないもの、それが灌頂なのである。

たとえば、ある阿闍梨が、口伝を受けていなくても、シャーンティデーヴァの『入菩薩行論』を読み感動して、それを弟子に自分なりの解釈を交えて説明したとして、その阿闍梨はその行為によって徳を積むと考えられ、賞賛される行為である。

しかし、密教の場合は、ある阿闍梨が、『秘密集会タントラ』の灌頂を受けることなく、『秘密集会タントラ』の生起次第（生・死・中有の三つと法身・受用身・変化身を獲得する過程に重ねあわせて観想する無上瑜伽タントラの前半の行法）の注釈書を読んで興味を持ち、弟子に自分なりの解釈を交えて説明するという行為は、明らかに越三昧耶、即ち戒律違反になる。このように灌頂は、特殊な環境にある密教独自の儀式である。

さて、ツォンカパの打ち立てたゲルク派の密教体系は秘密集会タントラをすべてのタントラの最高峰に位置づけた。またその理解は顕教の知識を前提とする体系と言える。私は一九八八年から八九年の二年間にわたり、インド亡命中のゲルク派の密教総本山ギュメ密教学堂に留学し、以後二〇年にわたりギュメの第九十九世管長ロサン＝ガンワン師の指導により『秘密集会タントラ』を中心にゲルク派の密教を学んできた。『秘密集会タントラ』は、所作、行、瑜伽、無上瑜伽と分類される密教の中で、最高峰の無上瑜伽タントラに属する。この無上瑜伽タントラを知るには、究竟次第と呼ばれる独自の修行体系を知っておくことが大切である。その内容をまず簡単に説明しよう。

究竟次第には、定寂身・定寂語・定寂心・幻身・光明・双入の六次第がある。これはアーリアデーヴァの『行合集灯』を典拠にしている。最初の定寂身は、五蘊・十八界・十二処など、五感等で感じるすべての対象を楽空無別の智慧による仏の姿と観想する次第である。これについては、後に法身の本尊瑜伽の際に、もう少し詳しく説明する。

次に無上瑜伽タントラでは風（ルン）という存在を想定している。これは、ヨーガでいう〝プラーナ〟や、気功の〝気〟のようなもので、常に意識と共にあり、意識が対象を認識する際の、意識の乗物のようなものである。呼吸や言葉も、風（ルン）の作用の一面であるとされている。全身には、眉間から秘処まで伸びる中央脈管を中心に七万二〇〇〇本の霊的脈管があり、その中を風（ルン）がある種の法則によって動いているとする。次の定寂語では、風（ルン）とマントラを結合させ、この風（ルン）を自在に操れる境地に至るとされている。

また無上瑜伽タントラでは、意識には、前世から今世、来世へと続いていく微細な根源的意識と、今世のみでしか活動しない粗大な意識があるとする。この二つは、同時に活動することは無く、一方が活動している時、他方は活動を停止している。死に際して、粗大な日常意識が活動を停止した後、微細な根源的意識が覚醒するとされるが、三番目の定寂心では、この根源的意識の覚醒を観想の力で人為的に行うことが目的とされる。この後、幻身・光明・双入の次第へと順に進んで行くがこれについては後に詳しく説明したい。

最初の定寂身を定寂語に集約させ、これを第一次第、第二次第を定寂心、第三次第を幻身、第四次第を光明、第五次第を双入とするのが、ナーガルジュナの著作とされる有名な『五次第』である。ナーガボーディの『安立次第』もこの説に準拠している。

また、最初の二次第を定寂心に集約させて、〝心を縁ずる次第〟として四次第とする考え方が、チャンドラキールティの『灯作明』第一品にみられる。究竟次第に関する六次第や五次第、四次第とするこれらの違いは、あくまで集約上の違いだけで、考え方としての矛盾はない。

本題に戻ろう。本文では、この『五次第』で学んだ内容を元にゲルク派の灌頂を例に、無上瑜伽タントラの灌頂の構造を明らかにしたい。

そもそも密教を実践する際に、なぜ灌頂が必要なのか、それを知るためには密教と顕教の成仏観の違いを知ることが大切である。この二つの違いについて考えることからはじめよう。

一　密教と波羅蜜乗の成仏観——三劫成仏と即身成仏——

仏の三身について

仏には大きく分けて二つの身体があるとされている。法身と色身である。これを獲得することが成仏することを意味する。まず、法身と色身について簡単に説明しよう。

法身とは、仏陀が持つ空性を直観的に理解する正しい智慧であり、煩悩障、所知障を離れた無漏の心をさす。色身には受用身と変化身がある。受用身とは、三十二相八十種好を備えた、清浄な意識と風（ルン）でできた身体をいう。この身体も煩悩障、所知障を離れた無漏なる性質を備えている。衆生を救済するため、行きたいと望んだところには何処にでも行けるとされている。変化身とは、受用身が修行を積んだ聖者でなければお会いして、親しく教えを請うことが出来ないため、凡夫にも見えるように現れた姿をいう。

さて、ツォンカパは次のように言う。

そうであるならば、衆生に対し、実際に現れてその利益を成就するのは、〔法身と色身〕二つのうち、色身であって、法身ではない。ゆえに求めるべき中心は色身である（東北No.5302　fol.55A6~B1）。

法身獲得の方法

ツォンカパは「無我の観点を確定する理解の有り様は、密教と中観の典籍に説かれているものとでは何の違いもない」（同上 fol.43B4～5）として、中観で説かれる空と密教で必要とされる空では何の違いもないとしている。つまり、成仏するために、即ち法身獲得のために必要な空性の認識については、密教と波羅蜜乗には何ら違いは無いのである。

では法身獲得について、密教と波羅蜜乗との違いはどんなものだろうか。

無上瑜伽タントラの場合は、「無上〔瑜伽タントラの〕乗での空性の独特の観想の仕方は、大楽を認識主体とし、先に確定した空性を認識対象として観想することである」（同上 fol.21A4～5）として、空性を理解する認識主体は普通の意識ではなく、大楽智であるとしている。大楽智を利用すると、煩悩障を克服する速さが波羅蜜乗での普通の意識とは、全く違うので「波羅蜜乗の利根の所化よりも〔無上瑜伽タントラの機根を備えた〕宝の如きのプトガラの方が百倍も利根である」（パンチェン・ラマ1世ロサン＝チョゲン　大谷 No.10370　fol.14A5～6）としている。

プトガラとは、輪廻転生する主体、もしくは解脱する主体をさす。この場合は当然、人間として生を受けた行者をさすが、「百倍も利根」という、この機根の差が密教と波羅蜜乗の大きな違いとなっている。

このように空性の認識主体に関して密教と波羅蜜乗は差があるものの、認識対象は全く同じ空性で、それを理解することが法身獲得に繋がるとする構造は同じなのである。

色身獲得の方法

では次に波羅蜜乗で色身を獲得するための方法について考えてみよう。

ツォンカパは次のように述べている。

波羅蜜乗での色身の因については、一般的には多くの福徳を積むことであり、特に〔三十二〕相〔八十種好〕各々の因は、師匠の送迎を初めとして多生に亘って福徳資糧を積んで、〔初〕地を得て、仏果の相好に相応した身体を得る。そして、〔十地の中で第二地、第三地と〕境地を高めて行って最後生において、修行道の有学の究極の諸々の相好を得るものとなる。そして、その者が成仏する際には、その身体がそのまま仏果の同類因となると説くのであって、先に相好の身体を得ずして、突然に〔普通の肉体から〕状態が〔相好で飾られた身体に〕変化するのではない（東北 No.5302 fol.56B2〜6）。

つまり、波羅蜜乗では、師匠の送迎をしたりして福徳を積むことを多生に亘って繰り返して福徳を積み、第一地の境地を得て初めて仏の三十二相八十種好とよく似た身体を獲得する。第二地、第三地と境地を上げていくに従って相好はさらに鮮明なものとなっていき、第十地の最後生で仏の相好と最もよく似た身体を獲得し、これが仏果の時に獲得する仏の受用身の直接の因となる。したがって普通の肉体に元々備わっていない相好が悟る瞬間に突然備わるというものでないとするのである。

さて、密教では即身成仏を説く。即身成仏とは、ジャータカ物語に象徴されるように三阿僧祇劫という長い間輪廻を繰り返しながら、成仏するのではなく、一生のうちに成仏することを目的とする。ツォンカパは言う。

無上〔瑜伽タントラ〕の道で一生のうちに成仏するのであれば、また身体が成立した時から（生まれた時から）

相好によって飾られた身体を得ていなくてはいけないとは説かれていない。それゆえ、修行中に相好に飾られた身体を獲得しないなら、〔色身の〕同類因がないゆえに突然に身体の状態が〔相好によって飾られた身体に〕変化することはないのである。それゆえ（中略）修行中の時点から相好で飾られた身体を獲得しなくてはならない（同上 fol. 56A5～B1）。

つまり、相好を備えた身体は、三劫成仏なら福徳を何生にも亘って繰り返し積み重ねていくことで、自然に備わっていくが、一生のうちに成仏するためには、色身と繋がって行く相好を備えた身体を人為的に用意しなくてはいけない。これが密教でいう本尊瑜伽である。

色身の本尊瑜伽――観想の尊身と幻身

本尊瑜伽とは、自らを仏と観想する瞑想を中心とする。この際に〝自分が本尊そのものであるという思い込み〟即ち、本尊としての〝慢〟が重要となってくる。しかし、いかに自分自身を仏と観想しても、行者の身体は血と肉で出来た肉体であることには変わりがない。ツォンカパは言う。

異熟の粗大なこの肉体が、本尊瑜伽で観想したことで相好によって飾られた身体に変わるわけではなく、生起次第の場合のように、意識上、尊身として観想しただけの身体ではまた満足できないゆえに、それらとは別の相好で飾られた身体を獲得する特別な本尊瑜伽が必要である。そしてその質料因はまた風（ルン）より他は適さないゆえに、風（ルン）から幻身を成就する方法が絶対に必要なのである（同上 fol.56B1～3）。

この「風（ルン）から幻身を成就する方法」に関して、ツォンカパは次のように述べている。

その時、光明を現出するのは死ぬ際の順序のようである。〔心に様々な光景が現れて〕最後に、古い粗い蘊（元の肉体）より〔体外〕離脱して風（ルン）と意識だけで中有を成就するように、光明の最後に、風（ルン）と意識だけから幻身を成就しなくてはならないことを知るのである（同上 fol. 57A1～2）。

つまり、ツォンカパは第三次第の幻身の段階で、死ぬ際に中有の身体が元の肉体を離れて成立するように、死ぬ時と同じような光明を作為的に現出し、意識と風（ルン）だけで出来た幻身を実際に体外離脱して成就するものと考えた。

思い込みだけでなく、風（ルン）と心自体が尊身として生起するのだから、観想した場合の、その心の相に現れただけの尊身とは同じではない（同上 fol.215A3）。

このように清浄な意識と風（ルン）でできた身体が観想上だけでなく実際に出現すること、ツォンカパはこれを幻身とした。

魚が水面から突如飛び出すように、幻身も行者の肉体から、突然、仏と等しい相好を備えた姿で本当に出現するという想定は、それまでの観想中心の密教では見られないものだった。自らをいくら仏と観想しようとも、行者の身体は血と肉でできた生身の肉体であることにはかわりはない。行者の肉体と、融通無碍にどこにでも出現できる仏陀の受用身との架け橋となる「特別な本尊瑜伽」、それが幻身であるとツォンカパは考えたのである。

そして、この幻身をツォンカパはさらに、浄化される必要のある第三次第の幻身と、そのまま仏の受用身の同類因となる第五次第の双入の身体とに区別した。

まず、ともに意識と風（ルン）だけでできた幻身を実際に体外離脱して成就するものであることには変わりない。では、如何なる点が異なるのだろうか。ツォンカパが想定した無上瑜伽タントラの成仏過程を検証しながら、両者の違いについて簡単に説明してみよう。

まず、第三次第の幻身である。定寂心の最後に成就した「譬えの光明」（「勝義の光明」の疑似体験で、大楽によって空性を理解する分別智）の禅定に入る。この譬えの光明は、死の光明と構造的に等しい。通常、死後、死の光明と、その乗物の風（ルン）とを親因にして、中有の身体が出来上がって、古い肉から体外離脱していくとされる。同様に、「譬えの光明」と、その乗物である風（ルン）を親因として、第三次第の幻身も、行者の肉体を離れて出来上がる。

空性を理解する智慧であっても、衆生の分別智は中観帰謬論派の立場では有漏である。

第三次第の幻身は、空性を理解する分別智とその風（ルン）を親因とするため、まだ有漏で不浄な状態と考える。第三次第の幻身を獲得した行者は次に第四次第の勝義の光明へと進む。この第四次第の勝義の光明は、大楽によって空性を理解する直観智である。衆生の空性を理解する直観智は中観帰謬論派の立場では無漏とされ、清浄な状態である。この勝義の光明の禅定に行者が入ると、煩悩障は一度に断滅され、第三次第の幻身はその性質が有漏であるため、虹のように消滅する。

そして、勝義の光明の禅定から出てきた時、行者は阿羅漢となるが、この禅定より起きる時、無漏の性質である勝義の光明とその乗物である風（ルン）を親因として第五次第の双入の身体が成立する。双入の身体は無漏となったため、性質上は、仏陀の受用身と等しく、幻身はそのまま仏の色身へと流れを絶つことなく移行していく。また、双入の身体を獲得して、再び、勝義の光明の禅定に入ると、双入の身体と勝義の光明が両方成就している状態となる。この時、行者の心身共に無漏の状態となるが、これを通達の双入という。これが仏陀の受用身と法身に流れを断つことなく移行していく同類因となるのである。やがて所知障を断滅すると、無学の双入を達成し、仏果を成就するのである。

観想上だけの本尊瑜伽の意義

では実際に体外離脱によって幻身が成就するならば、意識の上だけで、自分を本尊と観想する生起次第などの本尊瑜伽は意味がないのだろうか。

ツォンカパは、

> 向こう岸に渡れば、船を置くが、そこに至るまでは〔船に〕よらなくてはならないように、真実の〔観想で〕創作したのではない究竟次第の境地を得たならば、生起次第を捨ててもよいが、それを獲得するためには、〔観想で〕創作した生起次第を観想することが必要であるゆえに、初学の者に対しては、生起次第はよく賛嘆し、より重要なりと〔理解させるべし〕（東北 No.5302　fol.36A3〜6）。

と述べるなど、実際に幻身を成就するまでは、意識上のみで存在する本尊を観想する生起次第を捨ててはならない

とし、

それはまた、究竟次第の境地を完全にすべて生起するよう、異熟せしめるのは、生起次第である（同上 fol. 267A3〜4）。

として、むしろ究竟次第の幻身を成就するためには、生起次第を修行することを絶対条件としている。

以上のように本尊瑜伽には、単に意識の上だけで、自分を本尊と観想する生起次第から、実際に風（ルン）と意識から出来た身体を体外離脱して達成する幻身、さらに実際に色身へと流れを絶つことなく移行していく双入の身体まで、段階に応じて様々ある。しかし、これらには一連の流れがあり、すべての本尊瑜伽が次の本尊瑜伽にステップアップするために必要不可欠で、これらの本尊瑜伽の積み重ねによって仏身が成立する構造になっていることが理解していただけたであろう。

二　色身の本尊瑜伽と灌頂

さて、チベット密教では波羅蜜乗でも最終的には密教の要素を付加しなければ成仏できないとしている。具体的には波羅蜜乗で第十地の最後生に至った菩薩は、色究竟天で、一切如来の指導により、第四次第の実際の光明の次第から密教に編入し、最終的には密教により成仏するとするのである。第四次第の実際の光明の前の次第は第三次第の幻身であることから、ツォンカパは「波羅蜜乗によって第十地まで進むことは、この道で生起次第から幻身まで行くことの代替」（同上 fol.267A2）とした。

つまり第三次第の幻身を成就することは三阿僧祇劫という間に積む膨大な福徳資糧の代替と考え、第三次第の幻身を生起するためには、それまでの次第を成就する必要があるから、正確には生起次第から幻身にかけての一連の本尊瑜伽で、波羅蜜乗により三阿僧祇劫の間に積む福徳資糧すべてを代替できるとしたのである。

次に三阿僧祇劫の福徳資糧の代替となる本尊瑜伽を成就するためには、仏による許可と、許可を受けた上での仏の積極的応援、即ち加持力が必要である。これを与えることが灌頂の目的である。

実際は仏となっていないにもかかわらず、自身に、本尊としての〝慢〟を起すならば、本来、それは増上慢である。しかし灌頂を受け、仏の許可を得て、加持を受けるならば、自身を仏と観想する慢は、増上慢として悪業を積むことはない。むしろ自分が仏であるというその慢が強ければ強いほど、仏になるための特別の因となるのである。

無上瑜伽タントラの灌頂には、瓶灌頂、秘密灌頂、般若智灌頂、言葉だけの灌頂の四種の灌頂が設定されているが、このうち、般若智の灌頂を除いた瓶灌頂、秘密灌頂、言葉だけの灌頂は順に生起次第、幻身、双入の身体の、各々色身の本尊瑜伽を観想し、成就するための資格を与える役割を果たしている。

三　般若智の灌頂の役割と法身の本尊瑜伽観想について

次に般若智灌頂は第四次第の光明を観想し、成就していく上での資格となるが、第四次第の勝義の光明をツォンカパは「倶生の〔大〕楽が真実性の微細な意味を直観的に理解するのが、勝義の光明」（同上 fol.242B5）としている。倶生の大楽は、中央脈管と言われる霊的脈管の中心に風（ルン）を入れ、留め、染み込ませたことで生じた、大いなる心楽の智慧である。ツォンカパは、「倶生歓喜の本当のことは、〔無上瑜伽タントラ以外の〕下のレベルのタントラや顕教の典籍などに示さず隠した」（同上 fol.48A6〜B1）と述べており、無上瑜伽タントラ独自の考え方と言える。

さて、この倶生の大楽智は、真実性、即ち、空性の意味が理解できていなければならない。ツォンカパは『灌頂真実明示』の中で、「そのような〔中観帰謬論派の〕空の理解が無いならば、特別に優れたような第三灌頂は得られない」（東北 No.5287 fol.57A3）として、中観帰謬論派の空性理解が欠けていては般若智の灌頂は、不十分なものであるとする。般若智の灌頂の功徳について、ツォンカパは「〔仏〕果の法身を実現する特別な力を置く」（同上 fol.58A3）と解釈しているが、これは伝統的な通常の解釈と言える。

ここで般若智灌頂を倶生の大楽智、空性の直観智を観想し、ひいては法身を成就するための資格と考えるならば、一見、本尊瑜伽との関連性は無いように思える。

これについて、私は先に『新アジア仏教史09　チベット　須弥山の仏教世界』（佼成出版社）の中の「チベットの灌頂」で、「勝義の光明は単に幻身とともに双入の一方の役割を果すだけでなく、勝義の光明と、その乗物である風（ルン）を親因として、双入の身体は成立しており、勝義の光明を実現することなくしては、仏の受用身の同類因となる双入の身体は成立しない。つまり般若智灌頂は勝義の光明を成就する資格を与えるもので、仏の受用身の成立と関係ないように見えるが、実際は双入の身体、ひいては仏の受用身成立に深く関係していると理解できる」という趣旨を述べ、それゆえ般若智の灌頂も、本尊瑜伽の資格としての灌頂の意味をなしているとした。

趣旨としては、誤っていなかったと思うが、本尊瑜伽という観点からは紙面の都合上、説明が不十分であったので、ここで以下の四点について、補足をしたい。

それは、①空性を理解する倶生の大楽智も本尊であること、②生起次第での法身の本尊瑜伽とは何か、③法身の本尊瑜伽の典拠となる灌頂の項目について、そして④法身の本尊瑜伽の役割である。

空性を理解する倶生の大楽智も本尊であること

まず、ツォンカパは、空性を理解する倶生の大楽智を〝本尊〟とする見解を述べている。それは、次に引用する箇所であるが、まず、少し、シチュエーションを説明する必要がある。

引用すべき箇所は定寂身に言及した場面である。定寂身とは、究竟次第の最初の段階で、まず禅定において倶生の大楽智により空性を観想した後、禅定から出て、五蘊と、四大と、六根と、五境と、計二十のものを各々五族ずつに分けて仏の百族と観想する「最上百族」のように、すべてのものを尊として観想する次第である。この際の、禅定における空性を観想している大楽智について、ツォンカパは次のように述べている。

〔禅定で空性に〕等引する定寂身では、〔当然、空性を観想しているので、〕本尊の顔・手〔等の具体的な〕相を観想することは無いけれども、〔空性を観想するこの〕倶生〔の大楽智〕は、了義の本尊であるから、それを観想することで、凡庸な執着を破壊する本尊としての観想が無いのでは無い（東北No.5314 fol.24A1～2）。

等引とは空性を観想する禅定の状態をいう。ツォンカパは、本尊の顔・手等の具体的な姿を観想していなくても、「大楽自体が了義の本尊」（東北No.5302 fol.97A4）と定義付けており、倶生の大楽智を観想することは、〝了義の本尊〟の観想と考えていたことがわかる。

秘密集会タントラにおける〝了義〟の定義について、ツォンカパの、秘密集会タントラの継承者で、ギュメ密教学堂の創設者であるシェーラプ・センゲは、「何故、了義というかと言えば、〔語句が〕実際にさす意味とは違う、第二の意味をそこに確定させるという意味で、了義（確実な意味）と言うのである」（『ギュメ全集』第八巻　東北No.6868　fol.11A2~3）と述べている。

ちなみに反対語の未了義は「実際にさす〔表面的な〕意味とは異なる、〔確実な〕第二の意味に導くという意味で、未了義（確定に導く意味）と言うのである。」（同上fols.10B7~11A1）としている。

この場合のニュアンスは、文殊や世自在のような面相や手等を持つ具体的な様々な姿のものを普通、本尊と呼ぶが、その様々な本尊の姿は、すべて大楽の智慧の現れである。従って、観想した本尊の姿は様々であっても、大楽智の現れに過ぎないので、観想した本尊を〝未了義〟と考え、様々な観想の本尊を現す基体は、唯一つ大楽の智慧なので、それを〝了義の本尊〟と呼んだものと思われる。ツォンカパは、次のように述べている。

「踊り子がたった一人で、様々な面や衣装を着けて踊ったり、青色など顔料たった一色で様々な形を現すように、大楽たった一つで、様々な姿をとって踊りをなさると〔『行合集灯』〕説かれた〔。この〕ことは、仏持金剛だけがそうされると解釈するのでなくて、修行途上と仏果の時の大楽すべてにおいてである。そうであるから、定寂身の場合も、大楽たった一つが、五族〔の仏〕を初めとする様々な姿で、現れると観想するのである」（東北No.5302 fol.87A3~5)。

それはさておき、そう考えるならば、第四次第の勝義の光明は、当然、倶生の大楽智であるから、般若智の灌頂もまた、了義の本尊を成就するための灌頂と考えられる。

そして、また、第四次第の勝義の光明では、「微細なレベルでの〔主観と客観の〕二つが〔対立して〕顕現することも浄化して、〔倶生の大楽〕智が真実性と、水に水を混ぜたたように、一味になる」（同上 fol.268A4〜5）とされている。

ツォンカパは、『入中論釈密意解明』で、空性を直観的に理解する聖者をさして、「心と真実性の二つが水に水を混ぜたように至る聖者」（東北 No.5408 fol.26A2）と述べているが、第四次第の勝義の光明はまさにこの聖者の智慧である。認識対象の空性と、認識主体の大楽智としての自分の意識が、水に水を混ぜたように、一味に瑜伽する勝義の光明は、了義の本尊瑜伽の究極の状態と言える。

生起次第での法身の本尊瑜伽とは何か

さて、先に「究竟次第の境地を完全にすべて生起するよう、異熟せしめるのは、生起次第である」（東北 No. 5302 fol.267A3〜4）とあることを紹介した。

たとえば、幻身について、ツォンカパ最大の弟子にして、ガンデン寺第三代座主ケートゥプ＝ジェは、

本初仏として〔自身を〕生起する時、清浄な風（ルン）・心のみが、非常に微細な智慧の身体として現れたその持金剛は、私〔そのもの〕なりと思って〝慢〟を堅固に、そして長時間保つならば、中有を浄化することと、甚深なる幻身の究竟次第の異熟〔因〕となる（東北 No.5481 fols.104B6〜105A1）。

として、生起次第の本初仏の本尊瑜伽が、幻身を成就させるための異熟因としている。

そうであるならば、究極の了義の本尊である、勝義の光明を成就させるための異熟因は何だろうか。勝義の光明

は究竟次第の内容であるから、当然、それを異熟せしめる異熟因が生起次第に必要となる。筆者は、生起次第を考察した結果、生起次第の第一加行三摩地の瑜伽の「増上信解の光明を収斂する真実の項目」の際のマントラに注目した。ツォンカパが、『灯作明複注』において、このマントラ、即ち oṃ śūnyatājñānavajra svabhāva ātmako 'ham（オーム　空性の智慧金剛の自性そのものは我なり）について、次のような見解を示しているからである。

> 空性の意味を考えるだけでは足らずに、aham（我なり）と、〝慢〟を起すのは、この〔真言〕乗においては、〔修行段階の〕今から、法〔身〕・色〔身〕の双方の〝慢〟を持たなくてはいけない故に、法身に〝慢〟を起すのである（東北No.5282 fol.93A3～4）。

ツォンカパは、観想した本尊が自分自身であるとの〝慢〟を持つのと同様に、法身に関しても、同様の〝慢〟を持たなくてはならないとする。

これに関連して、ケートゥプ＝ジェは、この真言のツォンカパの解釈を次のように補足している。

> 主に空性だけを観想するのではなく、真言の意味を説明したように、空性とその認識主体の大楽智の二つが不可分の法身自体が〝私〟なりと慢を起すことは必ず必要である。〔修行段階の〕今から色身と姿が等しいと〔観想する〕ことと、〔色身に対しての〕慢を起すことの二つが必要ならば、法身においても〔姿が等しいと観想することと法身の対しての慢が〕必要なことは、何ら違いが無いゆえである。そして真言の意味から、そう観想しなくてはいけないことが明瞭であって、そしてそうしないなら、生起次第の場合には、〔色身の相を観

想して道とする修行はあっても、〕法身の相を〔観想して〕道とする修行が揃っていないことになり、究竟次第〔の光明などの倶生の大楽智〕を異熟させることが出来ないことになってしまうがゆえである（東北No. 5481　fols.40B6～41A2）。

つまり、単に空性の観想だけでなく、本尊瑜伽で色身としての〝慢〟を起すように、同様に、法身についても、法身としての〝慢〟、即ち、法身としての本尊瑜伽も必要であるとする。そして、それが無ければ、究竟次第で、第四次第の勝義の光明などが生起する異熟因が生起次第には無いものとなってしまうとするのである。

さて、ここで、「私は本尊なり」という〝慢〟を持つ、持ち方について考えてみたい。

ゲルク派は、空性の見解を中観帰謬論派の説を採用している。それに従うならば、プトガラとしての〝私〟の定義は、五蘊の何れかを〝私〟と命名するための基盤として、それに依って名付けられた私となる。これを中観帰謬論派では、「五蘊の何れかを命名処として、仮設した〝私〟」という言い方をする。生起次第の場合で言えば、自分はまだ本尊としての姿でないにもかかわらず、自分が本尊であると観想してから、その観想した尊身を命名処として、それに仮設した〝私〟というように、本尊の〝慢〟を持つのである。

法身は、先に、仏陀が持つ空性を直観的に理解する正しい智慧であり、煩悩障、所知障を離れた無漏の心であると述べた。法身の本尊瑜伽の場合、生起次第の段階では、法身は勿論、倶生の大楽智も実際は生起していない。しかし、了義の本尊として、法身を生起したと観想する。そして、その観想した法身を命名処として、それに仮設した〝私〟として、〝慢〟を持つというわけである。

法身を獲得していなくとも、空性を観想することは、何の問題もない。むしろ、それにより、法身獲得への因となっていくのである。しかし、法身は生起出来ていないのに、それに対して、慢を起すことは、当然、通常は増上慢である。そう観想しても良い資格を得るための灌頂がやはり必要となるのである。ここで述べた法身としての〝慢〟は内容的には生起次第の観想である。従って瓶灌頂で資格が得られるものと考えられる。

次に瓶灌頂の項目について考えてみよう。

法身の本尊瑜伽の典拠となる灌頂の項目

たとえば、瓶の灌頂で、宝冠灌頂により、生起次第で宝生如来とその族の観想をする資格を得るとする。ならば、法身の本尊瑜伽の資格になる灌頂は、瓶灌頂のどれに当たるのであろうか。これについて、ツォンカパも、またケートゥプ＝ジェも何も述べていない。

二〇一三年夏にインドに亡命しているギュメ密教学堂を訪問した際、学堂若手ナンバーワンのロサン・チョペル師に、この箇所に関して質問したところ、あくまで師の私見とした上で、「ツォンカパの『灌頂真実明示』全体を読む限り、〝一切瑜伽の心〟を生起する箇所がそれに当たるのではないか。」という答えであった。

〝一切瑜伽の心〟は実際の灌頂儀軌の初めに出てくる次第で、菩薩戒を受けて直後の伝授内容である。それは『灌頂真実明示』の次の箇所に当たる。

次に一切有情利益のため、仏〔の位〕を得なくてはならないと考える、世俗の信解の心を想念してから、その心自体を胸の満月の月輪の相として観想する。〔次に〕一切法が無自性である空性と、自心とが一味となったと信解する勝義の菩提心を、月〔輪〕の上に白い五鈷金剛の姿として生起する。oṃ sarvayogacittam utpādayāmi（オーム　一切瑜伽の心を我は起こします）と〔弟子に〕述べさせて一切瑜伽の心を生起する（東北No.5287 fol.33A4〜6）。

まず、月輪を思い、それを〝一切衆生の救済のため、発心する世俗の菩提心〟とする。そして、その月輪の上に、五鈷金剛を思い、それを〝空性を直観的に理解する勝義の菩提心〟とする。このような観想を、「一切瑜伽の心」というが、観想内容からも、特に後半の金剛杵を観想する箇所と関連すると思われる。

この『灌頂真実明示』に関しては、ダライラマ七世ケルサン＝ギャムツォによる複注があり、その中で、後半の勝義の菩提心について、次のように補足している。

そのように、認識対象の無上正等覚を初めとする一切法無自性を決定する空性の観点を観想してから、そのように観想した自分の智慧もまた、対象の空性と認識主体の大楽の二つが、〔主観と客観の〕二つがわずかにでも〔対立したようには〕顕現しない〔仏〕果の時の空性を理解する智慧たる、勝義の発心の本性を信解して、それを先の月輪の上に五鈷金剛が立った姿のものと観想しなくてはいけない（『灌頂真実再明示』大谷No.10280 fol.234A4〜5）。

ここで、ケルサン＝ギャムツォは、「〔仏〕果の時の空性を理解する智慧たる、勝義の発心の本性を信解して」と述べていることから、五鈷金剛杵は、単に空性を直観的に理解する智慧を象徴するのではなく、仏の法身をイメージしたものであることが分かる。

これは、自分の心を仏の法身として信解することに他ならない。具体的に大楽智という言葉は用いられてはいないが、第四次第の勝義の光明が、法身の同類因であることを考え合わせると、この観想は、受者の自覚は別として、内容的には、了義の本尊の観想と解釈することが出来るのではないだろうか。

無論、生起次第の瑜伽行のすべては、広義に言えば、瓶灌頂すべてによって観想の資格が与えられると言えるが、狭義には、ギュメ密教学堂の僧侶の指摘のように、この項目が生起次第の法身の本尊瑜伽の、灌頂における典拠となると思われる。

法身瑜伽の役割

最後に、法身の本尊瑜伽と色身の本尊瑜伽の役割の違いについて言及したい。

先に述べたように、法身の本尊瑜伽について、ツォンカパは「この〔真言〕乗においては、〔修行段階の〕今から、法〔身〕・色〔身〕の双方〝慢〟を持たなくてはいけない故に、法身に〝慢〟を起す」として色身の本尊瑜伽と同様に重要視していた。

さて、色身に関しての本尊瑜伽が重要視されたのは、即身成仏を考える上で、先に述べたように、行者の肉体と受用身とを媒介する機能的な役割があったからである。

これに対し、法身の本尊瑜伽の重要性は、ケートゥプ＝ジェが言うように、

そうしないなら、生起次第の場合には、〔色身の相を観想して道とする修行はあっても、〕法身の相を〔観想して〕道とする修行が揃っていないことになり、究竟次第〔の光明などの倶生の大楽智〕を異熟させることが出

来ないことになってしまう（東北No.5481　fol.41A2）。

と、色身の本尊瑜伽とのバランス上、必要性を強調はしているが、色身の本尊瑜伽のような行者の生身の肉体と受用身を媒介するような機能的役割には言及していない。あくまで、生起次第の法身の本尊瑜伽は、了義の本尊、即ち、倶生の大楽智や勝義の光明を獲得するための異熟の因であり、究竟次第の了義の本尊としての本尊瑜伽は、法身を成就する異熟因としてのみ考えるべきであろう。

おわりに

近年、亡命チベットの僧侶によって各地で灌頂が行われるようになった。元来、ツォンカパの時代には、例えば、秘密集会タントラの灌頂なら二〇人までというように人数制限があり、また、選ばれたものだけが受けるものであったようだ。

しかし、一九世紀のアムド地方の密教の学僧シェーラプ・ギャムツォは、

パンチェン＝ペルデン・イェーシェーやロンドル・ラマなどは、灌頂を得てから、根本堕罪を伴って死ぬならば、無間地獄に生まれるに決まっている。しかしながら、無始の頃より、〔長い輪廻の中で〕無間地獄を定住地のようにして来たことは、灌頂を受けたことを機縁としてではない。ゆえに、仏より稀有な金剛乗と〔唯〕一度、邂逅したこの機会に、灌頂を何が何でも拝聴しなくてはならないと説かれた。（『ギュメ全集』第三巻 fol.

5A1~3)

と述べている。

チベットでは、密教を説く仏陀は、釈迦如来だけで、弥勒を始め、他の仏陀は密教をお説きにはならないという信仰がある。灌頂を受けたら、根本堕罪を犯して無間地獄に堕ちることを当然とした上で、しかし、輪廻において無間地獄を定住地のようにして来た我々衆生にとって、今さら無間地獄に堕ちると殊更、恐れても仕方が無い。むしろ、リスクがあっても三世の仏陀より稀有の密教の灌頂を得る機会を優先しようとする考え方である。

このような考え方が広がり、ダライラマ五世の頃からは、根本堕罪への恐れよりも、多くの衆生に密教との機縁を結ぶ目的が優先され、多人数に授ける灌頂も実施されるようになってきた。ダライラマ十四世によって、全世界で勤修されているカーラチャクラは、その典型である。

すでに述べて来たように、灌頂の最大の眼目は、本尊瑜伽の資格の授与である。特に、無上瑜伽タントラの灌頂を受けた者は、本尊瑜伽の資格を得たので、仏としての慢を起こすために本来は毎日生起次第の観想をしなくてはならない。

チベットの場合は日本と異なり、観想する場所は問わない。例えば、移動中の車中でもどこでも構わないが、不断行として、毎日修習することが義務付けられている。この場合、万一毎日の実践が途切れたら、もう一度灌頂を受けることが望ましい。

しかし、実際はチベット僧でも毎日生起次第を実践できる者ばかりではないため、通常は阿闍梨がそれぞれの弟子に合わせて出された修行内容を実践することを約束させる。例えば、『六支グルヨーガ』と呼ばれる短い次第を一日六回観想することなどが標準的である。しかし本尊のマントラを唱えることを三昧耶とする簡単なものから、ダライラマ十四世の『秘密集会タントラ』の灌頂のように、生起次第を毎日必ず実践することが義務付けられるものまで様々であり、すべては灌頂を授ける阿闍梨の裁量によって決定される。

密教を学ぶスタートラインは灌頂である。したがってチベット密教の行法を学びたいと思う方には、資格の備わったチベット金剛阿闍梨からまず灌頂を受けることをお勧めしたい。

灌頂——ネパール仏教徒はどのようにして仏になるか——

吉崎一美

はじめに

ネパールはインドの北、チベットの南に位置する。古代の北インドで誕生した仏教はやがてネパールに伝わり、十三世紀初頭に仏教がインドで滅亡した後には、ネパール仏教は中世インド仏教の伝統を受け継ぐ一方で、独自の発展も見せるようになった。ネパールはまた仏教がチベットに伝えられる際の中継地となって、この地から多くの仏教者たちがチベットに向かった。しかしながらチベット仏教の隆盛とともに、十五世紀以降はチベット仏教がネパールの仏教に大きな影響をおよぼすようになった。このようにネパールの仏教はインド仏教やチベット仏教と深く関わっている。本論ではそれを念頭に置きながら、「灌頂によって身体は仏を宿す容器になる」と考えるネパール仏教を紹介しよう。

一　仏はどのようにして容器に入るか

ネパール仏教の僧侶たちは、信者の依頼に応じてさまざまな儀礼を司祭する。儀礼を執行するにあたり、司祭僧はまず儀礼の目的を宣言する中で、仏教神話世界での自らの位置を特定する。それは、「須弥山の南にある閻浮洲《えんぶしゅう》という神話的大陸の、インド亜大陸の、ネパールの、カトマンズ盆地の、カトマンズ市（あるいはパタン市、もしくはそれ以外の町）の、某町内の、某家において、司祭僧の私何某《なにがし》は、儀礼依頼者である誰某《だれそれ》のために、今から何々の儀礼を開始します」という言葉である。次に司祭僧は儀礼的所作を駆使して、その位置から一気に須弥山の山頂に飛び移り、その山頂から仏の世界に向かって仏を呼び招く。呼び招かれた仏はさまざまな接待を受け、その返礼に依頼者の望みをかなえる。

仏教の世界観では、地上から須弥山の山頂まで、また須弥山の山頂から仏の世界までの間には、庞大な空間が広がっている。地上から上昇するにしたがって、物質は洗練の度合いを高める。物質世界（色界《しきかい》）の最高点とされる色究竟天《しきくきょうてん》より先の世界（無色界《むしきかい》）では、物質や空間という概念すら存在しない。清浄な意識だけが純化を続ける。仏の世界は、その無色界よりさらに〈彼方〉にある。司祭僧に呼び招かれた仏は、最初に色究竟天に出現する。色究竟天より〈彼方〉には物質が存在しないので、仏はここで初めてその物質的な（肉眼で眺めることができる）姿を現すことになるが、物質が極限にまで純化された世界では、その姿に自ずとそれなりの際立った特徴がある。そこでは仏は光そのものか、あるいは光に満ちた半透明の線描で表される。

ネパール仏教司祭僧による儀礼では、僧は儀礼の目的を宣言した後に、自分の前に米粉で須弥山世界の概略を描

図１　司祭僧による壺の儀礼

き、世界の中心に聳える須弥山の位置に金属製の壺を置く。僧はこの壺の中に仏を迎え入れる。壺はこの地上に置かれながら、その外形は須弥山を表現し、内部は色究竟天を象徴している。儀礼のクライマックスで、僧は五色の糸を結んだ金剛杵を壺の上に載せる（図１）。僧はこの五色の糸をたどって上昇し、仏はこの糸に導かれて降臨する。こうして仏は壺の内部に宿る。

この儀礼プロセスと世界観は、実はインド後期密教の修行法をモデルにしている。サーダナと総称されるその修行法では、修行者はまず瞑想の中で須弥山世界を作り出し、次いで色究竟天に出現した仏を自身に引き寄せ、仏との神秘的な合一を果たした。ネパールの司祭僧たちは、この瞑想法を信者の依頼に応えるための儀礼に転化させたのである。

二　内外の逆転はどのようにして起きるか

壺と五色の糸の組み合わせは、ネパール仏教美術の分野でいくつもの造形のバリエーションを生み出した。寺院の屋根には金色に輝く壺形の飾りが置かれ、そこから本堂入り口まで一本の細長い金属製の帯が垂れ下がっている。仏の世界から降臨した仏は、壺形の飾りからこの金色の帯を経て本堂に入り、参拝する信者の前に本尊として鎮座している。信者たちにとって、この帯は仏の世界へ向かうハシゴのようなものと言える。

同様に、仏教寺院は高くて厚いレンガの壁に囲まれ、中庭を中心にした閉鎖的な空間を形成している。この空間理念は壺の内部を表現している。その中庭に立って上空を見上げれば、それはすぐに実感できるだろう。寺院の平面プランも壺の形になっている。閉鎖的な中庭と、その中庭と外界を結ぶ狭い出入り口が、壺の断面図になっている。またカトマンズ盆地の諸都市は、かつて厚いレンガの城壁で囲まれていた（今は一部の城門だけが残っている）。それらの旧市街も同様の空間を作り出していた。

カトマンズ盆地にスヴァヤンブーの大仏塔が出現した伝説は、司祭僧による儀礼の神話的な原型である。太古の昔、盆地は広大な湖であった。ある時、その湖面に、忽然とスヴァヤンブー（「自ら生じる」という意味）の聖なる光が出現した。聖なる光は五色の光線を発し、そこに密教の基本となる五仏が姿を現した。この聖なる光を礼拝するために文殊菩薩は湖の一角を剣で切り開き、湖水を排出した。湖は干上がり、肥沃な土地に人々が住むようになった。盆地は巨大な壺であり、スヴァヤンブーの光はこの天然の壺から出現したのである。それ以来、人々はこの壺の中で暮らしている。

　聖なる光は、司祭僧たちの伝説的な始祖が建設した仏塔の中に収められた。それがスヴァヤンブーの大仏塔（図2）である。この大仏塔のミニチュアとして、盆地にはおよそ三千四百の小仏塔がある。それぞれの仏塔には壺の意匠が隠されている。仏塔下部を構成する半円球と、その上に載せられた立方体が、壺の形を作り出している。その上に置かれた十三層の傘蓋は、儀礼の壺に挿された傘（仏への敬意を示し、密教の仏には十三層の傘をさしかける）に相当する。

図2　スヴァヤンブーの大仏塔

　以上に挙げたさまざまな壺を大から小に並べれば、次のようになる。

　カトマンズ盆地＞城壁に囲まれた旧市街＞仏教寺院＞仏塔（スヴァヤンブーの大仏塔＞三千四百の小仏塔…また仏塔はネパール語で「小さな仏教寺院」を意味する）＞寺院の屋根に置かれた壺形の飾り＞儀礼の壺

　壺の大きさを基準にして、それぞれは「入れ子」（同じ形をした大小の箱などの一組で、大きいものに小さいものが順に収められるように作られた容器や仕組み）の関係にある。カトマンズ盆地には、この他にも壺の意匠をもつ神聖な造形がある。またカトマンズ盆地より大きな壺として、「器世界（容器としての仏教世界）」がある。

これら大小一連の壺には、一つの重大な転換点がある。儀礼の壺や仏塔が作り出す壺は外側から眺められている。それに対して寺院やカトマンズ盆地の壺は、内側から眺められている。壺を小から大へ並べると、その内部空間は現実世界に展開する。逆に大から小へと並べると、現実世界は反転して壺の中に収まってしまう。内外の逆転はこのようにして起きている。

ネパールのヒンドゥー教徒たちも同じ世界観を共有しながら、さらにその論理を進めている。彼らが礼拝するシヴァ・リンガは、シヴァ神のリンガ（男性性器）とシヴァの配偶者である女神のヨーニ（女性性器）が結合した様子を、子宮の側から見たように作られている。つまりシヴァ・リンガがある現実世界（カトマンズ盆地）は、シヴァ神との性交状態にある女神の子宮内部に他ならない。そこでその子宮内部を一転させて現実世界と認識すると、子宮の中に宿って（受胎して）いたシヴァ神の子は、そのままで現実世界に出現（誕生）していることになる。聖地パシュパティに祀られたシヴァ・リンガは、カトマンズ盆地にある多数のシヴァ・リンガを代表している。その関係は、スヴァヤンブーの大仏塔と三千余の小仏塔に対応している。パシュパティのシヴァ・リンガは、一年のある一日（「冠の第八日」）に仏の冠をかぶると信じられている。これによってカトマンズ盆地は、実に直截的な方法で、仏の配偶者である女神の子宮内部に変容する。ここでは内外の逆転が、「受胎」と「誕生」と解釈されているのである。ネパールでは、しばしば、頭頂部分が取り外された小仏塔を見かける。興味深いことに、一般のネパール人はそれらとシヴァ・リンガを同一視して区別しないという。シヴァ・リンガの世界観が仏塔におよんでいる傍証である。

三　容器としての身体はどのようにして獲得されるか

前節に挙げた大小一連の壺のリストに、もう一つ重要な構成要素を加えなければならない。ある種の身体も壺になって、その中に仏を迎え入れることができる。そして内外の反転によって、仏を迎え入れた身体の持ち主はそのままで仏になる。司祭僧は壺に招き入れた仏との神秘的な合一を果たして、仏に変身した。仏に変身した彼は、仏として儀礼依頼者の願いをかなえると約束する。彼の身体もまた仏を招き入れる容器なのである。儀礼の場に、司祭僧の身体と壺という二つの容器が登場していることになる。この重複は、修行者の身体を容器とする修行法（サーダナ）を、ネパール仏教が儀礼化させた結果の産物である。儀礼の壺と司祭僧の身体は本来は同一のものであるが、儀礼の場にはパフォーマンスのための舞台装置が必要であった。儀礼の場に壺がないと、依頼者の目には、儀礼は司祭僧の瞑想の中でのみ進行しているように映ってしまうからである。

本来のテーマに戻ろう。ここで、「容器としての身体はどのように獲得されるのか」という疑問が生まれる。その問いに対して今のところ、二つの答えが想定される。まず少女神クマリの例を挙げて説明しよう。クマリも容器としての身体をもっている。生き神クマリは主にネパール仏教僧侶のカーストから選ばれながら、その身体に国家の守護女神タレジュを宿している。壺が反転する論理によって、彼女はタレジュ女神である。ヒンドゥー教文化圏の花嫁衣装を統一する赤色は、性的に成熟した状態を意味するとされる。クマリの衣裳や装身具もすべて赤色であるが、クマリは常に初潮前の童女でなければならない。初潮前の童女は性愛とは無縁である。花嫁衣装を着た童女クマリは、いわば「処女の受胎」を体現しようとしているのである。同じ発想から、仏陀釈尊の生母摩耶夫人《まやぶにん》は、釈尊生誕の七日後に他界した。釈尊以前の過去仏たちの生母もみな同様であった。その理由は、「高貴な存在を産んだ生母が、その後の人生で性愛を享受することは適切でない」（『マハーヴァストゥ』）からである。退位したクマリにまつわる俗信では、彼女の結婚相手は早死にするとされる。これは、退位したクマリを「七日後に他界」させないために、その苛酷な運命を未来の結婚相手に委ねようとしたからである。

性愛を肯定しつつ、一方で否定もしなければならないという矛盾を両立させること（性愛の肯定と否定の両立）、これが容器としての身体を獲得するための第一条件である。この条件を司祭僧たちに当てはめて考えてみよう。彼らは在家者として結婚生活を送りながら（性愛の肯定）、一方で「自分たちは比丘（出家の修行僧）」であると主張する（性愛の否定）。清浄純潔な修行僧の生活と、在家の結婚生活は明らかに矛盾している。これについて、ネパール仏教の儀礼集成書の草分けと評価すべき『（ヴァジュラ・）アーチャールヤ・クリヤー・サムッチャヤ（〔金剛〕阿闍梨儀礼集成）』は、その冒頭で、司祭僧（ヴァジュラーチャールヤ）は「比丘でなければならない」が、また「単なる比丘であってはならず、剃髪と僧衣を放棄しなければならない」と述べ、またさらに司祭僧を「金剛杵を持つ、最上の比丘」と規定して、通常の「比丘」と区別している。「最上の比丘」は、比丘でありながら剃髪と僧衣を放棄して在家の結婚生活を送り、〈性愛の肯定と否定の両立〉を実践するのである。性的ヨーガに関する批判と擁護の論争は、インド密教でも大きな問題であった（桜井　一九九六、二八三〜二九三頁）。〈性愛の肯定と否定の両立〉は、この問題についてネパール仏教司祭僧たちが辿り着いた結論でもあると言える。

四　死と再生の体験

容器としての身体を獲得するための第二の条件は、灌頂によってもたらされる。ネパール仏教の僧侶カーストは、シャーキャとヴァジュラーチャールヤという、二つのサブ・カーストで構成されている。一人前の僧侶になるために、彼らは少年期に出家儀礼を受けなければならない（出家の後に再び在家信者に戻る儀礼を含む）。ところがヴァジュラーチャールヤの少年は、結婚した後（性愛の否定と肯定を両立させた後）に、さらに司祭僧になるためのイニシエーション（灌頂）を受けることになっている。出家儀礼をすませた少年僧たち（シャーキャとヴァジュラーチャールヤ）は、儀礼的に須弥山の山頂に上る訓練を受ける。けれども彼らは灌頂を受けていないので、司祭僧として色究竟天に向かう能力をもたない。つまり、司祭僧になる（容器としての身体を得て、仏と神秘的な合一を果たし、依頼者のために儀礼を司祭する）特権は、灌頂をすませたヴァジュラーチャールヤだけに許されているのである。彼らが司祭僧になるまでの諸儀礼は、彼らの伝説的な始祖（スヴァヤンブー出現の神話。第二節参照）の生涯をモデルにしている。それでこの始祖について調べることも、ネパール仏教の灌頂を考える手がかりになるだろう。

実際のところ、司祭僧たちの灌頂儀礼をこの目で観察することはできない。それは今でも部外者（外国人のみならず、他寺院の司祭僧も含む）に対して厳重な秘密とされているからである。そこで仏像の建立完成儀礼を通して、それを考えてみよう。

インド密教では二つの儀礼は基本的に同じ構造をもっている（森　二〇一一、一七九～一九八頁）。ネパール仏教もその伝統を受け継いでいる。そしてネパール仏教では、仏像に限らず、仏画、経典、仏塔、仏具、寺院などの諸施設は、いずれも「生きている」と見なされ、司祭僧と同格の扱いを受ける。それでそれらの完成時には、司祭僧がその生涯で受けるべき一連の通過儀礼と同じ儀礼を受けることになっている。それらの通過儀礼とは、誕生から結婚式までの十種（出家と還俗の儀礼を含む）である。さらにその最後に、灌頂に相当する入魂儀礼がある。通過儀礼の冒頭に位置する〈誕生式〉で、仏像は菩薩として生まれる。そして灌頂に相当する入魂儀礼で、その菩薩は仏像として表現された仏に「生まれ変わる」（容器としての仏像に仏が宿り、容器の内外が反転する）のである。

インド密教の灌頂では、「灌頂を受ける弟子は最初に〈地獄の水〉を飲んで象徴的に死に、儀礼の全過程の最後に〈今、私は仏の息子として生まれた〉と宣言して再生する」と言う（森　一九九二、二〇～二六頁。要約）。同様にヴァジュラーチャールヤの家系に生まれた少年も、灌頂による儀礼的な〈死と再生〉を経て、司祭僧に「生まれ変わる」のである。そのときに彼は〈容器としての身体〉を獲得する。そのような身体を得た者は、第三の眼を開くとされる。それは容器に宿った仏の眼である（図2、仏塔の眼を参照のこと）。灌頂には開眼儀礼（眼膏灌頂。第七節参照）が含まれている。日本では、仏像などの建立完成儀礼を「開眼供養」と呼んでいる。

五　中有をどのように理解するか

ここで注目すべき点は、灌頂が死と再生の間に授けられるということである。死と再生の間の状態を中有《ちゅうう》と言う。中有をどのように理解するかについて、ネパール仏教には二つの手がかりがある。

①四大観音の塗り直し—カトマンズ盆地の四大観音像は一年ごとに塗り直される。塗り直しに先立っての沐浴祭では観音像から〈魂〉が抜き出され（死）、壺に仮置きされる。塗り直しの期間中、その壺が本堂に安置され礼拝

の対象になる。塗り直しが完成すると、壺に仮置きされていた〈魂〉は五色の糸を通って像に戻る（再生）。先の説明では壺の内部は色究竟天や母胎を象徴していたが、観音の〈魂〉が壺の中に仮置きされた状態で礼拝されている期間は中有に当たるので、ここで壺の内部は中有を象徴していることになる。ヴァジュラーチャールヤ司祭僧は壺の中で仏に出会うから、司祭僧は中有の状態で色究竟天に向かっていることになる。ヴァジュラーチャールヤの家系に生まれた少年は、灌頂によって司祭僧としての能力（壺としての身体）を授かった。以後の彼は、灌頂において体験したプロセスを繰り返し辿りながら、依頼者のための儀礼を司祭していると言える。

図3　仏塔双六絵

②仏塔双六絵（図3）—仏塔の胴部（壺の形をしている）以下が六十余のエリアに区切られ、それぞれのエリアに地獄から天界までの名がつけられている。プレーヤーはサイコロを振って「この世」からスタートし、出目に従って次のエリアに進む。タントラの近道を通ればたちまちゴールとなる色究竟天の直前（仏塔の眼の位置）まで達するが、出目を

誤れば地獄に堕ちて容易に抜け出せない。特定の目が出るまで、その場に留まらなければならない。ゲームを楽しみながら、いくつもの工夫で仏教教理の基礎が学べるようになっている。サイコロを振って〈死〉、次のエリアに進む〈再生〉までの間が中有に当たる。そのときにプレーヤーは死と再生を想起させる何らかの所作や発声をしたはずであるが、残念なことにそれらの伝統は失われてしまっている。いずれにせよ、六十余のゲーム・エリア全体は壺の内部に収められている。壺の内部は仏の世界に直結しており、壺の中で遊ぶプレーヤーは、人間が本来的に持つとされる〈悟りの可能性〉に包まれている。それは、天然の巨大な壺としてのカトマンズ盆地に暮らす人々も同様であると言えるだろう。

六　容器となる身体のバリエーション

容器となる身体をもつ者として、ヴァジュラーチャールヤ司祭僧、少女神クマリの他にも、伝統的な仮面劇の踊り手たち、それに民間信仰治療者としての霊媒師たちがいる。伝統的な仮面劇の踊り手たちは神々の仮面をかぶり、神々の一人となって踊り、その仮面劇のテーマとなる神話を再現する。踊り手たちは仮面をかぶった瞬間に、神の体現者となる。日常の彼らは序列の低いカーストに属している。踊り手になるために彼らが日常の結婚生活で何らかの制約を求められることはないが、踊りの期間中だけは厳格な精進の生活が求められる。彼らは灌頂を受ける資格をもたないが、別の形で〈死と再生〉を体験する。彼らは初めて仮面をかぶる直前に生け贄にされた動物の血を飲んで失神し、踊り手グループの世話役から聖水を振りかけられて意識を取り戻す。そのときに彼らは仮面をかぶって神々に変身するのである。

霊媒師たちは神に憑依され、超自然的な原因によって引き起こされた病気を治療し、神秘的な霊力を用いて相談者の悩みを解決する。上記の者たちが特定のカーストに限定されているのに対して、霊媒師たちにはカーストの制約がない。彼らの出自は高位から低位まで、さまざまなカーストにわたる。また彼らの多くは老齢の寡婦であるが、男性の霊媒師も存在するから、男女の制約もないと言える。彼らはクマリと同様に赤い衣裳と装身具をまとうが、処女性に対する意識はクマリほど明確でない。さらに彼らは霊媒師になったきっかけとして、しばしば病気などの臨死体験を強調するが、再生についての体験を語ることはない（少なくともそれを重要なファクターとして語ることがない。したがって聖水による意識の回復も語られない）。仮面劇の踊り手たちも自分たちの失神と意識回復を、「死と再生」とは考えていないようである。

このように、「容器としての身体はどのように獲得されるのか」という問いに用意された二つの答えは、高位のカーストでは明瞭に確認できるのに対して、それらはカーストの制約が緩むにつれて曖昧になった。それとともに、容器としての身体に神仏が入るプロセスも、タントラ密教の瞑想法（サーダナ）から「憑依」という民間信仰の概念に移行し、それを語る言葉もインドの古典的教養語であるサンスクリット語からネパール語、あるいはネパールの諸民族言語になった。身体に入る神仏も、密教パンテオンの仏菩薩から土着の神々に変わった。神仏が身体に「宿る」時間も短くなる傾向がある。

灌頂は、ヴァジュラーチャールヤ司祭僧が〈容器としての身体〉を得るために不可欠な儀礼であった。師と弟子の間で交わされた灌頂儀礼は、さまざまなバリエーションに変容してネパール文化の要所に登場し、それを受ける者を神聖化する。すべての儀礼の終了時に、司祭僧は儀礼の参加者たちに聖水を振りかけて祝福する。ブラ・ジャンコと呼ばれる老年式では、一定の年齢に達した老人が「神になった」と称賛される。祝賀儀礼のクライマックスで、司祭僧は老人の頭上に灌水する。また正月元旦に人々は各家庭で自身の身体を礼拝し、一年の無病息災を祈る。そのときには家長が家族一人ひとりの頭上に水をそそぎかける。これらの水は一般に「お浄めの水」と説明されるが、その「お浄め」の根拠には、死と再生を象徴した灌頂があると言えるだろう。

七　ネパール仏教における灌頂の現在と未来

実際のところ、司祭僧に対する灌頂はどのように授けられるのだろう。灌頂の内容についてこれまでにいくつかの有力な報告がなされているが、その具体的な内容については不明な点が多い。灌頂の具体的な内容は部外者には秘密とされるからである。

（1）ロックの報告（Locke, 1980: 219–220）では、灌頂は八つの要素で構成されている。すなわち、①冠灌頂、②金剛杵灌頂、③鈴灌頂、④名灌頂、⑤阿闍梨灌頂、⑥秘密灌頂、⑦般若（智）灌頂、⑧第四灌頂である。ところが彼は別の場面（Locke, 1980: 47）で、①瓶灌頂、②冠灌頂、③金剛杵灌頂、④鈴灌頂、⑤秘密灌頂の五要素をあげている。

（2）ゲルナーの報告（Gellner, 1992: 266–281）では、①瓶灌頂、②冠灌頂、③金剛杵灌頂、④鈴灌頂、⑤名灌頂、⑥阿闍梨灌頂に加えて、⑦額飾（paṭākā）灌頂、⑧眼膏灌頂、⑨鏡灌頂が授けられることがあるとする。また彼は上記①～⑤を総称して阿闍梨灌頂とし、さらに、⑥真言灌頂、⑦額飾灌頂、⑧射箭灌頂、⑨秘密瓶灌頂、⑩眼膏灌頂、⑪鏡灌頂、⑫般若智灌頂、⑬知恵（jñāna）灌頂、⑭秘密灌頂と続く、十四種の灌頂を概説している。

（3）バドリ・ラトナ・ヴァジュラーチャーリヤらの編著書（Badrī ratna & Nareśmān, V.S. 2045）は、仏像などの建立完成儀礼テキストである。そこでは、①水灌頂、②冠灌頂、③金剛杵灌頂、④鈴灌頂、⑤名灌頂、⑥秘密灌頂、⑦般若智灌頂、⑧第四灌頂となっている。二人の編著者は、いずれも現代のカトマンズ市を代表する学僧である。

（4）アシャ・カジ・ヴァジュラーチャーリヤはパタン市の権威としてばかりでなく、ネパール仏教界の重鎮としても活躍した。その著書（Asha Kaji. 2010）は、①水灌頂、②冠灌頂、③金剛杵灌頂、④鈴灌頂、⑤名灌頂、⑥真言灌頂の六要素をあげている。

これらの記述から推察すると灌頂の内容やそのプロセスには、カトマンズ市とパタン市、あるいはそれぞれの寺院ごとに若干の相違があるように思われる。それらは基本的に、インド密教における灌頂の発展史上の、ある一時期に成立した特定の灌頂体系を反映しているものと思われる。いずれにしてもそれらの個別的な記述については、「インド密教における灌頂（の歴史）では、死と再生にはさまれた部分が、（時代とともに）複雑になって（展開して）いる」（森　一九九二、二六頁。要約）が、その本質は〈死と再生の体験〉にあると理解してよいだろう。

その一方で、現代ネパール仏教の灌頂は一つの方向に集約されつつあるように見える。最後にそれを述べておこう。ドイツの修復建築家ニールズ・グッチョウは、「ネパール人は神への捧げ物として新しい建物を建てた。だから古い建物を保存する考えをもたなかった。それで私たちは、なぜ古い建築を保存しなければならないのかを問わなければならない」と言う（グッチョウ　二〇一一）。同様に、仏塔は塗り重ねられて常に少しずつ大きくなっていく。古い仏塔を包み込むようにして、仏塔はその時代の最新流行のスタイルに造り変えられるのである。それですべての仏塔は、その内部に古い仏塔を包み込んでいる可能性がある（もう一つの「入れ子構造」）。

現代ネパール仏教の儀礼プロセスも、新たな装いのもとにリニューアルされようとしている。「新たな装い」とは、チャクラサンヴァラ系密教を指す。これまで司祭僧たちは依頼者の要望に応じて、その求めに相応しい仏を壺

図4　金剛薩埵

に招いていた。しかしながら要望ごとに異なる仏を招く伝統は次第に衰微し、昨今は専らチャクラサンヴァラ尊を招き寄せ、この尊にすべての願い事を託すようになった。この尊が他の仏たちを代表して、依頼者の願い事を聞きかなえるようになったのである。ところが興味深いことに、仏を壺に招き入れる儀礼は、実際にはチャクラサンヴァラ尊を招き寄せていながら、そのプロセスは今も旧来の形式（依頼者の要望に相応しい仏を壺に招く）に従っているのである。

現在の灌頂も、チャクラサンヴァラ系密教の灌頂体系に沿って整備されている。今日の灌頂では、新たに入門するヴァジュラーチャールヤの少年に対してチャクラサンヴァラ尊の秘密真言を授けている。それで研究者たちは、灌頂の実態はチャクラサンヴァラ・マンダラへのイニシエーションに他ならないと指摘している（Locke, 1980: 48, また Gellner, 1992: 268）。しかしながら上記のリストを見る限りでは、ネパール仏教の灌頂はチャクラサンヴァラ系密教とは別個に成立していた灌頂儀礼の伝統に、チャクラサンヴァラ尊の灌頂体系を融合させようとしているかの

図５　持金剛

ように見える。儀礼は建築よりも、「新たな装い」への変化に慎重な傾向を示している。

もう一つだけ述べておこう。司祭僧（金剛阿闍梨）は須弥山頂に上って、自らが支配する全世界を捧げて仏を呼び招く。彼はさらに色究竟天へ上昇して仏に出会う。須弥山頂での彼は金剛薩埵（図４）として両手に金剛杵と金剛鈴を持ち、その両手を胸前で左右に分離させている。ところが色究竟天に上昇して持金剛（図５）となった彼は、胸前で金剛杵と金剛鈴を交差させ、時には妃と抱擁した姿で描かれる。金剛杵は空性を、また金剛鈴は智慧を象徴している。その交差（また抱擁）は両者（空性と智慧）が本来不可分の関係を、またその分離は両者の活性化を意味すると解釈できる。上記（３）のテキストによれば、弟子はその交差を秘密灌頂の際に教えられるという。

おわりに

ネパール仏教の僧侶たちは、ヴァジュラーチャールヤとシャーキャという、二つのカーストで構成されている。シャーキャたちは仏陀釈尊の末裔と自称するが、儀礼仏教が主流になっているネパール仏教では、その存在意義が十分に発揮されない状況にある。それに対して、密教僧であるヴァジュラーチャールヤたちは独占的に儀礼を司祭している。彼らは、「私たちは灌頂によって儀礼的に色究竟天に達している」ので、それより下方に位置する仏教世界（現実世界を含む）を自由に行き来して、壺の内外を意のままに逆転させることができると主張する。本論では、彼らが司祭する儀礼の分析を通して、ネパール仏教における灌頂の論理と、それがネパール社会で変容する諸相を概観した。これに続いて、ネパール仏教儀礼とチャクラサンヴァラ系密教の関係についての考察、またネパール仏教の灌頂とインド仏教やチベット仏教のそれらとの対比についての考察が求められるが、それらの研究は今日の学界でようやく始まったばかりである。

参考文献

グッチョウ、ニールズ　二〇一一年福岡アジア文化賞授賞式記念講演「真の修復保存とは」（二〇一一年九月十七日）http://fukuoka-prize.org/event/2011/forum.php.#gutschow またその要旨が朝日新聞（熊本版：二〇一一年十一月一日付）に掲載されている。

桜井宗信　一九九六『インド密教儀礼研究―後期インド密教の灌頂次第』法藏館。

森雅秀　一九九二「インド密教における入門儀礼」『南アジア研究』四号、一五～三三頁。

森雅秀　二〇一一『インド密教の儀礼世界』世界思想社。

Asha Kaji（Ganesh Raj）Vajracharya,［ed., by Michael Allen］）2010. *The Daśakarma Vidhi : Fundamental Knowledge on Traditional Customs of Ten Rites of Passage Amongst the Buddhist Newars*, Mandala Book Point, Kathmandu.

Badrī ratna Vajrācārya & Nareśmān Vajrācārya V.S. 2045. *Daśakarma Pratiṣṭhā, Chāhāyeke bidhi va Bali mālā*, dharma dāna, Kathmandu.

Gellner, David N. 1992. *Monk, Householder, and Tantric Priest : Newar Buddhism and its Hierarchy of Ritual*, Cambridge University Press.

Locke, John K. 1980. *Karunamaya : The Cult of Avalokitesvara-Matsyendranath in the valley of Nepal*, Sahayogi Prakashan for CNAS, Kathmandu.

第三部

中国・東南アジア

ボロブドゥールの浮彫彫刻より、灌頂のシーン（インドネシア）

唐代の灌頂
――とくに密教宣布の手段としての灌頂儀礼について――

岩崎日出男

はじめに

中国唐代において初めて灌頂儀礼を行ったのは、中国に金剛頂経系の密教を伝えた金剛智三蔵（六七一～七四一）である。贅言するまでもなく灌頂儀礼は密教伝法のための厳儀であるが、金剛智三蔵はこの灌頂儀礼をもって中国の一般社会における密教布教の手段とした最初の密教僧でもあった。その金剛智三蔵の後継者となった不空三蔵（七〇五～七七四）は、その布教の手段としての灌頂儀礼を内容的にも規模的にも大いに発展・展開させ、唐代における密教興隆の礎としたことは紛れもない事実である。不空三蔵が「三朝皆な灌頂の国師と為す」と記され、もしくは「天子灌頂の阿遮梨耶」と呼ばれる所以であり、そして、この灌頂儀礼の有無こそが、密教と他の仏教とを区別する明確な指標となっていたのである。

灌頂儀礼は唐代の密教の布教と興隆に大きな役割を果たした儀礼であったが、この灌頂儀礼が布教の手段として成功した大きな要因はどのようなところにあったのであろうか。この問題の考察において、とくに当時の一般社会における仏教に対する信仰、すなわち「修功徳」信仰の実際を知ることは必要である。なぜなら、当時、灌頂儀礼は重要な「修功徳」の一環として理解され実践されていたと考えられるからである。ここに「修功徳」信仰というのは「(必ず福徳の応報を得る)仏教的善であり、具体的には財帛を喜捨して造寺造仏写経をなし、法事を修し、僧に供養し、繡織・絵画・幢幡等で仏寺を荘厳すること等、形に現われたいわゆる供養三宝の事業であって、善悪応報の教えの上に行われたものである」と定義されるものである(塚本　一九七五)。このような「修功徳」として行われた灌頂儀礼の実態を明らかにすることは、当時の人々が灌頂儀礼を仏教信仰の上でどのように理解し評価していたのか、言葉を換えて言うならば、灌頂儀礼が行われること、また灌頂儀礼を受けることは現実的にどのような功徳と果報があると認められていたのかを知る手がかりともなり、延いては唐代の社会における灌頂儀礼の意義と内容は勿論、その特色をも明らかにすることにつながるものと考えられる。

本論では、これまでほとんど先行研究のない中国・唐代の灌頂について、以上の卑見と問題を通して、唐代の灌頂の全体像を明らかにしたい。そこで、まずは各項目の内容についてそれぞれ確認し、指摘すべき事柄に留意しつつ考察を進めていく。

一　中国での灌頂の始まりとその役割

1　中国唐代における最初の灌頂

中国で初めて灌頂を行ったのが金剛智三蔵であったことは、金剛智三蔵在世中に記された智昇の『続古今訳経図紀』の記述からも明らかであり、受者は一行禅師であったことが知られる。この金剛智三蔵の灌頂でまず確認すべきことは、当然のことながら中国で最初に行われた灌頂が金剛頂経系の灌頂であったことである。なお、すでに金剛智三蔵に先立つこと三年前に来唐し大日経・胎蔵系の密教を中国に初めて伝えた善無畏三蔵には、金剛智三蔵のように灌頂を行ったということは一切記録がない。この事実の意味するところは、史料的に裏づけられる事実としての胎蔵法の灌頂の実施は、恵果和尚による胎蔵法伝授に伴う灌頂を俟たなければならないということであり、このことはまた、善無畏三蔵から恵果和尚に至るまでの胎蔵法の灌頂の実態の多くは不明であることを意味している。

2　密教布教の手段としての灌頂

金剛智三蔵の二十年以上にわたる在唐中、僧侶をはじめ一般の在家の人々と密教を結びつけるための結縁灌頂を行ったことは、「所住の刹（寺）に必ず大曼拏羅灌頂道場を建て四衆を度す」（賛寧『宋高僧伝』巻一）と記されるように、所住の寺であった長安の慈恩寺や大薦福寺、洛陽では興福寺などにおいて行われたことが知られる。また、その結縁灌頂では、わずか九歳の子どもまでも入壇灌頂していたことが知られ、密教布教の手段としての灌頂の実態が窺われる。なお、この金剛智三蔵の灌頂には不空三蔵の時代の宰相であり奉仏家であった杜鴻漸も入壇していたことが知られる。

このような金剛智三蔵の灌頂による密教の布教は、その後継者となった不空三蔵にも継承された。そしてその規模が金剛智三蔵の時代をはるかに凌ぐものとなったことは、不空三蔵に関わる信頼すべき多くの史料に明らかである。具体的には、不空三蔵は金剛智三蔵の入寂後、二十数年にわたり密教の法を伝授する伝法灌頂と在俗の人々を密教と結びつけるための布教としての結縁灌頂を「数千人の衆」、また「蓋し億万を計ふ」と言われるような規模で行ったことである。なお、このような不空三蔵の灌頂儀礼で注目すべき点として、玄宗皇帝の天宝十三載（七五四）に不空三蔵が河西節度使の哥舒翰の請いにより武威郡・開元寺において灌頂を開いた折、三蔵の最古参の弟子の含光や俗弟子の李元琮等に五部灌頂と金剛界大曼荼羅が授けられたが、それとともに「節度已下、一命に至るまで皆灌頂を授く。氏庶の類、数千人の衆、咸道場に登る」（円照『貞元釈経録』巻十五）という史料の記述により、哥舒翰以下、数千の人々が結縁灌頂を授かったとされることから、阿闍梨位灌頂と結縁灌頂の授受が同時に行われていたことが窺われることである。

二　灌頂と朝廷

1　皇帝と灌頂

「はじめに」でも触れたように、不空三蔵が「三朝皆な灌頂の国師と為す」と記され、また「天子灌頂の阿遮梨耶」と呼ばれるように、玄宗・粛宗・代宗の三代の皇帝に灌頂を授けていたことは、三蔵の碑文・碑銘・伝記といった信頼に足る史料に共通して見られることからも事実と考えられることである。ただ、しかしここにはいくつかの疑義も存在する。一つには玄宗皇帝に灌頂を授けたとされることであるが、不空三蔵がインドから還京した天宝六載以降、玄宗は道教と楊貴妃に耽溺し政務も顧みない状況であったことは歴史的な事実であり、このような状況下で不空三蔵は玄宗に灌頂をどのように授けたのかということである。また一つには、皇帝に灌頂を授けるとは、または皇帝が灌頂を受けるとは一体どのような意味が存在するのかということであり、このことは粛宗に授けられたという「転輪王七宝灌頂」といった灌頂の授受についても同様の疑義が存在する。なお、以上のような密教僧の皇帝に対する灌頂の授受は、不空三蔵だけに行われたことであって他に例はない。

2　灌頂と内道場——附・長安中の寺院

金剛智三蔵の時代において灌頂道場が置かれた場所は寺院であったが、不空三蔵の時代になると、灌頂道場は寺院だけに置かれるだけでなく宮中にも設置されるようになった。宮中における灌頂道場の設置場所は、そのすべてが内道場であった。そもそも内道場とは、宮中における仏教儀礼や仏典の講経などの仏事を執り行う施設のことである。なお、不空三蔵がこの内道場を重要な密教布教の拠点としたことはすでに指摘されていることであり、不空三蔵の時代に確認される内道場は承明・含暉・延英・長生殿の各殿が数えられる。また、その灌頂道場の置かれた内道場の宮中における所在は、高宗より皇帝の居住宮殿となった大明宮中に存在する諸殿であることが明らかにされている。ところで、宮中に灌頂道場が置かれたのは、厳密には玄宗皇帝に灌頂を授けたことを嚆矢とすべきであろうが、少なくとも宮殿名が明記された灌頂道場の存在は、代宗皇帝の永泰元年（七六五）の時代であったことが知られる。内道場の置かれた宮殿中、とくに延英殿は代宗皇帝の時代において聴政の場として重要な宮殿であり、長生殿は唐代を通して皇帝の私的生活の宮殿であった。

長安中の寺院に置かれた灌頂道場については、不空三蔵所住の大興善寺をはじめ、青龍・保寿・興唐・崇福・醴泉寺の六寺に置かれたことが知られ、その六寺で行われる灌頂については勅命によって定期的に行われていたことが窺われる（海雲『両部大法相承師資付法記　上』）。また、このような定期的な勅命による灌頂は年中行事の一つであったという指摘もある（中村　二〇〇九）。なお、これらの寺院中、とくに青龍寺の恵果、保寿寺の元皎と覚超、崇福寺の恵朗というように、この三寺は不空三蔵やその高弟たちに縁の深い寺であった。

三　灌頂の意義とその授受の効用

1　修功徳としての灌頂

不空三藏が朝廷に国のために灌頂道場の設置を上奏した折、三蔵自ら灌頂の意義を説明して、灌頂とは「頓とは菩薩大士灌頂の法門を謂ふ。是れ詣極の夷途、入仏の正位と為す。頂とは頭頂を謂ひ、大行の尊高を表し、灌とは灌持を謂ひ、諸仏の護念を明にす」（速やかにして直ちに悟りに至ることを大乗菩薩の灌頂の法門と言う。これは究極の易行道であり悟りを得て仏となるための正しい位である。頂とは頭の頂上を言い、立派で大いなる行いの尊く気高いことを表すのであり、灌とは灌持を言い、もろもろの仏菩薩・天等が衆生を念じ守ることを明らかにするのである」（円照『不空三蔵表制集』巻二）と説明し、灌頂が最勝の教えであり、また諸仏の加護を証明する教えであることを言うのであるが、この際、とくに「灌頂」の「灌」と「頂」、それぞれの文字そのものの解釈を通して灌頂の意義を明らかにしようとしていることが注目される。これはいわば中国伝統の訓詁学的解釈とも言える仕方を用いたものであり、そこに不空三蔵の創意（中国の人々に理解が容易となる工夫）というべきものが感じ取られる。なぜなら「頭頂」はともかくとして、「灌持」という言葉には、仏教経典は勿論、中国古典をはじめとする種々の文献には全く出てくることのない不空の造語だからである。「灌持」という言葉が「諸仏の護念を明にす」と言うのであれば、「灌」には「灌頂」の本義的かつ一般的な「そそぐ」という意味ではなく「ねんごろなさま・懇切」の意でなければならず、また「持」も一般的な「もつ」という意味ではなく「まもる・守、たすける・扶助」の意でなければならないからであり、これらはいずれも通常使用される意味での用い方ではないからである。

では何故、三蔵はこのような灌頂に対する解釈を朝廷に対して示したのであろうか。この問題については、次に掲げる李元琮の上表にその手がかりが存在する。この上表は、不空の三十年来の俗弟子であった史（李）元琮が粛宗皇帝に対して大興善寺に灌頂道場の設置を請うた上表文であり、その上表中とくに注目される記述として、「其れ道場に息災増益の教え有り、降伏歓喜の能有り。此の功力を奉じ、以て群兇を滅せん。上は聖寿を滋すこと無疆にして、此れを承け兆人は清泰ならん」（灌頂道場には一切の災害を滅して福を増すことの教えがあり、悪しきものを打ち負かし喜びが溢れるという効能があります。そこで、この功徳力を奉って多くの悪人を滅ぼしたいと願います。上は皇帝陛下の貴い齢がいつまでも続き、この灌頂による福徳により多くの民人が静かで安らかに生活できるでありましょう）（円照『不空三蔵表制集』巻二）があり、これは「灌頂」に「息災増益」と「降伏歓喜」という現世利益の存在することを明らかにしていることである。

さて、灌頂にこのような現世利益を認めることは、おそらくは不空訳『蕤呬耶経』巻下「分別護摩品第十」に説かれる「凡そ、曼荼羅に入るに必ず四種の灌頂有り。一には除難なり。二には成就なり。三には己身を増益せるなり。四には阿闍梨位を得るとなり。（中略）若し、難に著せらるるを被ること有りて、除難せんが為めの故に、灌頂を作さんとせば、此れを除難灌頂と名づく。安楽、及び富貴とを求め、幷びに男・女を求め、不祥を除かんが為めの故に、灌頂を作さんとせば、此れを増益灌頂と名づく」（大塚　一九九六）というような教説に基づくものとも考えられるが、中国において灌頂が「諸仏の護念を明にす」と言い、「息災増益の教え有り、降伏歓喜の能有り」と言うように現世利益を獲得するための仏事であることを強調することは、灌頂を「修功徳」として、すなわち「必ず福徳の応報を得る仏教的善」として理解され認められていることが前提にあると考えられるであろう。灌頂を受けるということは、上は皇帝・貴族・宰相・高官の貴顕から下は一般民衆に至るまで、いずれの階層においても修功徳によって福徳の果報を得るための仏事であったのである。このような事実において灌頂が密教布教の主柱であったことと同時に重要な修功徳の一環であったことは、不空三蔵の密教、ひいては唐代密教における特色というべきものである。

ところで、史元琮の灌頂道場設置の願いは、その文書形式(墨勅)から「そもそも灌頂道場の設置は寺院の自由裁量に属することであって、公的には皇帝の一々関与するべき案件ではない」ことから、「大興善寺の灌頂道場を権威づけるためであると理解される」とされる(中村 二〇〇九)。この説に従うならば、不空三蔵自身による大興善寺に灌頂道場を設置する願いも、史元琮と同様の目的をもって願い出たものと解釈されよう。

四 不空三蔵以後の灌頂

不空三蔵によって確立された密教の伝法を主とする灌頂と、修功徳信仰に基づく密教布教を主とした灌頂の両灌頂は三蔵以後にどのように展開したのかといえば、三蔵入寂の翌年、恵果和尚は所住の寺である青龍寺に「毘盧遮那灌頂道場」を置き、また、三蔵の在世時、大興善寺の寺主を務めた円敬が上座に就任した宝寿寺で「瑜伽灌頂密契之法」を授け、他方、最澄は越府(浙江省)において順暁の「五部灌頂曼荼羅壇場」に入り、入唐八家の常暁は不空三蔵の弟子・文	から「伝法阿闍梨位灌頂」を受け、同じく俗人である遣唐使の一行も「五智灌頂」(結縁灌頂)を受けるなど、不空三蔵以後もその直弟子である恵果和尚は勿論、円敬といった三蔵の高弟には数えられない僧においても灌頂が行われ、その灌頂が行われる場所も長安だけではなく地方においても行われたことが知られる。以上のように、不空三蔵以後と恵果和尚以後においても、灌頂はその弟子たちによって盛んに行われたことが推測されるのである。なお、円仁の『入唐求法巡礼行記』には、大興善寺翻経院において四月に灌頂が開かれたことを記しているが、この灌頂については先にも「灌頂と内道場」で触れたように年中行事の一つであって、唐代後半期・長安仏教界の四月に行われる年中行事の一つであるとする（前掲、中村　二〇〇九）。

1　唐代の灌頂儀礼における問題

これまでの考察により、唐代における灌頂の盛行は紛れもない歴史的事実として明確に理解されるのであるが、一方で灌頂を説く経典儀軌が存在しながら実際に行われた灌頂儀礼については多々不明な点が存在し、その詳細が明らかでないという現状がある。このような現状に対して近年、室町初期・賢宝によって書写された東寺観智院蔵『大唐青龍寺東塔院義真阿闍梨記録　円行入壇』は、『日本大蔵経』所収の義真撰『結縁灌頂次第一巻』と同本であり、入唐八家の霊巌寺・円行が開成四年閏正月二日（三日）、青龍寺東塔院の義真より受けた胎蔵法の阿闍梨位（伝法）灌頂の作法次第であると指摘し、この史料が詳細のほとんど不明である唐代の灌頂儀礼の実際を知る上での最古の史料であり、かつ貴重な史料となりうるものであるとの研究が明らかにされた（武内　一九九九）。一方、この研究に対しては、上記史料の文中に灌頂を受ける受者への呼びかけが「汝等」という複数形になっていることと、同じく入唐八家の一人である常暁の阿闍梨位灌頂授受のとき、同時に結縁灌頂も開かれていることから、この史料は『日本大蔵経』の表題のように結縁灌頂の儀式作法の書であり、それを義真から貰い受けたものであろうという推測がなされている（甲田　二〇〇二）。

さて、このような問題については、現時点では明確な結論を示し得ないが、むしろ次のような点が指摘されていることに注意すべきであろう。すなわち、上記の義真撰『結縁灌頂次第一巻』と東寺観智院蔵『大唐青龍寺東塔院

義真阿闍梨記録　円行入壇』に見える灌頂儀礼は、『大日経』と金剛智三蔵訳の金剛界法の本軌である『金剛頂瑜伽中略出念誦経』との合糅（『大日経』が主体）したものであり、また法全が所持し円珍に贈呈された『阿闍梨大曼荼羅灌頂儀軌』は、全面的に『金剛頂瑜伽中略出念誦経』に依拠しているとの指摘がある。なお、この指摘の中で確認すべき点として、前者ではその経典引用の経文がほぼ一字一句改変されることなく用いられていることと、後者ではこの儀軌が金剛界法・胎蔵法の区別なく授戒・入壇および阿闍梨位の灌頂に用いられたとの指摘もある。

ところでこれらの指摘には、唐代の灌頂儀礼の実際を考える上で看過できない事柄が示されていると考えられる。それは、唐代の灌頂儀礼の実際を知る上で数少ない貴重な史料とされる両儀軌のいずれもが、金剛智三蔵訳の金剛界法の本軌である『金剛頂瑜伽中略出念誦経』に部分的に、もしくは全面的に依っているという事実が確認されるからである。この事実は唐代の灌頂儀礼にとって一体何を物語るのであろうか。結論から言えば、唐代の灌頂は金剛界法に基づく灌頂が主流であったということである。なぜなら、恵果和尚から金剛界法と胎蔵法が等同となり、その後はさらに蘇悉地法が加わるとはいえ、それ以前は勿論、それ以後も唐代の密教は金剛界法が主流であったからである（甲田　二〇〇二）。また、金剛界法に基づく灌頂儀礼の形式は、中国で最初の灌頂儀礼の形式であったことと、さらにその灌頂儀礼の形式が唐代の仏教界に定着していたこと、そしてその灌頂儀礼の形式には、金剛智・不空両三蔵伝来の灌頂という権威と伝統とが認められていたことも十分に考えられるであろう。

おわりに

「灌頂」という密教に特有の儀礼には、深遠な密教教理に基づく神秘性を兼ね備えた最上の宗教儀礼との印象をもつ。事実、密教を奉ずる宗派・教団において、灌頂は最高の厳儀・儀礼として認められていることは、そのことを如実に物語るものであろう。このような印象の灌頂という儀礼について、これまでの考察から明らかにし得たことは、唐代において灌頂がきわめて盛行したことであり、その盛行の理由が福徳の果報を得るための修功徳であったということであった。金剛智・不空両三蔵の灌頂による密教布教も、僧侶はともかくとしてそれ以外の人々にとっての入壇灌頂の意義は修功徳のためだったのであり、それ故、灌頂を行うことが単に密教教理上の宗教儀礼に止まらず、一般の人々に対する布教の手段として機能した大きな理由でもあったと考えられよう。灌頂と修功徳の関係こそが、中国唐代の灌頂の特色と言えるのである。

一方、このように唐代の仏教界に盛行した灌頂であったが、その実際の儀礼の詳細については不明な点が多く課題とすべき問題は多い。灌頂儀礼の詳細の解明は中国唐代の密教の課題だけではなく、当然のことながら空海をはじめとする入唐僧の伝えた灌頂儀礼の実態を明らかにするきっかけともなるのであり、その点において日本密教にとっても重要な課題となるものである。今後の研究の進展が期待されるところである。

参考文献

大塚伸夫　一九九六「蕤呬耶経・補闕品第十二」『新国訳大蔵経・密教部七』大蔵出版。

甲田宥吽　二〇〇二「恵果和尚以後の密教僧たち」『高野山大学密教文化研究所紀要』一五、二九～六二頁。

武内孝善　一九九九「唐代密教における灌頂儀礼―『東塔院義真阿闍梨記録　円行入壇』考」『弘法大師の思想とその展開』高野山大学密教文化研究所紀要別冊一、一九一～二一八頁。

塚本善隆　一九七五「唐中期以来の長安の功徳使　六　代宗時代の功徳使の性質」『塚本善隆著作集　中国中世仏教史論攷』三、大東出版社。

中村祐一　二〇〇九『中国古代の年中行事』第二冊、汲古書院。

禅観経典にみられる灌頂のイメージについて

山部能宜

はじめに

インドのヴェーダ期に淵源をもつ「灌頂」(アビシェーカ)は、その後かたちを変えて仏教に取り込まれ、本書に収録される諸論文の示す通り多彩な展開を遂げることになる。インドにおいて「灌頂」とは、一般にある人が別の人の頭上に水(等の液体)をそそぐことによって、何らかの地位を与える儀式を指すことが多いが、五世紀初頭に中国仏教界にもたらされた禅観の手引書、いわゆる「禅観経典」には、これとは趣の違う灌頂が描かれている。ここでいう「禅観経典」とは、さまざまな視覚的イメージを心の中に描き出すことを中心とした観想法を述べる文献であって、多くのものが知られているが、本論で主として考察の対象とするのは、釈迦牟尼仏の姿を観想する方法を説く『観仏三昧海経』、およびそれと内容的に密接に関係する『禅秘要法経』ならびに『治禅病秘要法』である。これらの漢文文献についてはいずれもインド原典の存在が確認されておらず、種々の理由から、中央アジア(今日の新疆)で成立した可能性が高いと考えられる。また、新疆でドイツ探検隊により発見されたサンスクリット禅経

「梵文瑜伽書」も、上述の漢文「禅観経典」と類似した要素を多く含むため、しばしば参照する。

さてこれらの文献によると、行者は禅観におけるビジョンの中で梵天・帝釈天（あるいは仏・菩薩）に出会って、彼等から直々に灌頂を受けるというのである。現実世界での儀礼としての灌頂とは区別されるこの「禅観中の灌頂」のイメージに関しては、これまでも何回か拙稿中で触れたことがあるが、本論では改めてその背景等も含めやや詳しく考察してみたいと思う(1)。

一　禅観中の灌頂

まず「禅観経典」における灌頂の具体的イメージを得るため、以下の用例を参照されたい（本論の引用文における傍線は全て筆者によるもので、引用文中で特に論旨に関係する要素を示す）。

また帝釈天・梵天・守護神たちを［観想の中で］お招きして、天薬の入った金瓶《こんびょう》を持っている［ところを観想しなさい］。釈提桓因《しゃくだいかんいん》（＝帝釈天）は左にあり、守護神たちは右にあり、天薬を持って灌頂すると、［天薬が行者の］全身に充ち満ちる（『禅秘要法経』大正一五、二五一下、一一～一四）。

［観想の中で］一人の梵王が手に梵瓶《ぼんびょう》を持ち、梵衆天《ぼんしゅてん》たちと行者の前に来る。……梵瓶の中に白蓮華《びゃくれんげ》を生じる……。一人の童子がいて、梵王の後について、最初の蓮華から出てくる。……手に白瓶を持ち、瓶内には醍醐がある。梵王の髻上《けいじょう》の如意珠《にょいしゅ》の中からさまざまな色の薬が出てくるのを醍醐の中に置く。童子がこれを灌《そそ》ぐと、

［行者の］頭頂から入って脳脈に入る。まっすぐに下って流注し、左脚の大拇指《だいぼし》の半節に至る。半節に満ち終わると、薄皮に至るまで［指］全体に浸透する。また一節に至り、このようにして徐々に半身に遍満する。半身を満たし終わると、また全身を満たす。全身を満たし終わると、四百四脈にさまざまな薬が流れ込む。身の三百三十六節を観ると、すべてに［薬が］満ちているのである（『治禅病秘要法』大正一五、三三四中、九～下、一）。

類似した用例は、他の漢文禅観経典にも多くみられるばかりか、「梵文瑜伽書」にも確認できる（写本が断片的なため、引用文も断片的なものとなる）。

彼（行者）は、手に水瓶《すいびょう》を持つ梵天で空が一杯になっているところと、衆生が色とりどりのエッセンスをそそがれているところを見る（Schlingloff, 2006: 137［148R2-3］）。

それから、灌頂となる。人々は四大海から水瓶をもたらして行者を浴せしめる。かくして、……頭頂の穴からバター（酥）とごま油を［行者の身体］に満たす（Yamabe, 2006: 330-331［Pelliot sanskrit no rouge 9.1 recto 4-5］）。

これらは何れも弟子が師匠から授けられる現実世界での灌頂ではなく、禅観中に行者が経験する観想上の灌頂である。具体的な内容は種々さまざまであるが、梵天・帝釈天（あるいは、仏・菩薩）が何らかの液体を行者の頭上にそそぐと、その液体が頭頂から体内に入って全身を満たすという点は概ね共通している。このような特殊なイメージが、インド原典の確認されていない（中国人によって撰述された可能性がある）漢文禅観経典と、漢訳のない「梵文瑜伽書」の双方にみられるということは、注目に値する。単なる偶然の一致とは考え難く、両者の間に何らかの共通する伝承があったと考えるのが自然であろう。

二　灌仏

このような特殊なイメージの背景とその展開を探ることが本稿の課題であるが、まずはこれらの用例の多くに梵天（と帝釈天）が現れることに注目したい。この点に関しては、誕生仏が梵天・帝釈天から香水をそそがれたというよく知られた説話が想起される。ここでは代表的なものとして、『ラリタヴィスタラ』の用例を引用する。

至高の梵天と至高神帝釈天は、空中に留まりつつ、清浄で甘く澄んだ香水で導師（＝釈尊）を浴せしめた。さらに、空中に住する龍王は、清浄なる冷暖二種の水流を発した。十万の神々が、香水で導師を浴せしめた（*Lalitavistara*, Lefmann ed., 93.1-4）。

ガンダーラ美術にも梵天・帝釈天による灌仏は多くみられるので、西北インドでこのモチーフがよく知られていたことは確実である。梵漢の禅観経典には行者が禅観の中で釈尊の経験を追体験しようとする志向が看取されるので、ここでも行者たちは、灌仏という仏伝中のよく知られた場面を自ら追体験しようとしていたのではないだろうか。密教の灌頂の儀式の中で、今日でも阿闍梨は弟子に対して以下のような偈（「吉慶梵讃《きっきょうぼんさん》」）を唱える。

カピラヴァストゥの王宮で生まれ、速やかに成長するよう神々より甘露の水を注がれた浄飯王の子息（＝釈尊）の吉祥《きちじょう》。寂静をもたらすその吉祥が、今あなたにありますように（高橋　一九七九、一七〇頁の還梵による拙訳）。

これは禅観中のビジョンではなく現実の世界で師匠から授けられる灌頂に関するものではあるが、灌頂の儀式が誕生仏の灌仏と同一視されていることは明らかである。したがって、この灌仏の場面が仏教における灌頂のイメージの一つの源泉であったことは確実であろう。

三　「離欲の快感」

さて、それでは次に行者の頭にそそがれた液体が、頭からしみ込んで体内に満ちるという点を検討してみたい。またこれと関連して、身中に遍満した液体が身体に快感を与えるという記述が関係の文献にしばしばみられることも、注意すべき点である。いうまでもなく、そそがれた液体が体内に浸透するということは、現実の世界では考え難いことであり、何か他のイメージと混淆していた可能性が考えられよう。これらの点に関しては、以下の用例を参照されたい。

料金受取人払郵便

京都中央局
承　　認

6706

差出有効期間
平成28年3月
10日まで

(切手をはらずに
お出し下さい)

郵便はがき

6008790

110

京都市下京区
正面通烏丸東入

法藏館　営業部　行

愛読者カード

本書をお買い上げいただきまして、まことにありがとうございました。
このハガキを、小社へのご意見またはご注文にご利用下さい。

お買上 **書名**

＊本書に関するご感想、ご意見をお聞かせ下さい。

＊出版してほしいテーマ・執筆者名をお聞かせ下さい。

お買上
書店名　　区市町

◆新刊情報はホームページで　http://www.hozokan.co.jp
◆ご注文、ご意見については　info@hozokan.co.jp

14.

ご氏名《ふりがな》　　　　年齢　　歳　　男・女

〒□□□-□□□□　　電話

ご住所

ご職業 (ご宗派)	所属学会等

ご購読の新聞・雑誌名
（ＰＲ誌を含む）

ご希望の方に「法藏館・図書目録」をお送りいたします。
送付をご希望の方は右の□の中に✓をご記入下さい。　□

注文書

月　　日

書　　名	定　価	部　数
	円	部
	円	部
	円	部
	円	部
	円	部

本は、○印を付けた方法にして下さい。

下記書店へ配本して下さい。
直接書店にお渡し下さい)

書店・取次帖合印)

様へ＝書店帖合印を捺印の上ご投函下さい。

ロ. **直接送本して下さい。**

代金(書籍代＋送料・手数料)は、お届けの際に現金と引換えにお支払下さい。送料・手数料は、書籍代 計5,000円 未満630円、5,000円以上840円です(いずれも税込)。

＊お急ぎのご注文には電話、ＦＡＸもご利用ください。
電話 075-343-0458
FAX 075-371-0458

（個人情報は『個人情報保護法』に基づいてお取扱い致します。）

このような光明は遍く十方の阿羅漢たちの頭頂を照らす。頭頂を照らす時、人が瓶を執って薬を灌ぎ、それが頭頂に入るかのようで、その［薬の］色形はあたかも醍醐のようである。頭頂から入ってしまうと［身体の］表裏に貫徹する。その時、行者の心身は安穏になる（『観仏三昧海経』大正一五、六六四中、二五〜二八）。

その直後、彼は灌頂により身体に快感を与える（āśrayam prī-）。それから、彼は心を眉の間に繋ぐ。そこから［光の］流れが現れ、地輪を破り、地獄・餓鬼界の住人たちを照らし、金輪を破って水輪・空輪・虚空界を照らし、戻ってきて臍から体内に入り、頭頂から出て絶え間なく有頂天までのすべての神々を照らし、四禅のエッセンスを取って、再び頭頂から［体内に］入る（Schlingloff, 2006: 88［129R1-3］）。

ここでは論述の都合上、まず灌頂においてそそがれた液体が体内に満ちて快感を与えるとされる点を考察してみたいが、この点に関して一つの手がかりを与えるのは、初禅（禅定の最初の段階）に関して初期仏典にみられる以下の記述である[2]。

比丘は欲と悪から離れ、思考・離欲の快感（「離生喜《りしょうき》楽《らく》」、欲望の世界から離れることによって生じる快感）のある初禅に到達する。彼は離欲の快感を全身に遍流させ、遍満させる。彼の身体には、快感の遍満していないところはない。それはあたかも、熟練した背中流しの職人や彼の弟子が、青銅の皿に粉石鹸をまいてその上一面に水を注ぎ、こねるようなものである。粉石鹸の団子は潤い、内外とも湿り気で満たされるが、水がしみ出ることはないであろう。同様に、比丘は快感を全身に遍流させ、遍満させる。彼の身体には、快感の遍満していないところはないのである（Kāyagatāsati-sutta, *Majjhima-nikāya*, PTS ed., 3: 92.23-93.3, 取意）。

ここで、「快感」と訳したパーリ語の pīti-sukha の前分 pīti はサンスクリット語の prīti に対応し、動詞語根の prī- に由来するので、「梵文瑜伽書」からの引用で「快感を与える」と訳したサンスクリットの動詞と言語的に対応するものである。このように、粉にしみ渡る水のように快感が全身に満ちるという初期仏教以来の禅定体験が、禅観経典における関連の記述の一つの源流となっていたのではないだろうか。

四　光明のイメージ

次に、前節に引いた『観仏三昧海経』と「梵文瑜伽書」の用例では、灌頂のイメージが光明のイメージと密接に関係していることに着目したい。ここで「梵文瑜伽書」の記述に関しては、仏が微笑まれると口から放たれた光明が全宇宙を遍く照らして、最後に仏の頭頂に還るという仏伝文学の定型句に由来するものであったと考えられている（Schlingloff, 2006: 37-38）。つまり、ここでも行者は、禅観のなかで仏の放光を追体験していたようである。ともあれ光が頭から体内に入るというイメージは、関係の文献においてきわめて一般的なものである。そそがれた液体が頭頂から体内に浸透するという禅観中の灌頂のイメージは、このような光明のイメージから影響を受けていた可能性があろう。

さらに、このような灌頂と光明の密接な関係は、『十地経』の以下の記述からも窺える。

さて、みなさん、仏子たちよ、「すべてを知る知者の不思議な神通力をもつ」という名の光明が、彼ら如来にして、阿羅漢にして、正しくさとりをさとった諸仏の眉間の白毫から、放光される。……これらの光明は、かの菩薩の頂上へと帰入する。……それらの余光は、そのとき同時に、かの菩薩の頂上にも達する。ここにおいてこそ、かの菩薩は、「仏になるべく灌頂を授けられた」といわれるのである（*Daśabhūmika-sūtra*, Kondō ed., 183. 1-13：荒牧　一九七四、三一四〜三一五頁）。

また、密教文献では光明と灌頂が明白に関連づけられていたことが、漢文文献ではあるが以下の記述から知られる。(3)

その時、三昧の中で……この願をなすべきである。「どうか願わくは一切の如来、金剛業等の諸菩薩衆は、種々のはたらきをもつ仏智の光明を私の頭頂に灌いでください」と。その時、仏菩薩等がこの光明によって灌頂をされると想見するのである（不空記『金剛頂経大瑜伽秘密心地法門義訣』大正三九、八一〇下、二七〜二九）。

上に説いた五智印門については、一々にまた別に五相灌頂の法がある。一には光明灌頂。つまり諸の仏・菩薩が光を放って加持されることである（同書、大正三九、八一八上、七〜九）。

さらにサンスクリット文献の例としては、以下の『金剛薩埵成就法《こんごうさったじょうじゅほう》』を参照されたい。

そこで、白色のオーン字を頭頂に観想し……勧請《かんじょう》せよ。……勧請した直後に、尊格の集団が、相互の愛着を契機とする最高の歓喜と楽を享受し、白い光線になって、智薩埵《ちさった》のように毘盧遮那《びるしゃな》の門（頭頂）から入り、智の基盤に到達して、全身を満たし、快感を与える（prī-）のを観想して……堅固にすべし（*Vajrasattvasādhana*, Luo Hong and Toru Tomabechi eds., 18.12–19.9）(4)。

この一節は、光線が頭頂から入って全身を満たすのみならず、それが身体に快感を与える点において、われわれが本稿で検討している灌頂の文脈ときわめて近い関係にあるものである。このようなことを考慮するならば、禅観中の灌頂においてそそがれた液体が頭頂から体内に入って全身を満たすという表現の背景には、光明が頭から体内に入るというイメージとの混淆があった可能性は高いであろう。

五　浄化（滅罪）のイメージ

次にいささか違う角度から、この問題を考察してみたい。行者の頭上に水をそそぐ灌頂の儀礼は、「禊《みそ》ぎ」や「洗礼」と同様、受者の浄化を意図する側面をもっていたことは容易に推察されるが、この点からは、菩薩戒儀礼における懺悔滅罪のための行法との関係が窺える。以下の引用を参照されたい。

和上・阿闍梨の二師は、……もし十戒を犯した者がいるなら、教えて懺悔させなければならない。仏菩薩の像の前で、日夜六時に十重四十八軽戒を誦え、もし三世の千仏を礼拝するに到るならば、好相を見ることができるであろう。たとえ一週間、二週間、三週間、あるいは一年かかっても必ず好相を見なければならない。好相とは、仏が来て頭頂をなで、光を見たり、華や種々の超自然的な相を見たりすることである。そうすると罪を滅することができる。もし好相［を見］ないならば懺悔しても益はない。この人は今生で戒を得ることはできない（『梵網経』大正二四、一〇〇八下、一一～一九）。

つまり菩薩戒を受戒するにあたって、以前に十戒を犯したことのある者はそのまま受戒することは許されず、仏菩薩の像の前で礼拝行を繰り返して、仏に出会う等の「好相」を見てからでないと受戒できないのである。仏を見ることが罪が滅して浄化されたことの証明となるのであるから、「見仏滅罪」の思想と称すべきものであろうが、それとわれわれがこれまで見てきた禅観中の「見仏灌頂」の体験が非常に近い関係にあったことは、容易に推測できることであろう。たとえば以下の『治禅病秘要法』の一節は、見仏灌頂の体験に浄化の意味があったことを明言している。

仏は柄杓の水を比丘の頭頂に灌ぐ。天神が夢に現れて、「すでに清浄になった」と説く（『治禅病秘要法』大正一五、三三七中、一九～二〇）。

『梵網経』の好相行自体が滅罪の体験を視覚化したものであったろうが、そのような視覚化をもう一歩進めたものが「見仏灌頂」であったと言えるのかも知れない。以下の用例はそのことを強く示唆する。

また世尊が瓶の水を行者の頭頂に灌ぐのを見る。水色は変化して純金剛色となり、頂上より入る。その色は青黄赤白と、別々のものになる。さらに多くの穢雑の相が［水の］中に現れる。水は頂上より入り、まっすぐに身中を下り、足のかかとから出て地中に流入する（『禅秘要法経』大正一五、二五八中、二四〜二八）。

それぞれの比丘は四大定に入る。四大定中《しだいじょう》で一面にすべての煩悩のすがたが現れ、八万種の虫がもぞもぞと出てくる。……また心を起こして一つの薬のイメージを作らなければならない。まず身のイメージを作りなさい。身のイメージができたら、その頂を開いて空にし、梵王のイメージ、帝釈のイメージ、そして諸天が手に宝瓶を持つイメージと、薬を持って灌ぐイメージを作りなさい。薬が頂に入る時、遍く四体と諸脈の中に入る。脈と身を瑠璃の筒のようだと見て、諸虫がしおれて枯れた華のようになっているのを見る（『観仏三昧海経』大正一五、六六四下、二一〜一二）。

さまざまな穢れが「穢雑の相」や「虫」として視覚化され、頭頂から入った水や薬によって駆除されていくのである。興味深いのは、このように罪障や不浄を視覚化し灌頂によって洗い流すイメージが、チベット密教における観想の伝統の中にしばしばみられることである。いくつか例をあげてみよう。

［金剛薩埵の心臓のフームの］文字から白い甘露が流れ出し、ヤブ（父尊）・ユム（母尊）の結合［した秘密処］から流れ出し、自分の頭頂の梵孔（brahma-randhra）から入って、三業のすべての罪と障が根の門と毛穴から黒い［液体となって流れ］出し、罪と障を清めて、全身は智慧の甘露の流れによって白く満たされて悟りと功

徳が自他すべてに生じることを観想し念誦する。……金剛薩埵の御口から「善男子よ、汝の罪と障と三昧耶からの堕落と破戒のすべては清浄になった」と仰せられて……（ツルティム、山田　一九九九、七二頁）[5]。

それから、百字のマントラを唱えつつ、白い光線と甘露が金剛薩埵の心臓の「フーム」とマントラから絶え間なく流れるのを観想せよ。それらはあなたの頭頂に浸透し、あなたの身心を無限の至福で満たす。……あなたの顚倒《てんどう》と過失一般、とくに身体のそれは黒い墨の姿となり、魔物によって引き起こされた病気と苦しみは、サソリ、蛇、カエル、カニの姿となる。光と甘露に流し出されて、それらは下の開口部から体外に出る。あたかも排水溝から出る汚水のように。あなたはいまやこれらの問題から完全に解放された。それらはもはや、どこにも存在しない（McDonald, 1984: 182）。

上に見た漢文の禅観経典ときわめて類似した表現が用いられていることは明らかであろう。すでにセイフォート・ルエッグ教授が「梵文瑜伽書」とチベット密教文献との関係について注意されている通り[6]、梵漢の禅観経典に見られる表現が後代のチベット密教文献に見出される表現の先駆形態を示している可能性は高いと思われる[7]。

六　インド密教における灌頂

さて、このように中国仏教とチベット仏教の伝統に類似した要素がみられる場合、まず考えられる可能性は、インドに共通の源流があったのではないかということであろう。われわれは、すでにサンスクリット文献の例として

『金剛薩埵成就法』を見てきたが、その他、チベット訳インド密教文献には以下のような記述が見られる。

> 同様にva字のヨーガを行うときにもまた、病人の頭頂にそのva［字］の水輪等を前と同様に観想し、そのとき人は、逆さまになった水瓶の口から白い甘露の水が流れ下ると観想する。人が頭から足のかかとまで［全身の］内外が徐々にその水によって浄化されると観想するとき、すべての病気は浄化されるだろう（『大日経』ブッダグフヤ註、原文はデルゲ版 Rgyud, tu 24a4-5, 酒井眞典、一九八七　二三三頁を参照した拙訳）。

> 熱病にかかったとき、病者の頭上の逆さまになった水瓶が水輪のようだと説かれているのを観想する。［水瓶の口］から出た白い甘露の水が徐々に病者の頭から足のかかとまで［全身の］内外を満たすと観想する。水で清められた瞬間、すべての病気が体外に出ると観想する。このように二度、三度行うならば、病気から解放されることに疑いはない（『大日経』ブッダグフヤ註、原文はデルゲ版 Rgyud, tu 104a2-4, 酒井、一九八七、四三三頁を参照した拙訳）。

漢文の『大日経』註釈書にも、類似した記述が認められる。

> 阿闍梨がもし持念するのであれば、あるときには句輪を観じなさい。句輪とは、本尊を観じると心臓に円明があって、真言の字が並んでいるもののことである。句輪は互いに接し、明了《ママ》に現前する。この字輪を観じると、あたかも白乳のようで、徐々に流れ注いで行者の口中に入り、またはその頭頂に注ぐ。不断に流れ続けてその

宮家 準著
修験道 その伝播と定着
三、三〇〇円＋税

吉野・熊野・児島五流等の山伏や比丘尼の唱導、勧進活動を通して行われた各地の霊山、地方への修験の伝播と定着を解明。

中ノ堂一信著
中世勧進の研究 その形成と展開
一、六〇〇円＋税

重源にはじまる中世の勧進の実態とは？初めてその活動を明らかにした研究が、一書になって刊行！

上田純一著
足利義満と禅宗
シリーズ権力者と仏教③
二、〇〇〇円＋税

禅宗を外交の場で積極的に利用した足利義満。室町政権と相関関係にあった日明の禅宗の光と影を追う。

平 雅行著
歴史のなかに見る親鸞
一、九〇〇円＋税

慈円への入室、六角堂参籠、玉日姫との婚姻説、善鸞義絶事件。数々の伝承と研究がある親鸞の生涯と思想について、歴史学の立場からその虚実を再検証する。

今井雅晴著
親鸞の伝承と史実 関東に伝わる聖人像
二、〇〇〇円＋税

親鸞の手紙に出てくる土地に伝わる様々な伝承の特色や歴史的背景を丁寧に説き、親鸞の生活や活動、人々との繋がりを明らかにする。

今井雅晴著
恵信尼

「親鸞に仕えた妻」という従来の恵信尼像。しかし女性の地位も自立度も高かった

仏教の諸相 ロングセラー

上横手雅敬著
権力と仏教の中世史 文化と政治的状況
【2刷】

東大寺復興をはじめ、文学、思想などを政治史的視点から考察。 九、五〇〇円＋税

根井 浄著
改訂 補陀落渡海史
【5刷】

新史料と新知見を増補した改訂版として、装いも新たに刊行。 一六、〇〇〇円＋税

伊吹 敦著
禅の歴史
〈日本図書館協会選定図書〉

中国から伝わる禅の歴史を、宗派や教義に偏らず、全体像を解明。 三、八〇〇円＋税

黒田俊雄著
増補新版 王法と仏法 中世史の構図
【2刷】
〈日本図書館協会選定図書〉

身に遍満する。その円明の中に、種子の字がある。字は常に明了《ママ》であって、あたかも流水が無尽であるようなものである（惟謹『大毘盧遮那経阿闍梨真実智品中阿闍梨住阿字観門』大正一八、一九五上、二〇～二五）。

先に見た『金剛薩埵成就法』の記述も考慮するならば、観想上の灌頂の伝統がインドに存在したことは確実であろう。そうすると、インド密教の早い時期の伝承が中央アジア経由で漢文の禅観経典に伝えられ、さらに後期のより発達した要素がチベットに伝えられた可能性が考えられるのではないだろうか。

七　仏教以外のインド宗教文献にみられるイメージ

このような禅観中の灌頂のイメージがインド密教に起源をもつのであれば、インドにおける仏教以外の宗教的伝統にも類似したイメージの見出されることが予想されよう。実際、完全には一致しないまでも部分的に関連するイメージはかなり広範囲に見出すことができる。紙数の制約もあり包括的検討は難しいが、ここでは二、三の例を紹介したい(8)。

「マドヤーカルシャナ」というシャクティ派のタントラの行法では、マントラを唱えながら髑髏の中でかき混ぜた酒を、女神デーヴィーに捧げたあとで行者が飲む。そうすると、行者の骨盤の中央に眠る蛇状の力（クンダリニー）が目覚めて脊髄の諸チャクラを経て上昇する。それが頭頂の梵孔チャクラ（brahma-randhra cakra,「梵孔」は、頭頂にあると考えられた穴）に達すると、甘露が流れ出て脳から舌に至り、行者は恍惚に満たされるという（Gupta, 2002: 238–239）。梵孔は第五節に引いたチベット仏教文献にも言及されるので、何らかの共通の背景があったものと思われる。

また、『シャットカルマ・ディーピカー』というタントラ文献によると、熱病に苦しむ行者が観想をすると、神格がシヴァ神の化身バーイラヴァの姿で牛に乗って現れ、手に執った瓶から甘露を病者の頭にそそぐという（Goudriaan, 1985: 20）。さらに『ヴィーナーシカ・タントラ』というシヴァ派のタントラ文献によると、行者は観想の中で自らの身体が火に焼かれているところを見、それから逆さになったオームの字から甘露が頭頂にそそがれるところを見るという（同書 p.29, p.68, p.106）。これらの用例については、前節で引用した『大日経』ブッダグフヤ註との類似性が目を引く。また熱病の治療として甘露がそそがれる点に関しては、禅病のため「心火が逆上」（吉澤 二〇〇〇、一二頁）した状態にあった白隠が、後述する「軟蘇の法」によって癒されたということも想起され、興味深いものがある。

本節で検討したのは仏教外の文献であるので、当然のことながら仏教文献中の記述と完全には一致しないが、それでも偶然の一致とは思えない類似性が認められることは否定できない。これらの文献も視野に入れて考察すると、本論での議論の範囲を越えた、より大きなイメージの展開過程が明らかになる可能性があろう。ただ、この点に関する全面的検討は本稿では紙数的に不可能であるし、現段階での筆者の能力を越えることでもある。今後の課題とするとともに、斯分野を専門とする研究者の方々の御教示を仰ぎたいと思う。

八　医学的文脈での灌頂

これまで検討してきたいくつかの用例（とくに第六節）では、灌頂と病気の治療が密接に関連していた。灌頂にはこのような医学的効用もあると考えられていたことが窺える。以下の例を参照されたい。

また一人の摩《ま》醯首羅《けいしゅら》（＝大自在天＝シヴァ神）を観想しなさい。金色の牛に乗り、宝瓶の水を持ち、行者の前に至る。水中に多くの薬があり、「破毒」という名の薬を行者に服させる。また「旃陀羅摩尼《せんだらまに》」という名の一珠を持って［行者］の頂上に置くと、諸薬を流出して、耳に灌ぎ眼に灌ぎ鼻に灌ぐ。［その有り様を］ただ一度見るならば、すぐに［病気から］快復することができる（『治禅病秘要法』大正一五、三三八下、二四～二八）。

［仏は］舎利弗に告げられた。「お前はこの柔軟となった四大をよく保って、九十八の煩悩と身内・身外の一切の諸病を伏しなさい。梵王が灌頂するときに酥《そ》を持って灌ぐ法を、四衆のために説きなさい」と（『治禅病秘要法』大正一五、三三五上、二一～二四）。

禅病を治す方法を説くことを標榜する『治禅病秘要法』にこの種の記述が見られることは当然予想されることでもあろうが、ここで「酥」という言葉が用いられていることが目を引く（「酥」は別の禅観経典でも、灌頂の文脈でよく見られる）。「酥」とは今日ギーと呼ばれるバターの一種であるが、インド医学の伝統（アーユルヴェーダ）では、頭部に油をそそぐシローダーラーという療法が今日でも行われていて、実際にこの療法を受けると、そそがれた油が頭に浸透してくるように感じられるということである(9)。もしこのようなイメージが禅観経典中の灌頂の記述に影響を与えていたのだとしたら、禅観中の灌頂のイメージには、当初から医学的ニュアンスも含意されていた可能性があろう。この件に関連してさらに注目に値するのは、江戸時代の臨済禅の中興者として有名な白隠の『夜船閑話』に、禅病を治すための観想法としてきわめて類似した記述がみられることである。

まず、色も香もよく清浄な軟酥の、鴨の卵ぐらいの大きさのものを、頭のてっぺんに置いたと想像せよ。その絶妙な風味が骨を透ってあまねく頭の中をうるおす。そして、だんだんと浸みわたり下って来て、両肩から左右の腕、そして両乳・胸膈の間に浸み、さらには肺・肝・腸・胃、そして脊梁骨、臀骨へと、次第に浸みていく。こうして、下に浸み流れる時に、胸の中につかえた五臓六腑の気の滞りや、その気水の滞りによって生じた痛みは、観想する心とともに、さながら水が低きに流れるように、音をたてて降下するであろう。そして、体中をめぐり流れ、双脚を温め潤し、足心に至って止まるのである（『夜船閑話』吉澤 二〇〇〇、二七～二八頁）。

白隠はこのことに関して「阿含」と『摩訶止観』に言及している（吉澤 二〇〇〇、一三一～一三三頁）。『摩訶止観』自体の記述は、

阿含の中に［説かれている］煗蘇《なんそ》を用いて疲労を治療する方法のようだ（『摩訶止観』大正四六、一〇九上、二二～二三）。

と、きわめて簡略であるが、註釈家湛然は、この一節に関して以下のように述べている。

「阿含に［説かれている］酥を用いる［方法］のようだ」については、第一本に「煗酥《なんそ》が頭頂にあり滴って脳に入り五蔵《ママ》に注いで全身に流れ潤す様子を観想せよ。行人の疲労を治療するのにきっと効果があるだろう」とある。もし『雑阿含』によれば全部で七十二法がある（湛然『止観輔行伝弘決』大正四六、四〇〇上、三～六）。

しかしながら、このような記述は『雑阿含経』には見出し難く、実際の典拠は『治禅病秘要法』の以下の一節であった可能性が高い（吉澤　二〇〇〇、一三二頁等にすでに指摘されている[10]）。

> 阿練若《あれんにゃ》（＝荒野）で乱心の病を治療する七十二種の方法。（「尊者舎利弗所問」『雑阿含』「阿練若事」中に出る。）……あたかも如意珠の端から乳が滴るかのようである。その一滴一滴の中に醍醐を流出して耳を潤す。……乳の滴が流れ注いで大腸の中に入る。大腸を満たし終わると小腸の中に入る。小腸を満たし終わると諸乳を流出する。絶えず滴って八万種の虫の口中に入る。虫たちは満腹して身内にいっぱいになる。諸骨の三百三十六節に流れ注いで、すべてに行き渡らせる（『治禅病秘用法』大正一五、三三三上、一〇～下、一二）。

そうすると、インド医学に端を発する観想上の治療法は、禅観経典を通して日本の禅者にも影響を与え、その禅病を癒していたということになる。このイメージの広がりには、予想以上に大きなものがあったようである。

おわりに

おそらく禅観経典中に説かれる灌頂のイメージの一つの原点は、行者たちが仏伝に説かれる灌仏の場面を自ら追体験しようとしたところにあったであろう。ただ、それだけでこの特異なイメージのすべてが説明できるわけではなく、初期仏典以来用いられた禅定体験の譬喩としての水のイメージ、また仏伝にしばしば見られる光明のイメージ、菩薩戒に関連して説かれる罪障からの浄化のイメージ、さらにはインド医学における療法のイメージ等と混淆して成立したものと考えられる。さらには、インドにおける仏教以外のタントラとの交渉も考慮に入れる必要があろう。このような複雑な経緯を経てインド密教の中で成立した禅観中の灌頂のイメージの早い段階のものが、中央アジア経由で中国に伝えられる過程で禅観経典中に記録されたものと思われる。さらにはそのイメージは、中国天台を経て日本の禅者の実践にまで影響を与えていたのである。

註

（1）本論は、英文の拙稿（Yamabe, 2010）をベースにして本書のために新たに日本語で執筆したものである。ただし、字数の関係上今回は割愛した部分もあり、逆に前稿以降知り得た点を踏まえて若干補足した部分もある。「禅観中の灌頂」の問題に関心のある方は、英文拙稿もあわせて参照して頂ければ幸いである。なお、本論における引用文は、特に明記しない限り筆者が和訳したものである。他者による和訳を引用する場合、典拠として当該和訳の該当頁を示している。

（2）この点に筆者の注意を促されたLance Cousins博士に感謝申し上げる。

（3）本書は金剛智訳『金剛頂瑜伽中略出念誦経』に対する金剛智の口伝を、不空が記録したものとされる。
（4）本用例は、平成二十三年十一月五～六日に金沢大学で行われたシンポジウム「灌頂――王権儀礼のアジア的展開――」における苫米地等流氏の発表資料「インド後期密教における灌頂と瞑想――『秘密集会タントラ』聖者流を中心として」により知ったものであり、和訳についても同氏のものを参照させていただいた（ただし、私見により一部表現を改めたところがある）。本資料への言及を許可された苫米地氏に深謝申し上げたい。
（5）梵語は筆者による補足。
（6）Seyfort Ruegg, 1967.
（7）この点に関しては、最近ロナルド・デイヴィッドソン教授が禅観経典に見られる灌頂に関する論文（Davidson 2010）を発表されて、セイフォート・ルエッグ教授のご見解（前註参照）ならびに卑見（Yamabe, 2006）を批判された。もし私に大きな誤解がなければ、デイヴィッドソン教授の論旨は、「梵文瑜伽書」に見える観想中の灌頂はインド密教文献には見られない形態のものであり、密教の灌頂と特に密接な関係はないということのようである。しかしながら、梵漢の禅観経典に見られる灌頂ときわめて類似した表現がインド・チベットの密教文献にまま見られることは、本稿に引用した諸用例からも明らかであろう。これらの類似性は偶然の一致とは考え難いレベルのものであり、歴史的に何らかの関連性があったことを否定するのは難しいと思われる。
（8）本節であげる用例はすべて永ノ尾信悟教授の御教示によるものである。同教授の御厚意に深謝申し上げたい。
（9）この件に関しては、鷹巣純教授より御教示いただいた。有益な御教示に感謝申し上げる。
（10）字数の関係で省略したが、上に引用した箇所のあとで『止観輔行伝弘決』は長文にわたって『治禅病秘要法』の当該箇所を引用するので、湛然が『治禅病秘要法』を参照していたことに疑問の余地はない。なお、天台文献に見られる「暖かい酥」（煖蘇）が、白隠では「柔らかい酥」（軟蘇）となっていることには注意が必要である。「煖蘇」と「軟蘇」はともに「なんそ」と発音されるので、あるいは口頭で説明された言葉を聞き違えた可能性もあるが、詳細はさらに検証する必要がある。

参考文献

荒牧典俊　一九七四　『大乗仏典八　十地経』中央公論社。

酒井眞典　一九八七　『酒井眞典著作集　第二巻　大日経広釈全訳』法藏館。

高橋尚夫　一九七九　「吉慶梵讃について」『大正大学綜合仏教研究所年報』一号、一六二〜一七九頁。

ツルティム・ケサン、山田哲也　一九九九『チベットの密教ヨーガ―ツォンカパ著「深い道であるナーローの六法の点から導く次第、三信具足」』文栄堂。

吉澤勝弘　二〇〇〇　『白隠禅師法語全集　第四冊　夜船閑話』禅文化研究所。

Davidson, R. M. 2010. The Place of *Abhiṣeka* Visualization in the *Yogalehrbuch* and Related Texts. In E. Franco and M. Zin eds. *From Turfan to Ajanta: Festschrift for Dieter Schlingloff on the Occasion of his Eightieth Birthday*, Lumbini: Lumbini International Research Institute, pp. 183–196.

Goudriaan, T. 1985. *The Vīṇāśikhatantra: A Śaiva Tantra of the Left Current*. Delhi: Motilal Banarsidass.

Gupta, L. 2002. Tantric Incantation in the *Devī Purāṇa: Padamālā Mantra Vidyā*. In K. A. Harper and R. L. Brown eds.. *The Roots of Tantra*. Albany: State University of New York Press., pp. 231–249.

McDonald, K. 1984. *How to Meditate: A Practical Guide*. London: Wisdom Publications.

Schlingloff, D. 2006. *Ein buddhistisches Yogalehrbuch*. Nachdruck. München: IUDICIUM.

Seyfort Ruegg, D. 1967. On a Yoga Treatise in Sanskrit from Qïzïl. *Journal of the American Oriental Society* 87(2): 157–165.

Yamabe, N. 2006. Fragments of the "*Yogalehrbuch*" in the Pelliot Collection. In J.-U. Hartmann and H.-J. Röllicke eds. *Ein buddhistisches Yogalehrbuch*. Nachdruck. München: IUDICIUM, pp. 325–347.

———. 2010. Visionary Consecration: A Meditative Reenactment of the Buddha's Birth. In Ch. Cueppers, M. Deeg, and H. Durt eds. *The Birth of the Buddha: Proceedings of the Seminar Held in Lumbini, Nepal, October 2004*. Lumbini: Lumbini International Research Institute, pp. 239–276.

アンコール王朝における灌頂儀礼

高島　淳

はじめに

本論考では、カンボジアのアンコール朝（八〇〇年頃から一四〇〇年頃）について扱うが、一つ読者の注意を喚起しておきたいことがある。誰でもアンコール・ワットを訪れると、その巨大さに圧倒される。その結果、過去の研究者は、非常に強力な王権が大量の労働力を駆使して造り上げげたと述べてきた。しかし、その建築の主要な材料がラテライト（最近ではプリンサイトとも呼ばれる）という現地の地下に眠っている粘土のような素材であって、おそらく石に比べると十分の一程度の労力で建築されたということが理解されてこなかったのである。

ラテライトは、鉄とアルミニウムを多量に含む赤色の粘土で、掘り出されて酸素にさらされると、不可逆的な変成を起こしてきわめて固い石となる。アンコール地域は地下にこのラテライトの層をもつので、寺院の周りの堀を造るのと同時にこれを掘り出して、一定の大きさのブロックとして切り出し、石となったところで積み上げて、寺院の骨格部分を造り、最後に砂岩で表面の装飾を造るのである。

西バライと呼ばれる巨大な溜め池についても、近年の研究は、ラテライトの採掘のために掘られたもので、水利施設としての意味はごく限られていたのではないかとしている（Engelhardt, 1996）。農業のあり方に関しても、この巨大な溜め池に魅せられた幻想を捨てると、天水灌漑で十分であったと考えられる。すると、カンボジアの気候からは、乾季の十二月から五月までは農民は農作業ができないために、わずかでも収入が増えるならば喜んで寺院建設の労働に雇われたのではないかと推測できる。

こうした条件がアンコール朝の華麗な寺院建設の基盤であって、特別な神聖王権などではないということを、碑文に見られる灌頂儀礼の内容を見ることで迫っていきたい。カンボジアでは、古くはサンスクリット語の、後には古クメール語の碑文が大量に石に刻まれ、書写資料が失われている場合でもある程度の歴史の再建を可能にしてくれるのである。

一　灌頂儀礼

灌頂儀礼についての最初の言及は、アンコール朝成立以前の六〇〇年代の初めと推定される碑文に以下のように記されている。

彼は、灌頂（abhiṣeka）によって生じたマヘーンドラヴァルマンという名を得た（K.508, Seidenfaden, 1922）。

これは、現在のタイ東北部のメコン川の支流ムーン川流域で、チトラセーナという人物が即位して真臘王としての名前を得たことを伝えている。アンコール期以前の碑文としては唯一の灌頂に言及しているものであるが、灌頂において新しい名前が与えられること以上の内容については全く不明である。

アンコール期になると灌頂に言及する碑文の数は増えるが、その実際を教えてくれるものは少ない。たとえば、お祭り的要素があったことはナマフシヴァーヤというシヴァ教の祭司の記録に、

ハルシャヴァルマン王などの灌頂儀軌において、牛を導いて先頭に立って寺院（王宮?）をめぐった（IC 3, p. 180［K.254］）。

というような記録がある。

クメール語碑文で、「王の灌頂」（rājābhiṣeka）に明確に言及する碑文[1]がただ一つ存在するが、それはディヴァーカラパンディタという名のシヴァ教の師について述べている。

それによると、この人物はウダヤーディトヤヴァルマン二世（一〇五〇～一〇六六）の即位のときには黄金のリンガの祭祀を務め、ジャヤヴァルマン六世（一〇八〇～一一〇七）とダラニーンドラヴァルマン一世（一一〇七～一一一三）の両名の「王の灌頂」を務めた。次いでスーリヤヴァルマン二世（一一一三～一一四五以降）の「王の灌頂」も執り行った。このとき、新王は後に説明するようなディークシャー儀礼を行い、『グフヤ』をはじめとするすべてのシッダーンタ（シヴァ教教典）を学び、学問完了の祭りを行った、と述べられている。

この記述から、灌頂とディークシャー儀礼が結びつけられて行われていたこと、その後に教典の学習と学習の終了の祭りも想定されていたことがわかる。

さて、灌頂という言葉だけを探してみても有力な記述が発見できないのであるが、正しく読み解く眼力があれば重要なことを明かしてくれる碑文がある。それが有名なスドック・カク・トム碑文である。この碑文は西紀一〇五三年に書かれたものであるが、アンコール朝の創立者と言えるジャヤヴァルマン二世（八世紀末から九世紀初頭）の事蹟に言及し、とくにアンコール朝を特徴づけるとされた「デーヴァラージャ」（「神王」と誤って解釈されてきた）について述べる唯一の碑文である。(2)

「神王信仰」があったとする証拠としてあげられる元の一文を、まず見てみよう。

このバラモン［ヒラニヤダーマ］は、秘密に巧みな知恵をもって、注意深く［前述した］教典の精髄を取り上げて、デーヴァラージャと呼ばれる、流れである［vahanti］成就法（siddhi）を、世界（bhuvana）における超自然力（rddhi）のために、定めた（Dupont & Coedès, 1943: 79［v.29］）。(3)

まず理解すべきことは、デーヴァラージャと呼ばれているのは一種の儀礼であるということである。シッディという言葉は「成就」という抽象名詞であるが、その結果としての超自然力と同時にそれを得させるための手段を意味し、ここでは文脈から、「成就を得させるための儀礼」と解釈するのが自然である。次に、従来の訳者はすべて、「流れ」という言葉を「運ぶ」という動詞の現在分詞としてとらえている。「名前」（abhikhyā）という語があるのに、さらに言葉を使って「名前を運ぶ」と述べるのは全く不必要である。代わりに「流れである」と解釈すると、この儀礼が水をそそぐことを中心とするもの、すなわち、灌頂儀礼を指しているのと理解できるのである。

実のところ、古代インドの王の即位儀礼に「アインドラ・マハー・アビシェーカ」（インドラの大灌頂）(4)と呼ばれるものがあることを知っていれば、デーヴァラージャは神々の王インドラのことであるから、その儀礼を必要に応じて組み直したものを定めた、という意味であることに直ちに気がつくのである。

この儀礼の外見的なあり方としては、インドの儀軌の規定を踏襲してさまざまな形で力を付与された水などの液体を新王の頭上から注ぐものであったと推定してよいと思われる。即位式としての灌頂儀礼に関しては、プリア・コー（Praḥ Ko）碑文（西紀八八〇年）において、インドラヴァルマン王について、

インドラ（Mahendra）がブラフマー（Svayambhū）によって神々の王位（devarājya）に登った灌頂を受けたその儀軌によって、徳あり、妨げられない精力を有するインドラヴァルマンは、一つならずの灌頂を得た。

と言われているが、ここでも「アインドラ・マハー・アビシェーカ」のことが想定されていると思われる。

このような即位儀礼としての灌頂のあり方が古くからのヴェーダ的なものとさほど変わっていなかったとしても、「教典の精髄を取って」と述べられているのであるから、そこにはシヴァ教的な新たな要素が加えられていたはずである。その要素がディークシャー儀礼であることは、上に見たディヴァーカラパンディタの碑文の記述に加えて、シヴァ教におけるディークシャー儀礼の意味を知ることで理解できる。

ディークシャー儀礼とは、単なる入門儀礼ではなく、信徒の死後における解脱（シヴァとの合一）を保証することを本質とする儀礼であるが、受ける信徒の状態（望み）に応じて、死後の何回かの転生において、極楽的世界において神のような超能力をもつ存在として自在に欲望を満たす生まれ変わりをあらかじめ設定することが可能である。このようなことが「世界（bhuvana）における超自然力（ṛddhi）のために」という文で意味されていたのであ

る。

スドック・カク・トム碑文のクメール語部分の以下の記述は、このディークシャー儀礼がシヴァ教のアーガマに基づく「世界の道によるディークシャー」(bhuvana-dīkṣā) であったこと、ブラフマヤジュニャ (brahmayajña) を伴うこと、『グフヤ』(Guhya) に基づくことなど、これまで見た他の碑文の記述と共通する内容を述べている。

わが国王陛下は、聖なるディークシャー儀礼を、とくに「世界の道」(bhuvanādhva) によって行い、またブラフマヤジュニャを行い、『グフヤ』に従って大祭の供養 (mahotsavapūjā) を行った (Sak-Humphry, p.161.)。

「世界の道」という複合語は完全なテクニカル・タームであって、ディークシャー儀礼において用いられる六種の道の一つである。そうであるから、『グフヤ』というのが秘密という一般名称ではなく、後で論じるような特定の教典を指していることも確かと言えるであろう。ブラフマヤジュニャは、バラモンの五つの義務の一つとしてのヴェーダ聖典の学習と読誦を本来的に意味するが、この場合、シヴァ教の教典の学習を意味していると思われる。ディヴァーカラパンディタの碑文に従って解釈すると、ディークシャー儀礼から教典の学習、そして学習の完了を祝っての大祭までをひとまとめにして、即位に従って行われる儀礼の総体として認識していたものと思われる。

この点についての傍証として、プラサット・トル碑文 (K.692) がある。

輪廻の海を [越えるものである] 世界 [を通過する] 引き上げ (bhuvana-uddharaṇa) を行うために『グフヤ』(Guhya) の注釈 (ṭīkā) という道によって、ヤマの住処を空となした。(5)

ここでは、ブーペーンドラパンディタと呼ばれるシヴァ教の師が『グフヤ』という教典の注釈を書いたこと、その中心的要素が「世界を通過して魂を引き上げること」bhuvana-uddharaṇa であったことが述べられている。どういうことかというと、「世界の道」によるディークシャー儀礼においては、死者の魂が本来ならば死後に生まれ変わって過ごすはずである地獄をはじめとする諸世界を通過させて引き上げるということが行われるのである。輪廻の諸世界に生まれ変わる原因である業の力は、その力が発現して消費されることなくしては消滅させることができない、という観念に基づいて、その業の力を消滅させるために、死者の魂をあらかじめ諸世界に生まれさせ、業の力に由来する一生分の経験を一瞬で味わわせ、次にその上の世界に引き上げる、こういう行いを瞑想の中で行うというのが「世界の道のディークシャー」の本来的な姿である。師は、こういう「世界の引き上げ」の繰り返しを通して弟子の魂を上位の世界に導き、最終的にシヴァに結びつけて弟子の解脱を保証するのである。

この碑文は、「ヤマの住処（地獄）を空にした」と述べていることによって、ディークシャー儀礼を王については即位灌頂と一体として行ったとしても、通常のシヴァ教のやり方で入門してくる者たちにもこの儀礼を授けていたことを示している。当時のシヴァ教のあり方の実際についてはわからないことばかりであるが、碑文を記述する宗教的エリートの中に、意識としては広く民衆を救済する志向性があったことを理解させてくれる。

二　王たちの諡号

以上のようなディークシャー儀礼のあり方を理解すると、アンコール朝の王たちが死後に呼ばれていた名前の意味について理解することができる。

アンコールの王たちの諡号はクメール語部分で多く使われ、「シヴァローカ（シヴァの世界）に行った王陛下」のような構文であり、通常の論文などの記述では「シヴァローカを諡号とする王」のように記述されている。シヴァ教のディークシャー儀礼についての知識をもたない従来の研究はこの意味を理解できず、土着的な信仰の反映と理解してきた。

シヴァ教のディークシャー儀礼では、解脱を欲する弟子に対しては、死後におけるすべての生まれ変わりの可能性を焼き尽くしてシヴァとの合一を保証する形で儀礼を行うが、現世的な享受に対する欲望が完全に消滅していない弟子に対しては、死後いくつかの生まれ変わりにおいてはシヴァの下位の現れである形をとったシヴァのさまざまな世界において転生し、その世界の自在神として超能力を発揮して楽しむ、といった来世を保証する。

こうした場合、師は弟子に対してどのような来世を望むかを尋ね、それに従ってディークシャー儀礼の中で、最終的なシヴァとの合一のための結合をなした後に、下位の世界への再生を結びつける。これによって弟子は、死後にいったん下位の世界での享受を楽しんだ後で最終的にシヴァとの合一を得ることができるようになる。

こうした形でディークシャー儀礼を執り行った師は、弟子が死後に生まれ変わる世界を知っているのである。スドック・カク・トム碑文は歴代の王の灌頂とディークシャー儀礼を執り行った師の一族の碑文であるので、歴代の王の諡号を記述しており、この碑文を最初に詳しく検討したエモニエはそれ以前には不明であった王と諡号の関係がこの碑文によって明らかになったことに喜んで、以下のようにリストをあげている［Aymonier, 1901: 51-2. 後からわかった点を（　）内に追加］。

x　＝　シュリー・インドララローカ

ジャヤヴァルマン二世　＝　パラメーシュヴァラ
ジャヤヴァルマン三世　＝　ヴィシュヌローカ
インドラヴァルマン　＝　イーシュヴァラローカ
ヤショーヴァルマン　＝　パラマシヴァローカ
ハルシャヴァルマン一世　＝　ルドラローカ
イーシャーナヴァルマン二世　＝　パラマルドラローカ
ジャヤヴァルマン四世　＝　パラマシヴァパダ
ハルシャヴァルマン二世　＝　ブラフマローカ
ラージェーンドラヴァルマン　＝　シヴァローカ
ジャヤヴァルマン五世　＝　パラマヴィーラローカ
スーリヤヴァルマン一世　＝　［パラマ］ニルヴァーナパダ
ウダヤーディトヤヴァルマン（二世）＝　x
ハルシャヴァルマン三世　＝　サダーシヴァパダ
ジャヤヴァルマン六世　＝　パラマカイヴァルヤパダ
ダラニーンドラヴァルマン一世　＝　パラマニシュカラパダ
x（スーリヤヴァルマン二世）　＝　パラマヴィシュヌローカ

これらの諡号のうち、「ローカ」とついているものは「世界」の意味であって、インドラやブラフマーのような下位の世界から、ヴィシュヌの信者にとっては最高の世界である「最高のヴィシュヌの世界」（パラマヴィシュヌローカ）への転生など、何らかの形で各人の好みなどが反映されているのであろう。ジャヤヴァルマン五世のパラマヴィーラローカというのはヴィーラ＝「英雄」なので、戦闘において英雄的な死を遂げたものの世界という可能性もあるが、ヴィーラバドラあるいはエーカヴィーラというシヴァの現れの世界(6)というのが、省略されてしまった可能性もある。

パラメーシュヴァラ（最高主宰神）とかパラマシヴァパダ（最高のシヴァの境地）、パラマニシュカラパダ（最高の無相の境地）、パラマカイヴァルヤパダ（最高の独存の境地）、サダーシヴァパダ（永遠のシヴァの境地）などの場合は、享受を欲しないものに最高のシヴァとの合一という結びつきを与えたことを、若干の差異（最高神の有相あるいは無相の現れなど）をもって表していると思われる。

一つ問題となるのが、スーリヤヴァルマン一世の「パラマニルヴァーナパダ」という表現である。セデスをはじめとして、この表現は王が仏教を信じていた証拠であるとしている。確かに、この王は仏教僧院への寄進の記録なども残っているが、シヴァ教寺院などにも同様であり、とくに仏教徒と見られる兆候は少ない。シヴァ教でも解脱を目的とするディークシャー儀礼は「ニルヴァーナ・ディークシャー」(7)と呼ばれており、「最高の解脱の境地」という言葉でシヴァとの合一であるシヴァ教徒にとっての最高の境地を表現したとしても、おかしくないのである。とりあえず、この言葉だけから王が仏教徒であったと推定することはやめておくべきである。

三　典拠となった教典

これまで『グフヤ』という教典について触れてきたが、これが単に「秘密」の意味ではなく、特定の教典を示していることについては、スドック・カク・トム碑文の先に引用した部分の直前で以下のように述べられている。

『シラスチェーダ』(siraścheda)、『ヴィナーシカ』(vināśikha)、『サンモーハ』(sammoha)、『ナヨーッタラ』(nayottara)と呼ばれる教典、トゥンブルの四つの顔[から発せられた教典]を、このバラモン[ヒラニヤダーマ]は、超自然力によってでもあるかのように、示した。

対応するクメール語部分(C74-5)では、「このバラモンはシヴァカイヴァルヤに『ヴィナーシカ』『ナヨーッタラ』『シラスチェーダ』『サンモーハ』を教え、すべてを朗誦して、シヴァカイヴァルヤが書きとどめられるようにした」と述べている。

韻律の必要性による順序の変更を受けていないはずのクメール語テキストが最初に与えている『ヴィナーシカ』には、よく似た『ヴィーナーシカ・タントラ』という作品が現存しているが、内容からして対応するテキストとは認めにくい。

この碑文はその教典の導入から二百年以上経過した時点で書かれており、インドから最新の教えを伝える教典を持って来ましたなどと売り込みを図る新参者といった競争相手が出現する可能性があって、あまりに手の内を明かすことは危険であっただろうと思われるので、部外者に教えの根幹をなす教典の本当の素性を知られないために、ある種の韜晦によって部分的に隠された表現を取っていると想定することは、決して無理な解釈ではない。

そこで、『ヴィナーシカ』をVināśikaとほとんど同じ音に読み換えると、「気息を伴わない」という意味になり、同じ意味のシヴァ教教典で『ニシュヴァーサ・タットヴァサンヒター』(Niśvāsatattvasaṃhitā)を、わかる人にはわかるようなやり方で示していたのではないかと考えられる。

なぜなら、この『ニシュヴァーサ・タットヴァサンヒター』は、現在われわれが知る限りで最古と言えるシヴァ教の教典であり、その構成は、スートラと呼ばれる五つの部分、すなわち、ムーラ・スートラ、ムカ・スートラ、ナヤ・スートラ、ウッタラ・スートラ、グフヤ・スートラからなっているからである。

スドック・カク・トム碑文は、「ナヤ」と「ウッタラ」の二つを一つであるかのように見せるために「トゥンブルの四つの顔」とわざと偽ったのであろう。「ムーラ」(根本)が全体の名前である『ヴィナーシカ』、「ムカ」(顔)が『シラスチェーダ』(「頭の切断」という意味)、「グフヤ」(秘密と同時に秘所を意味する)が『サンモーハ』(惑わすもの)という形で言い換えられて、全体として『ニシュヴァーサ・タットヴァサンヒター』の五つの部分を示していると解釈できる。

現在、サンダーソン教授を中心として写本からの校訂が進められている『ニシュヴァーサ・タットヴァサンヒター』の「グフヤ・スートラ」を見ると、第四章から第七章でディークシャー儀礼に必要な「世界」(bhuvana)の詳しい記述が行われている。まず「主は言われた、これから順に道(adhvan)を述べよう」(4-6ab)と始めて、最初に世界の階梯の最下層にある世界である「時間の火のルドラ」(Kālāgnirudra)、次いで種々の地獄を四章で、五章がパーターラ等の地下世界、六章がジャンブドヴィーパをはじめとする地表世界からシヴァ教以前の宇宙論での最高世界であるサティヤローカまでを、最後に七章でシヴァ教独自の世界を述べている。

このような明確な内容上の対応が見られるので、上記で言及した『グフヤ』という記述が、単なる「秘密」などへの言及ではなく、『ニシュヴァーサ・タットヴァサンヒター』「グフヤ・スートラ」を指していることは確実であろう。

四　王妃の灌頂

最後に、一例だけ見られる王妃の灌頂について見ておきたい。ジャヤヴァルマン七世は、妻であったジャヤラージャデーヴィーが死んだ後に、彼女の姉であるインドラデーヴィーと結婚している。その様子が次のように述べられている。

彼女（ジャヤラージャデーヴィー）が、［彼女の］母親にも増して人々の喜びであったのに、涅槃を享受することになったとき、燃え上がった世間の［苦しみの］火を、彼女の姉、インドラデーヴィーという名の者が王によって灌頂を受けて、寂静に導いた（Coedes, IC2: 161, v.95）。

ここでわざわざ「王によって」と述べられているのは、この灌頂が宗教的な意味をもたず、王が皇后の地位を確認するための俗的な儀式であったことを示している可能性もある。

もう一つの可能性として、本来的には王の灌頂の際に同時に王妃にも灌頂が行われていたということも考えられる。インドのチダンバラム寺院での祭司ディークシタルの場合、夫婦でディークシャー儀礼を受けるのが慣例であることが知られている。

このようなことを考えてみたくなるのは、アンコール王朝の相続の基本原理が女系であった可能性が高いからである。まず、通常の相続については女系であったと考えられる以下のような根拠がある。

第一に、スドック・カク・トム碑文を伝えた祭司の系譜も女系で相続することが明確に述べられているし、その他の高官に関する碑文も明確に女系相続を伝えている。第二に、庶民の結婚について『島夷雑誌』が男が女の家にとつぐ、と述べている（『真臘風土記』一七三頁）。第三に、現在のカンボジアにおいて、双系的になっていても、田畑の相続についてだけは末娘を基本とする女系の相続が優位である。こうした点から、王位以外については、アンコール朝期において女系の相続が原則であったことは確実であると思われる。

女系相続と女権制を混同しないように説明しておくと、王位のような地位を男だけが継ぐ場合、継承の原理が女性のみであって母から娘には伝わるが、息子についてはそれ以上の継承はない。王位は、原則として母または姉妹の代理としての王から姉妹の息子へと継承されるはずである。王の息子は、王の妻である母方の親族集団に所属するので直接に息子への継承はありえない。

現在でも女系相続が行われているインドのケーララの例などを見ると、土地が少ないために女系親族集団として分割せずに土地を相続し、その集団の最年長の男性が集団の代表として活動している。しかしながら、王位の場合のように個人に権威が集中されねばならないような条件では、女系相続を続けるのは困難なように思われる。

カンボジアにおいても、アンコール朝に先行する時代において父親から息子への相続を原理としようとした形跡が見られ、王位については別の原理を導入しようとしたものと思われる（Vickery, 1998: 378）。しかし、女系相続の考え方があまりに強かったために、母または姉妹の代理としての王というのに加えて、妻の代理としての王、という王位継承を可能としたということが考えられる。

十三世紀の様子を伝えてくれる周達観の『真臘風土記』（一二九六年）が、彼のカンボジア訪問の前年に起こった王位継承（一二九五年）について伝えるが、それによると前王には息子がいたのに娘が金剣を奪って夫に与えることで娘婿が王位を継承した（『真臘風土記』八一頁）。金剣がアーサー王の剣のように王権を象徴しているとするより、娘そのものが王権の源泉であったと考えるほうが単純明快である。

また、結婚によって王位についた者の場合には、その息子は母から王位への継承権を得るので、一見、父から息子への相続が存在しているように見える。先にあげたジャヤヴァルマン七世が妹の死後に姉と結婚したということも、王権の権威の根拠が妻の側にあったとすると、たとえ王の息子であったとしても男系では権利の継承は行われていないから、正統な妻を再度娶ることが望ましかったのであろう。そうであれば、王妃の灌頂という儀礼は、この女性が本来的にもっている権威の確認の儀礼であったのかも知れない。

王の灌頂儀礼が導入されたことについては、こうした王位継承の範囲を女系の親族集団の外側にまで拡大したという点に一つの理由が求められるであろう。本来の女系相続が守られている限り、王は母あるいは姉妹の代理として王位を維持するし、母や姉妹が死んでも女系の集団の長老としての身分に変化はないので、やがて姉妹の息子に王位を譲るまで在位して何の問題もない。しかし、結婚によって妻の代理として王位にあった場合、妻が死ぬと、本来、女系親族集団の一員ではないこの王は正統性を失ってしまう。再婚できる適当な姉妹がいれば何とかできるかも知れないが、普通は大変困った事態と言える。

灌頂儀礼が導入されたのは、血統原理とは異なる、神に任命された王というあり方を華々しい儀礼によって演劇的に呈示することによって、新たな王権継承原理を確認させようとしたものであったと思われる。それがどの程度成功したかは疑問ではあるが、すでに見たようにこの儀礼は魂の死後の救済の手段も含んでおり、王の心の支えになったことは確かである。

おわりに

以上に見てきたように、従来「神王」と誤って解釈されてきた「デーヴァラージャ」はインドラを意味するに過ぎず、王の灌頂儀礼の名称である。しかし、その灌頂儀礼の一部にはシヴァ教の聖典に基づくディークシャー儀礼が含まれ、王の死後の解脱（シヴァとの合一）と神の世界における再生を保証していたのである。これは、カンボジア土着の「王の神格化」が華麗な寺院建築を支えるイデオロギーであったという通説を完全に否定し、純粋に近い形のインドのシヴァ教の受容があったことを示している。

また、碑文資料は王妃の灌頂という女系の相続原理を裏付ける要素も示しており、今後は男系相続を前提としていた旧来の研究の見直しが必要である。

註

（1） K 194, AD1119/7/14（シュラヴァナ月白分五日シャカ暦一〇四一年月曜）スーリヤヴァルマン二世治下。BEFEO, 43, pp.134-153.

（2） devarāja は、サンスクリットのクメール碑文全体で五（devarājya を加えて、devarāja のみでは四）回しか現れない。そのうちの三回がスドック・カク・トム碑文。残りの二例はインドラについて述べていることが明白。

（3） クメール語碑文 K.956（IC vol.7 p.128-136, l.16）では、ジャヤヴァルマン二世がカンブジャデーシャがジャヴァーに征服されないように kalyānasiddhi を行わせた、と述べられている。セデスのように「吉祥な成就法」と解する代わりに、近世的用語法に従って「結婚式」と取ることも可能であろう。政略結婚を「成就法」として行った、ということになる。

（4）Tsuchiyama, 2005. とくに六九頁以下参照。

（5）プラサット・トル（Prasat Tor）碑文（K.692）v.5cd, ジャヤヴァルマン七世治下シャカ暦一一一一または一一一七（西紀一一八九または一一九五）。

（6）いずれの世界も『ニシュヴァーサ・タットヴァサンヒター』グフヤ・スートラ第七章に言及されている。

（7）『ニシュヴァーサ・タットヴァサンヒター』グフヤ・スートラ四・四でもこの言葉が使われている。

参考文献

Aymonier, E. 1901. La stèle de Sdok Kak Thom, *Journal Asiatique* 17: 5–52.

Coedès, G. 1937–1966. *Inscriptions du Cambodge*, 8 volumes, Hanoi et Paris: E. de Boccard. ［IC と略記］

———. 1964, *Les états hindouisés d'Indochine et d'Indonésie*, 3e éd., Paris: E. de Boccard.

Dupont, P. & Coedès, G. 1943. Les stèles de Sdok Kak Thom, Phnom Sandak et Prah Vihar, *Bulletin de l'Ecole Française d'Extreme-Orient*, 43: 56–154

Engelhardt, R.A. 1996. New directions for archaeological research on the Angkor Plain: the use of remote sensing technology for research into ancient Khmer environmental engineering. *Bulletin of the Indo-Pacific Prehistory Association*, 14: 151–160.

Sak-Humphry, Ch. 2005. *The Sdok Kak Thom Inscription* （*K.235*）: *with a grammatical analysis of the Old Khmer text*, with the assistance of Philip N. Jenner, Phnom Penh: Buddhist Institute Printing House.

Seidenfaden, E. 1922. Complément à l'Inventaire descriptif des monuments du Cambodge pour les quatre provinces du Siam Oriental, *Bulletin de l'Ecole Française d'Extreme-Orient*, 22: 55–99.

Tsuchiyama, Y. 2005. *Abhiṣeka* in the Vedic and post-Vedic Rituals. In Einoo, S. & Takashima, J. ed. *From Material to Deity: Indian Rituals of Consecration*, pp.51–93

Vickery, M. 1998. *Society, Economics, and Politics in Pre-Angkor Cambodia : the 7th–8th centuries*, Tokyo: Centre for

East Asian Cultural Studies for Unesco, The Toyo Bunko.
周達観　一九八九　『真臘風土記―アンコール期のカンボジア』和田久徳訳注、東洋文庫五〇七、平凡社。

第四部

日本

布橋大灌頂（富山県立山町）

空海の伝えた灌頂

武内孝善

はじめに――問題の所在――

正統な密教に基づく灌頂儀礼をわが国に最初に伝えたのは空海であった。延暦二十三年（八〇四）に入唐した空海は、翌年六月から八月にかけて、当代随一の密教の阿闍梨・恵果和尚から胎蔵・金剛界・阿闍梨位の灌頂を受けるとともに、恵果が修得していた密教のすべてを受法して大同元年（八〇六）に帰国した。

「空海の伝えた灌頂」を考えるとき、次の四つが問題となるであろう。

第一、空海はいつ・いかなる灌頂を受法したか。

第二、空海はいつ・誰に・いかなる灌頂を授けたか。

第三、これらの灌頂儀礼はどのようなものであったか。

第四、空海は灌頂をいかに考えていたか。

このうち、第一は空海の『御請来目録』に詳述されている。第二は、弘仁三～四年（八一二～八一三）の高雄山寺における最澄ら二百余名に対する受明灌頂、弘仁七年（八一六）七月の勤操らに対する両部灌頂、この二つ以外は詳らかにしえない。第三は、全く手がかりがないといっても過言でない。第四は、空海の著作を丹念に読むことによって、ある程度のところまでは知りうるであろうと考える。このように見てくると、「空海の伝えた灌頂」の全貌は、はなはだ不明瞭であると言わざるをえない。

ところがここに、空海が行った灌頂について、きわめて示唆に富んだ史料がある。それは、承和三年（八三六）五月五日付で青龍寺に宛てて出された実恵らの書状である（『弘法大師伝全集』一 二一九〜二二〇頁）。この書状には、注目すべき記述が三つある。すなわち、

①帰国後十年あまりしてから灌頂を受法するものが多くなったこと。

②平城上皇が宮をあげて灌頂を受けたあと、道俗にわたる多くの人が灌頂を受法し、その数が万を越えたこと。

③伝法の印可を受けたものが皇子禅師など八名、一尊法を受けたものは数百人にのぼったこと。

の三つである。とはいえ、いつ・どこで・いかなる次第をもって授けられたのか、などの詳細については、一切不明である。

また、空海が授けた灌頂を考えるうえで、大きな課題がある。それは、師の恵果が授けた灌頂とのあいだに相違がみられることである。呉殷の「恵果行状」によると、恵果は訶陵の辯弘・新羅の恵日には『大日経』系の胎蔵の師位を、剣南の惟上・河北の義円には『金剛頂経』系の金剛界の大法を、義明供奉には胎蔵・金剛界両部の大法を授けたという（空海の著作は『定本弘法大師全集』に依拠するも、一一の個所はあげない）。つまり、恵果は人を見て灌頂と大法を授けられた。しかるに、空海が授けた灌頂には、胎蔵・金剛界・両部の別を明確に記した記録が見あた

らない。これをいかに解すべきか、である。空海は金剛界と大悲胎蔵を一具として受法したことから、金剛界あるいは胎蔵の一つだけを授けるという考えをもたなかったのであろうか。ちなみに、弘仁七年六月、勤操に授けた灌頂を「両部灌頂」と記している。

以上のように、「空海の伝えた灌頂」には不明瞭なところが少なくない。

それはさておき、本稿では、空海の著作を中心に、さきに記した四つの問題のうち第一・二の二つをとりあげ、いま明確にしうることとそうでないこと、ならびに今後の課題を指摘しておきたい。

一　空海の入唐と灌頂受法

1　恵果阿闍梨との出逢い

空海入唐の動機・目的は、青年時代の求聞持法の実修によって体感された強烈な神秘体験の世界が、いかなる世界であるかを探求する道程の延長線上にあった。そして唐に渡り、初めて、体験した世界が密教なる世界であったことを知り、その世界を究めんとして恵果和尚と出逢い、和尚のもっておられた密教の世界を余すところなく受法し、わが国に持ち帰られたのであったと考える。

空海と密教との出逢いは、体験的には二十歳の頃に求聞持法を修されたときであり、その世界が密教なる世界であることを明確に認識されたのは、入唐し、長安においてであって、「はじめに体験ありき」と申しておきたい(武内　二〇〇六)。

では、留学僧に選任されたのはいつであったか。従来、空海は延暦二十三年四月に出発する二度目の遣唐使派遣に際して、新たに留学僧の選考があり、このとき選任されたと見なされてきた。しかるに、『続日本後紀』巻四、承和二年（八三五）三月庚午（二十五日）条の「空海卒伝」、延暦二十四年九月十一日付太政官符によると、空海は延暦二十二年四月に出家・受戒を済ませていた。この日時は、第一回目の遣唐使船が難波津を出帆した日程に符合するものであり、空海の留学僧への選任は同年正月から三月にかけてであったと見なしておきたい（武内　二〇〇六）。

第一回目の遣唐使船が難波津を出帆したのは、延暦二十二年四月十六日であった。五日後の二十一日、瀬戸内海を航行中に暴雨疾風にあって航行不能の船が出たため、やむなくこの年の渡航は中止になった。翌二十三年七月六日、第二回目の遣唐使の一行は肥前国松浦郡田浦を一斉に出帆した。第一船には遣唐大使の藤原葛野麻呂と空海らが、第二船には遣唐副使の石川道益と最澄らが乗っていた。

第一船は、三十四日後の八月十日、福州長渓県赤岸鎮に漂着した。十一月三日、州都・福州を出立した大使ら二十三名は、十二月二十三日、夢にみた長安城に到達し、宣陽坊の官宅に落ち着いた。翌年二月十日、大使らは遣唐使の役目を終えて長安をあとにした（『日本後紀』延暦二十四年六月乙巳条）。

この日、空海は西明寺に移り、留学僧としての本格的な生活が始まった。最初に取り組んだことは、密教の受法に不可欠な梵語の修得であった。先生は、醴泉寺にいたカシミール出身の般若三蔵であった。基礎を一通り学び終えた空海は同年五月下旬、西明寺の志明・談勝らと当代随一の密教の阿闍梨・恵果和尚を青龍寺東塔院に訪ねた。恵果は初対面であったにもかかわらず、修得したすべてのものを伝授しよう、と空海に語ったという。『御請来目録』は、そのことを次のように記す。

我、先より汝が来ることを知りて、相待つこと久し。今日、相見る。大いに好し、大いに好し。報命竭《つ》きなんと欲するに付法に人なし。必ず須《すべから》く速やかに香花《こうけ》を弁じて、灌頂壇《かんじょうだん》に入るべし。

一目見て、空海が密教を授けるに相応しい人物であることを見抜いた恵果のこの言葉から、入唐するまでの空海の前半生が、いかに充実したものであったかを読み取ることができよう。

2　恵果からの灌頂受法

「速やかに香花を弁じて、灌頂壇に入るべし」と告げられた空海は、直ちに西明寺に帰って受法の準備をととのえ、青龍寺に取って返した。恵果からの密教受法は、六月初旬の胎蔵灌頂から始まった。

空海は恵果から三度にわたり、胎蔵・金剛界・阿闍梨位の灌頂を受法したという。これらの灌頂について詳述するのが、『御請来目録』である。正式の帰国報告書である大同元年（八〇六）十月二十二日付の『同目録』には、二個所に恵果から受法した灌頂について記す。第一は、巻頭におかれた上表文であり、

我に授くるに発菩提心戒を以ってし、我に許すに灌頂道場に入ることを以ってす。受明《じゅみょう》灌頂に沐《ぼく》すること再三なり。阿闍梨位を受くること一度なり。肘行膝歩《ちゅうこうしっぽ》して未だ学ばざるを学び、稽首《けいしゅ》接足して聞かざるを聞く。幸に国家の大造、大師の慈悲に頼《よ》りて、両部の大法を学び、諸尊の瑜伽《ゆが》を習う。

と記される。第二は、恵果からの受法を特記した巻末に近いところであり、そこには、

①六月上旬　学法灌頂壇に入った。大悲胎蔵大曼陀羅（壇）に臨んで投花得仏を行うと、投げた花がマンダラ中央の毘盧遮那如来の上に落ちた。次いで、五部の灌頂を受けて三密の加持を受けた。その後、胎蔵の梵字儀軌と諸尊の瑜伽観智を授けられた。

②七月上旬　金剛界の大曼荼羅（壇）に臨んで再び投花得仏を行ったところ、またもや中央の毘盧遮那如来の上に花が落ちた。次いで、重ねて五部の灌頂を受けた（重受㆓五部灌頂㆒）。

③八月上旬　伝法阿闍梨位の灌頂を受けた（傍線筆者）。

と記されている。

右の二つの記述に基づいて、恵果和尚から受法した灌頂について整理しておきたい。第一の上表文には、最初に発菩提心戒を授けられ、次いで受明灌頂に沐すること再三、そして阿闍梨位を受くること一度であったという。周知のように、発菩提心戒は密教の戒であり、灌頂壇に入る前に密教の戒を授けられ、続いて受明と阿闍梨位の灌頂を授けられたことを知りうる。

この受明と阿闍梨位の灌頂がいつ授けられたかを詳述したのが、第二の個所である。すなわち、六・七月が学法灌頂で投花得仏を行い、いずれも花が中尊大日如来の上に落ちた、そして儀軌等を授けられたと記す。八月が阿闍梨位の灌頂であったことを知りうる。

3　恵果から受法した灌頂の問題点

以上、恵果から受法した灌頂については、『御請来目録』の二か所に記されていた。しかるに、空海みずからが書き記した文章であり、かつ同じ著作であるにもかかわらず、ここには微妙な違いと疑わしい点が見られる。

問題が残ると思われる事柄は、次の二つである。第一は、受法した灌頂を、上表文では「受明灌頂」と記し、巻末では「学法灌頂壇」と記すことである。この「受明灌頂」と「学法灌頂」とは、同じと見なしてよいのであろうか。第二は、六月上旬の胎蔵灌頂を「即ち五部の灌頂を沐して三密の加持を受く」と記し、七月上旬の金剛界灌頂でも「重ねて五部の灌頂を受く」とあって、二度とも「五部灌頂」と記すことである。このまま、二度とも「五部灌頂」と見なしてよいのであろうか。

第一の疑義について見ておきたい。わが国に伝来し展開した密教における灌頂の種類については、上田霊城師が整理しておられる（上田　一九九〇　四九九～五一三頁）。それによると、内容・目的・形式によって多くの種類が伝えられているが、最も一般的な分類は、①結縁灌頂、②受明灌頂、③伝法灌頂、の三つであるという。このうち受明灌頂とは、

密教の修行をはじめる者に有縁の仏様＝本尊の印明《いんみょう》と修行法を授けるもので、持明《じみょう》灌頂・学法灌頂・受学灌頂・弟子位灌頂ともいう。

と記される（『仏教大事典』一六一～一六二頁）。これによると「受明灌頂」と「学法灌頂」とは同じと考えてよいことになり、疑義の第一は呼称のちがいだけで、問題とはなりえないと言えよう（上田　一九九〇　五〇一頁）。

では、第二の疑義、「五部灌頂」はいかに解すればよいであろうか。七月の灌頂は金剛界であり、金剛界は諸尊を分類するとき、仏部・金剛部・宝部・蓮華部・羯磨部の五部とするから、問題とはなりえないであろう。だがしかし、六月の大悲胎蔵の灌頂壇は、若干疑わしく思われるのである。なぜなら、『大日経』は諸尊を分類するとき、

仏部・蓮華部・金剛部の三部とするからである。

この「五部灌頂」であるが、幸いにも空海の撰になる『秘密曼荼羅教付法伝』には、「五部灌頂」なる語が三か所に見られるので、参考までに列挙してみたい。

①又『貞元新定釈教録』に云はく、「龍樹菩薩の弟子、龍智と名づく。年七百余歳。今猶見《いまなおげん》に南天竺国に在《いま》して㋐『金剛頂瑜伽経』および『毘盧遮那惣持陀羅尼法門』、五部灌頂、諸仏秘密の蔵、及び諸大乗経論等を伝授す」と（第四祖・龍智伝、傍線筆者）。

②卅一にして南天竺に往《ゆ》きて、龍樹菩薩の弟子龍智と名づくる、年七百歳にして、今猶《いまなお》、見《げん》に在《いま》して、七年を経て承事供養して、㋑『金剛頂瑜伽経』および『毘盧遮那惣持陀羅尼法門』、諸大乗経典、并《なら》びに五明論を受学し、五部灌頂、諸仏秘密の蔵を受けて、通達せずということなし（第五祖・金剛智伝、傍線筆者）。

③国王宮中に郊迎して七日供養す。（中略）即ち龍智阿闍梨に遇《あ》い奉って、肘行膝歩《ちゅうこうしっぽ》して従って津《しん》を問う。（中略）尋《つ》いで即ち授くるに㋒十八会の『金剛頂瑜伽』十万頌の経、并《なら》びに『大毘盧遮那大悲胎蔵』十万頌の経、五部灌頂、真言秘典、経論の梵夾《ぼんきょう》五百余部をもってす。みな以って其の所伝を得たりとす」（第六祖・不空伝、傍線筆者）。

引用文の最後に記したように、①は真言八祖の中の第四祖・龍智伝、②は第五祖・金剛智伝、③は第六祖・不空伝の一文である。傍線部㋐㋑㋒をご覧いただきたい。注目すべきは、「五部灌頂」の前に、共通して『金剛頂瑜伽経』と『大毘盧遮那大悲胎蔵経』（『毘盧遮那惣持陀羅尼法門』）といった金胎両部の根本経典が記されていることである。このことから、金胎ともに「五部灌頂」との認識が生じたのかも知れない。

それでは、金胎ともに「五部灌頂」と見なす考え方は、どこまで遡りうるのであろうか。先に引用した①は、貞元年間（七八五〜八〇五）に円照が撰述した『貞元新定釈教録』の記述であった（大正五五　八七五頁）。②は、①とほぼ同じ文章であるから、明らかに①を踏まえて書かれたものである。③は、大暦九年（七七四）七月六日付の飛錫撰「不空三蔵和上之碑」からの引用であった（大正五二　八四八頁）。このように見てくると、あるいは不空の周辺でこのような見方がなされていたとも考えられよう。

それはさておき、実はもう一つ、空海みずから受法した灌頂について記す文章がある。師の恵果が示寂した直後の延暦二十五年正月の「本国の使に与えて共に帰らんことを請う啓」である。ここにも、

遂《つい》に乃《すなわ》ち大悲《だいひ》胎蔵《たいぞう》・金剛界大部の大曼荼羅に入って五部瑜伽《ごぶゆが》の灌頂の法に沐《ぼく》す（傍線筆者）。

とある。胎蔵・金剛界ともに「五部瑜伽の灌頂の法に沐す（「沐二五部瑜伽之灌頂法一」）」とあって、この文章からも空海自身、胎蔵・金剛界ともに「五部灌頂」であったと解していたことが知られ、注目されるのである。

二　空海が授けた灌頂（一）——高雄の灌頂——

1　承和三年五月五日付実恵等書状に見る灌頂

実恵ら空海の弟子たちは、師・空海の示寂をその師・恵果和尚の墓前に報告するため、請益僧真済と留学僧真然

の入唐に託して、承和三年（八三六）五月五日付で青龍寺に書簡を贈った。この書簡には、空海が入唐して恵果に灌頂を授けられてから帰国し六十二歳で示寂するまでの、密教を広め定着させる活動が集約されたかたちで記されており、空海の生涯を考える上での貴重な記録と言えよう。とくにこの書簡からは、密教を宣布するに際して、灌頂が重要な位置を占めていたことが窺えるのである。すなわち、帰国後、空海が天皇をはじめとする多くの方に灌頂を授けたことが、三か所に記されている。紙数の関係から、その部分を要約すると、つぎのようになる。

①帰国後十年ほどは、真言宗を立てることができず苦労なさったけれども、十年経って、その教えが少しずつ浸透し、諸宗の法侶や良家の子弟に、灌頂を受法する者がやや多くなっていった。

②先の太上天皇（＝平城上皇）が宮をあげて灌頂を受けられ、卓（高）岳親王（＝真如親王）も出家された。やがて天皇・皇后をはじめ、公卿・道俗の男女など灌頂を受法する者が万を越えるようになった。

③門人で伝法の印可を頂戴した者は、皇子《みこ》禅師（＝真如親王）、牟《む》漏《ろ》の真泰・東寺の実恵・嶺東の杲隣・神護の忠延・弘《ぐ》福《ふく》の真雅・東大の円明・入唐の真済法師などがおり、一尊法を受けた者は数百人にのぼった。

しかしながら、空海が授けた灌頂の日時を明確にすることができるのは、

①弘仁三〜四年（八一二〜八一三）の高雄山寺における最澄ら二百余名に対する受明灌頂

②弘仁七年（八一六）七月の勤操らに対する両部灌頂

の二つだけである。ここで、この二つを一瞥しておきたい。

2　弘仁三〜四年の高雄山寺における灌頂

空海は弘仁三年（八一二）十一・十二月と翌四年三月の三回、高雄山寺において、最澄らに金剛界と胎蔵の受明

灌頂を授けられた。このときの記録が、空海筆『高雄灌頂暦名』である。これら三回の灌頂を整理すると、つぎのようになる。

年月日	金・胎	受者数	灌頂の種類
弘仁三年十一月十五日	金剛界灌頂	最澄ら四人	結縁・持明灌頂?
同　三年十二月十四日	胎蔵灌頂	最澄ら百九十四人	結縁・持明灌頂?
同　四年　三月　六日	金剛界灌頂	泰範ら十七人	結縁・持明灌頂?

右の表では、灌頂の種類を結縁灌頂とした。これは僧だけでなく、沙弥・近事・童子なども入壇していることから、このように考えたのであった。しかるに、最澄に授けた灌頂を受明灌頂と見なす史料がある。それは、天長九年（八三二）九月二十五日付で空海に宛てて出された円澄等書状である。

この「円澄等書状」は、最澄亡きあと、天台宗に置かれた年分度者の一つ遮那業の僧を養成するには、きちっと密教を学ばなければならないと考えた円澄らが、空海からの本格的な受法をお願いした書状である。ここには高雄山寺での二度目の灌頂のあと、最澄と空海の間で交わされた会話が記されていることからも注目される。だが、紙数の関係から、受法した灌頂について記すところだけをあげると、つぎのようになる（『弘法大師全集』五　三八三頁）。

去る弘仁三年の冬、先師最澄大徳、大悲胎蔵、金剛界の両部の大法灌頂の法を受けんがために、㋐上表して云く、「最澄、大唐に渡るといえども、真言を学ばず。今、高雄寺空海阿闍梨に於て真言の秘法を受けん」等と云々。（中略）此の誠請に依りて、其の年の十二月十五日を以て灌頂道場を開いて、百余の弟子とともに㋑持明灌頂の誓水に沐し、十八道の真言を学す。梵字真言の受学、稍々《やや》難し（傍線筆者）。

ここには、問題とすべきことが二つある。一つは傍線部㋐で、空海から灌頂を受法するにあたって最澄が、「最澄、大唐に渡るといえども、真言を学ばず。今、高雄寺空海阿闍梨に於て真言の秘法を受けん」等と上表したと記すけれども、何のための上表であったのか、である。

二つ目は傍線部㋑で、最澄が高雄山寺で空海から受法した灌頂を、「持明灌頂の誓水に沐し」と「持明灌頂」であったとし、つづいて「十八道の真言を学す。梵字真言の受学、稍々難し」と記すことである。先に紹介した上田霊城師の灌頂の分類によると、持明灌頂と結縁灌頂は別のものであった。灌頂の種類を再録すると、

①結縁灌頂とは、仏さまとご縁を結ぶことを目的とする灌頂で、僧俗・男女の区別なく誰でも受けることができる。

②受明灌頂とは、密教の修行を始める者に有縁の仏さま＝本尊の印明と修行法を授けるもので、持明灌頂・学法灌頂・受学灌頂・弟子位灌頂ともいう。

とあり、持明灌頂と結縁灌頂は明らかに別のものと言える（『仏教大事典』一六一頁）。

二つの灌頂の根本的な違いは、結縁灌頂が「僧俗・男女の区別なく、誰でも受けることができる」のに対して、受明灌頂は「密教の修行を始める者に有縁の仏さま＝本尊の印明と修行法を授けるもの」であった。沙弥・近事・

童子が一緒に受法していることからは結縁灌頂と言え、「円澄等書状」に「十八道の真言を学す。梵字真言の受学、稍々難し」からは受明灌頂となる。

とすると、高雄では、同時に「持明灌頂」と「結縁灌頂」との二つが行われたのであろうか。

3 弘仁七年七月の高雄山寺における灌頂

また、空海は弘仁七年（八一六）七月、同じく高雄山寺において勤操大徳らに両部灌頂を授けられた。空海筆の「勤操大徳の影讃」によると、灌頂に先立って三昧耶戒が授けられ、次いで両部の灌頂が授けられたことを次のように記す。

> 貧道と公と蘭膠《らんこう》なること春秋已に久し。弘仁七年孟秋に、諸の名僧を率いて、高雄の金剛道場に於いて、三昧耶戒を授け、両部の灌頂を沐せしむ。況や復、祖宗は是れ一にして法派は昆季なり（傍線筆者）。

勤操への授法はこの記録しか残っておらず、しかも簡略な記述でしかない。したがって、詳細は不明と言わねばならない。ただ、ここで注目すべきは「両部の灌頂を沐せしむ」とあって、金剛界・胎蔵両部の灌頂を授けていることである。勤操は延暦二十四年九月、高雄山寺で行われたわが国最初の最澄による灌頂を、桓武天皇に代わって受法したとはいえ、密教の修行を続けていた記録はない（佐伯　一九九二　三六一〜三六三頁）。この当時、勤操は僧綱の一員であったことを勘案するならば、勤操が受法した灌頂とは、本格的に密教を学ぶに先立って授けられる受明灌頂であったと言えよう。

三　空海が授けた灌頂（二）――平城上皇への灌頂――

先にあげた承和三年（八三六）五月五日付の実恵等書状に、

先の太上天皇、宮を挙げて灌頂す。即ち其の第三の皇子・卓岳《たかおか》出家入道す。

と記されることから、平城上皇が空海から灌頂を受法されたことが知られる。では、その灌頂とはいつ、どこで授けられたのであろうか。また、いかなる灌頂であったのであろうか。

古来、平城上皇に灌頂を授けられたとき、空海が記したのが『太上天皇灌頂文』であると見なされてきた。そこには、

大同元年を以って曼荼羅并びに経等を奉献せり。爾《しか》りし従《よ》り已還《このかた》、愚忠に感なくして忽ちに一十七年を経たり。

なる文章がある。これより、この文章は大同元年（八〇六）から十七年を経た弘仁十三年（八二二）に記されたことになり、この年、平城上皇への灌頂が行われたと考えられてきた。しかしながら、この『太上天皇灌頂文』そのものに対する疑義から、この年の灌頂を疑う見解が出されていた（高木　一九九七　二三六頁、武内　二〇〇六　一九三頁）。

しかるに近年、弘仁十三年の灌頂はありえたと見なす報告が相次いで出された（飯田 二〇〇四、飯田 二〇〇五、西本 二〇〇七）。それらによると、

①弘仁十三年三月二十六日付で正倉院から鏡・お香・五色絞糸などが「行法に用いる」ために持ち出したときの出倉注文

②弘仁十三年三月二十六日付でお香を「灌頂法を行ずる」ために持ち出したときの出倉注文

③弘仁十三年四月十四日付でお香を「灌頂法を行ずる」ために持ち出したときの出納注文（新出）

が正倉院に伝存すること、勅封の正倉院御物を利用することができるのは皇室関係者をおいて考えがたいことから、このとき持ち出されたのは平城上皇への灌頂のためであったと見なされるにいたった。そうしてこのときの灌頂は、東大寺真言院で行われたと見なされた。

先にあげた正倉院伝来の文書②に「灌頂法を行ぜんがため」に持ち出されたとあることから、この年に灌頂が行われたことは、ほぼ間違いないであろう。しかも、正倉院からということで、皇室関係者のために使われたことも認めざるをえないであろう。では、灌頂の場所・東大寺真言院はどうであろうか。

私は、東大寺真言院はありえない、と考える。その理由はつぎの通りである。まず、東大寺真言院と見なす根拠をあげておく。それは、東大寺内に灌頂道場を建立し、そこで夏中および三長斎月に息災・増益の法を修すべきことを空海に命じた弘仁十三年二月十一日付の太政官符が伝存することであった。本文をあげると、

右大臣宣す。勅《みことのり》を奉《うけたまわる》に、去年の冬雷あり。恐らくは疫水有らん。宜しく空海法師をして、東大寺に於いて、国家の為に灌頂道場を建立し、夏中及び三長斎月に、息災増益の法を修し、以って国家を鎮《しず》めしむべし。

とある（『類聚三代格』二　六七頁）。

それはさておき、東大寺真言院ではなかったと考える理由であるが、先に紹介した正倉院文書の日付は、弘仁十三年三月二十六日、同年四月十四日であった。これらの文書に記された鏡・薬香などの出倉が灌頂の直前でなかったとしても、はたして二か月あまりで灌頂道場が完成をみたであろうか。私は否と考える。いくら天皇の命令であったとしても、二か月あまりで灌頂道場が建つとは考えがたいのである。

では、灌頂道場はいつ完成したか。それは、二十一僧を置き、修行させることを命じた太政官符が出された承和三年（八三六）五月頃であったと考える。承和三年五月九日付の官符には、

太政官符す。

応に東大寺真言院に廿一僧を置き修行せしむべきの事（中略）

今、従二位行大納言兼皇太子傅藤原朝臣三守の宣を被《こうむ》るに偁《いわ》く。今より以後《このかた》、宜しく件の院に廿一僧を置き、永く定額と為し、食堂に向かわずして、全く修行せしむ。別当の僧は其の事を専当すべし。但し住僧の夾名《きょうみょう》は、専当の法師ら簡定して僧綱に牒し行ぜしめよ。若し僧に闕有らば、随《ただ》ちに以って之を補せよ。

とある（『類聚三代格』二　六七〜六八頁）。これより、建物の完成するのを待って、そこに二十一口の定額僧を常住させ、修行させる運びとなったと考えるのが自然であろう。常識的に考えても、堂宇と仏像をはじめとする内部の荘厳などのすべてが完成するまでに要する時間は、数か月の単位ではあり得ない。都にあり、かつ国家の事業として建立された東寺伽藍の完成に要した時間と比較したとき、十四年はむしろ短い部類に入ると言ってもよいであろ

う。

右の考えが首肯されるならば、弘仁十三年に執り行われた平城上皇への灌頂の場所は、東大寺真言院ではなかったことになる。では、どこであったのか。当時、上皇は平城京に住んでいたことから、平城京にあった官寺の一つであったとみなしておきたい。一方、灌頂の種類であるが、上皇は形の上では出家の身分であったことから、受明灌頂とみなすこともできよう。

おわりに

紙数がつきたので、最初に提示した四つの問題のうち、③空海が受法し、授けたときの灌頂儀礼がいかなるものであったか、④空海は灌頂をいかに考えていたか、について、現在の見通しだけ記しておきたい。

③の課題であるが、空海の時代の灌頂儀礼の実際、すなわち、空海が受法したときの灌頂儀礼がいかなるものであったか、また、空海が授けた灌頂儀礼がいかなるものであったかを知りうる史料は、残念ながら伝存していない。今日、灌頂儀礼の実際を知ることができる最も古い史料は、『東塔院義真阿闍梨記録　円行入壇』であると考える。これは第十七次遣唐使の一員として入唐した請益僧円行が、開成四年（八三九）閏正月三日に、長安青龍寺の東塔院において、義真阿闍梨から灌頂職位を受法したときの次第記録である。この次第記録は、はたして空海の時代まで遡らせることができるのか。ほかに当時の史料が伝存しないので何とも言えないけれども、今われわれはこの『円行入壇記録』をもって、空海の時代を推察するしかない（武内　一九九九①・一九九九②）。

④の課題については、いまだ精査を終えていないけれども、空海が灌頂について明確に記したところは見いだし

えない。空海とその弟子の時代に灌頂を論じるとき、よく取りあげられたものの一つが『不空三蔵表制集』巻第一所収の広徳元年（七六三）十一月十四日付「灌頂道場を置かんことを請う墨勅一首」の一節、

右、不空聞く。毘盧遮那は万界を包括し、密印真言は衆経を呑納す、と。其の教えに准りて宜しく頓有り漸有り。漸とは声聞・小乗の登壇の学処を謂い、頓とは菩薩大士の灌頂の法門を謂う。是れ詣極の夷途、入仏の正位為《た》り。頂とは頭頂を謂い、大行の尊高を表し、灌とは灌持を謂い、諸仏の護念を明かす。超昇出離、何ぞ斯れに由ること莫からん。

である（大正五二　八二九頁）。この墨勅は、『秘密曼荼羅教付法伝』の第六祖不空伝に全文が、また右にあげた一節は、承和十年（八四三）十一月十六日付で実恵が「国家のために東寺に真言宗伝法職位を定め、あわせて結縁等の灌頂を修すべきこと」をお願いしたときの上奏文に引用されている。このことから、二つのことを推察しておきたい。第一は、この当時、真言宗内で「灌頂とはいかなるものか」を論じるとき、右にあげた不空の文章が常に持ち出されていたのではなかったか、ということ。第二は、実恵が灌頂について記すとき、師の空海のことばではなく、不空のことばを引いていることは、空海がみずからのことばで、灌頂について語った文章がなかったことを物語るものではないか、ということである。いずれも推測の域をでるものではない。後日を期すことにしたい。

以上、空海の著作を中心に、「空海の伝えた灌頂」について見てきた。右に記したように、肝心の実際の灌頂儀礼がいかなるものであったかを知る手がかりがないことから、隔靴掻痒の感を強くするばかりである。

参考文献

飯田剛彦　二〇〇四「玻璃装仮整理文書断片の調査」『正倉院紀要』二六号、一五～四五頁。
飯田剛彦　二〇〇五「唐櫃蓋貼紙（玻璃装仮整理文書断片の内）」（口絵解説）『正倉院文書研究』一〇号、一四七～一四八頁。
上田霊城　一九九〇『真言密教事相概説―諸尊法・灌頂部』（下）同朋舎出版。
佐伯有清　一九九二『伝教大師伝の研究』吉川弘文館。
高木訷元　一九九七『空海　生涯とその周辺』吉川弘文館。
武内孝善　一九九九①「東寺観智院本『東塔院義真阿闍梨記録　円行入壇』の研究―本文校訂」『高野山大学密教文化研究所紀要』一二号、三九～七三頁。
武内孝善　一九九九②「唐代密教における灌頂儀礼―『東塔院義真阿闍梨記録　円行入壇』考」『弘法大師の思想とその展開』〈『高野山大学密教文化研究所紀要』別冊1〉一九一～二二八頁。
武内孝善　二〇〇六『弘法大師空海の研究』吉川弘文館。
西本昌弘　二〇〇七「平城上皇の灌頂と空海」『古文書研究』六四号、一～一五頁。

日本中世における灌頂・修法空間の展開

冨島義幸

はじめに

体系的な密教を導入した空海は、本格的な灌頂・修法を修し、そのための建築として灌頂堂・真言院の建立を計画した。これらの仏堂では東西に胎蔵界・金剛界からなる両界曼荼羅が向かい合って懸けられ、それぞれの前に大壇が置かれ、さまざまな法具が並べられた。『年中行事絵巻』には、このように両界曼荼羅をもって宮中真言院で修された後七日御修法のさまが詳細に描かれている。ところが、この後七日御修法の会場には、本来、仏堂ならば本尊として安置されるべき彫刻の仏像がない。

灌頂・修法の空間の展開を見ていくと、東寺灌頂院や宮中真言院で灌頂や修法が修され続けられる一方、寺院の院家や住宅に両界曼荼羅や法具を鋪設し、伝法灌頂や結縁灌頂が修され、また宮中真言院が退転すると、かわって紫宸殿で後七日御修法が修されるなど、さまざまな場所で灌頂・修法が修されるようになった。さらには、大日如来像など彫刻の本尊を安置する仏堂においても、両界曼荼羅を懸け灌頂や修法を修するようになった。本論では、こうした本尊と両界曼荼羅を併置する仏堂に注目し、初期の東寺灌頂院や宮中真言院のように両界曼荼羅のみを懸けていた灌頂・修法の空間が、古代末から中世にかけて如何に展開していくのか、その一端を明らかにすることを目的としている。

本尊と両界曼荼羅を併置する仏堂については、すでに藤井恵介氏の研究がある（藤井　一九九八）。藤井氏はこうした仏堂が、顕密の法会に対応すべく、高野山の阿閦を本尊とする講堂と両界曼荼羅を安置する真言堂を合わせたものとして、久安六年（一一五〇）再建の高野山金堂（Ⅲ期高野山金堂）において成立し、それが後世の真言密教寺院の仏堂に影響を与えたと考える。着眼点としてきわめて重要であるが、その成立についての見解には検討の余地があると考える。さらに藤井氏は、こうした仏堂の広がりを指摘しながらも、最終的には密教空間を東寺灌頂院や宮中真言院のような、本尊を安置しない灌頂や修法空間のための臨時的・流動的な空間と規定したため、本尊と両界曼荼羅を併置する仏堂の密教空間の展開における位置づけが示されないなど、重要な課題が残されている。

一　現存する建築にみる本尊と両界曼荼羅の併置の実態

本尊となる仏像彫刻と絵画である両界曼荼羅を併せて安置する仏堂とはどのような空間構成をとり、どのような法会が修されていたのか。まずは現存する建築に見ていくことにしたい。

1　室生寺本堂（灌頂堂）

室生寺本堂は延慶元年（一三〇八）の建立で、正面五間、奥行き三間の正堂の前面に、奥行き二間の礼堂を付加

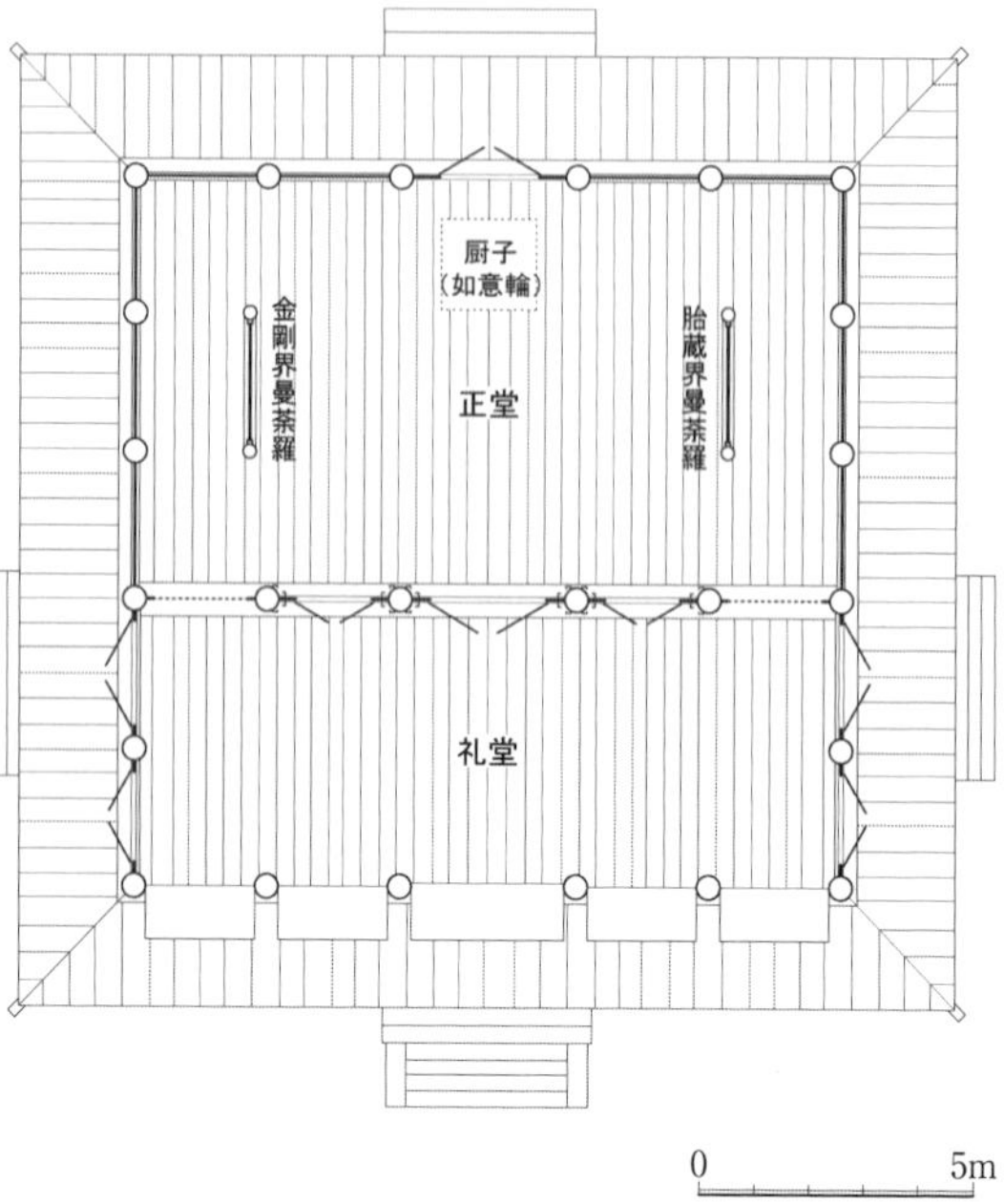

図1　室生寺本堂平面図

している（図1）。正堂の内部には左右に柱を立て、両界曼荼羅図を懸ける壁がそなえられ、中央に如意輪観音（平安時代）を安置する厨子が置かれている。これは固定的な須弥壇ではないが、厨子は堂と同じ時期のものとみられ、本尊と両界曼荼羅図からなる構成は建立当初からのものと考えてよかろう。真言密教の勢力が強かった室町時代末から近世初頭の室生寺では、薬師如来を本尊とする金堂にかわり、この本堂が伽藍の中心的な建物となっていた。

2　観心寺金堂

観心寺金堂は十四世紀中期の建立で、正面七間、梁行七間の規模をもつ。堂内は奥行き四間の正堂と、その前面の奥行き二間の礼堂、背面の奥行き一間の後戸からなり、正堂の後方には須弥壇と一体になった厨子が構えられ、本尊如意輪観音と不動明王・愛染明王の三尊を安置している（図2）。須弥壇前方左右に、柱を立てて向かい合うように曼荼羅壁が構えられ、それぞれの内側に胎蔵界・金剛界の曼荼羅が描かれている。曼荼羅図を懸けるのではなく、両界曼荼羅は壁画として直接壁に描かれているのである。厨子正面の中央に本尊如意輪観音供

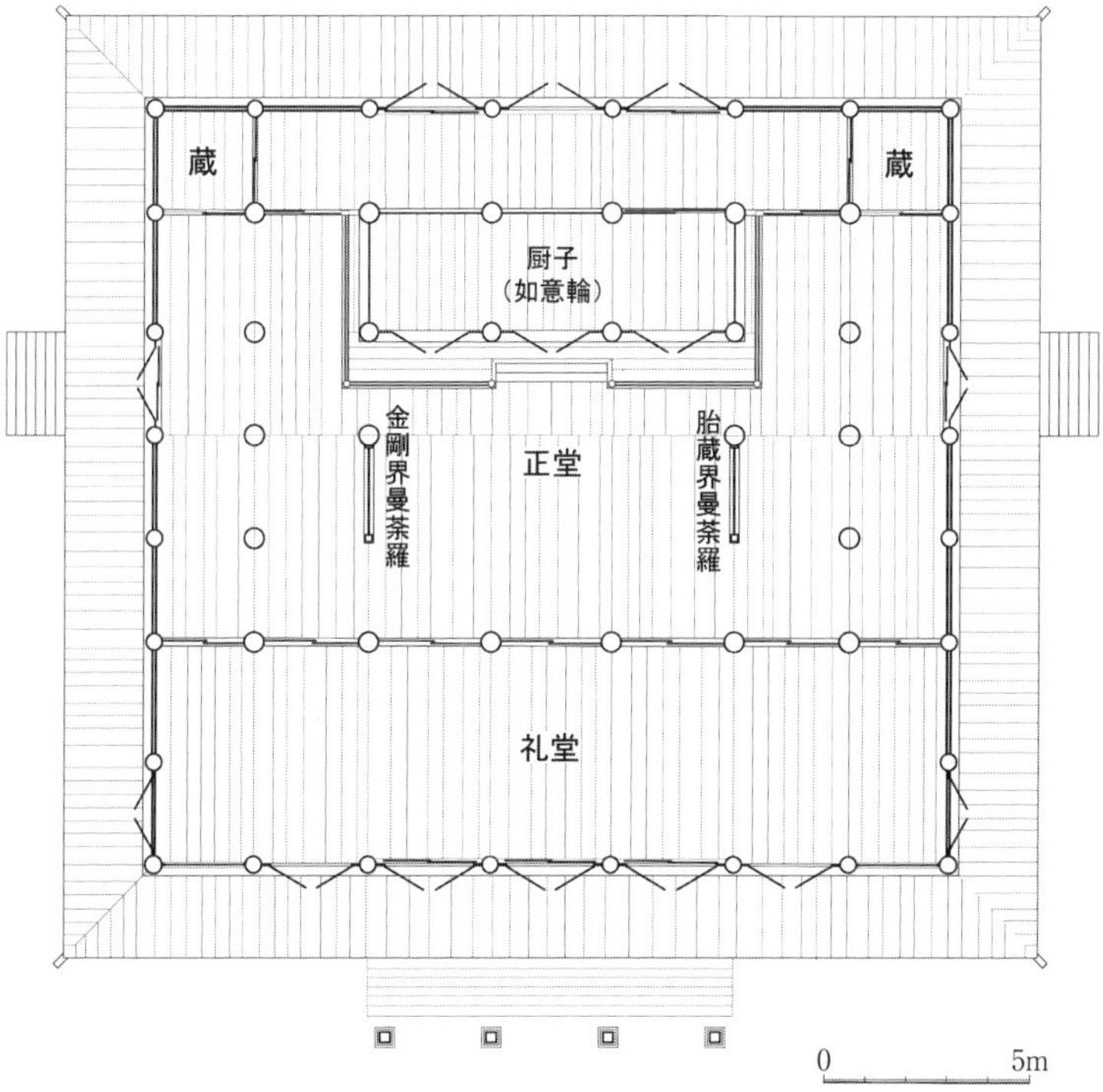

図２　観心寺金堂平面図

養のための壇、左右の両界曼荼羅それぞれの前に供養法のための壇と、計三つの壇を置く。現在、両界曼荼羅を用いる法会では、この壁画の曼荼羅をもって修するという。延徳二年（一四九〇）に観心寺で結縁灌頂が修されたときの「観心寺結縁灌頂米銭上下用帳」（『観心寺文書』三六四）が残されており、金堂の曼荼羅壁に描かれた両界曼荼羅をもって結縁灌頂が修された可能性も考えられよう。

ところで、元慶七年（八八三）の「河内国観心寺縁起資財帳」によれば、このとき観心寺には胎蔵界曼荼羅の絵像を安置する三間四面如法堂、仏眼仏母・弥勒・薬師とともに如意輪観音を安置する五間四面講堂があったという。現在の観心寺金堂はこの講堂の本尊を如意輪観音とし、如法堂と一体にしたものと言えよう。

3　金剛寺金堂（本堂）

金剛寺は行基の創建で、阿観が後白河法皇に再興を奏上し、治承二年（一一七八）に金堂を建立して、伝法会を始めたという。建保三年（一二一五）の「嘉陽門院庁下文」によれば、この堂は五間四面で丈六の金剛界大日如来像と五幅の両界曼荼羅、真言八祖など祖師像十二鋪を安置していた。

現在の本堂は正面七間、奥行き五間の正堂の前面に、奥行き二間の礼堂を付加した平面構成をとり、内陣の後方に須弥壇を構え、本尊である丈六の大日如来像（治承二年〈一一七八〉）と不動明王・降三世明王を安置する。その前面には柱を立て、東面に向かい合うように曼荼羅壁をそなえ、内側にはそれぞれ胎蔵界・金剛界の種子曼荼羅が描かれ、上には天蓋もそなえられている。その平面構成は、後戸を建具で仕切らず、また厨子・曼荼羅壁の外側の入側柱筋の柱がないものの、観心寺金堂ときわめて近い。慶長期に大改修を受けているが、東の曼荼羅壁の根巻蓮華座には元応二年（一三二〇）の墨書銘があり、建物自体はこれ以前の建立とみられている。

また、金剛寺金堂（本堂）は史料からそこでの法会が知られる点でも興味深い。養和二年（一一八二）「源貞弘田地施入置文」（『金剛寺文書』二一）には、「春秋二季談義」「法華最勝二度講事」「長日供養法」「長日理趣三昧」があげられている。これらのうち「春秋二季談義」は伝法会のことである（『鎌倉遺文』二一七一「嘉陽門院庁御下文」）。後に述べるように、伝法会では法会の初日と結願日に両界曼荼羅による供養法が修された。また、「長日供養法」は後に示すように、両界曼荼羅をもって修された長日両界供養法と考えられる。なお、正安四年（一三〇二）から結縁灌頂も始められており（『金剛寺文書』九八・九九）、これらの法会は、本堂の両界曼荼羅をもって修されていたと考えられる。

二　文献史料にみる本尊と両界曼荼羅を併置する仏堂

以上のように現存する建築を見ていくと、本尊と両界曼荼羅を併置する仏堂は真言密教のものばかりで、久安六年（一一五〇）再建高野山金堂より古いものはない。ところが文献史料においてはより早くから事例を見いだすことができ、しかも最初に確認できるのは天台密教の仏堂である。

1　横川真言堂

横川真言堂は藤原師輔によって応和元年（九六一）に建設が始められ、師輔が没した後、その周忌までに師輔の娘で村上天皇中宮安子と良源によって完成された。ここには両界曼荼羅とともに、本尊として中宮御願の「極楽浄土」が安置され、師輔の遠忌に法華八講と両部曼荼羅供を修することになった（『平安遺文』三〇五「天台座主良源遺告」、『慈恵大僧正拾遺伝』）。

2　勧修寺宝満院灌頂堂

続く事例は真言密教の勧修寺宝満院灌頂堂である。この灌頂堂は一条天皇（九八六〜一〇一一）の御願として建立され、三尺彩色如意輪像一体、等身金色阿弥陀如来像二体と両界曼荼羅を安置していた（『勧修寺旧記』）。勧修寺では宝満院灌頂堂が焼失した後、代わる「灌頂道場」として承保三年（一〇七六）に福勝院が建立され、ここには不動・薬師・釈迦・千手観音・十一面観音を安置していた。

このように十世紀後期から十一世紀初頭までに、天台密教・真言密教ともに、本尊と両界曼荼羅を併せて安置する仏堂が存在していたのである。そして注目すべきは、平安時代後期になると、真言密教において本尊として密教の教主である大日如来を本尊とし、加えて両界曼荼羅を懸ける仏堂が集中的にあらわれることである。その初例が実範の中川寺成身院である。

3　中川寺成身院

中川寺成身院は、実範が天永三年（一一一二）に造営開始、永久二年（一一一四）頃には完成したと推定されている（堀池　一九五七・五八）。『真俗雑記問答鈔』によれば、金剛界大日如来を本尊とし、唐の青龍寺にならって両界曼荼羅図を懸けた。醍醐寺には治承三年（一一七九）、醍醐寺三宝院での伝法灌頂指図とともにおさめられた、中川寺成身院での伝法灌頂を描いたと推定される指図がある（醍醐寺文書　四一六函一三六号）。指図から読み取れる仏堂の平面は、五間二面の前後に孫庇を付加した構成で、正面側は庇と孫庇を合わせた部分を外陣（礼堂）とし、内陣の中央後方に仏後壁を設けて大日如来像を安置する。その前面に仏台を向かい合うように構え、両界曼荼羅を懸け、それぞれに大壇を置いている（図3）。両界曼荼羅後壁のうち金剛界側である西の壁に南天鉄塔で龍猛が『金剛頂経』を感得する場面、胎蔵界側である東の壁に金粟王塔で善無畏が『大日経』を感得する場面が描かれていたといい（『真俗雑記問答鈔』）、これは両界曼荼羅図と組み合わせるにふさわしい画題であり、その配置も両界曼荼羅図の配置構成と合致している。また、両側面には真言八祖像が懸けられている。伝法灌頂では外陣が三昧耶戒、

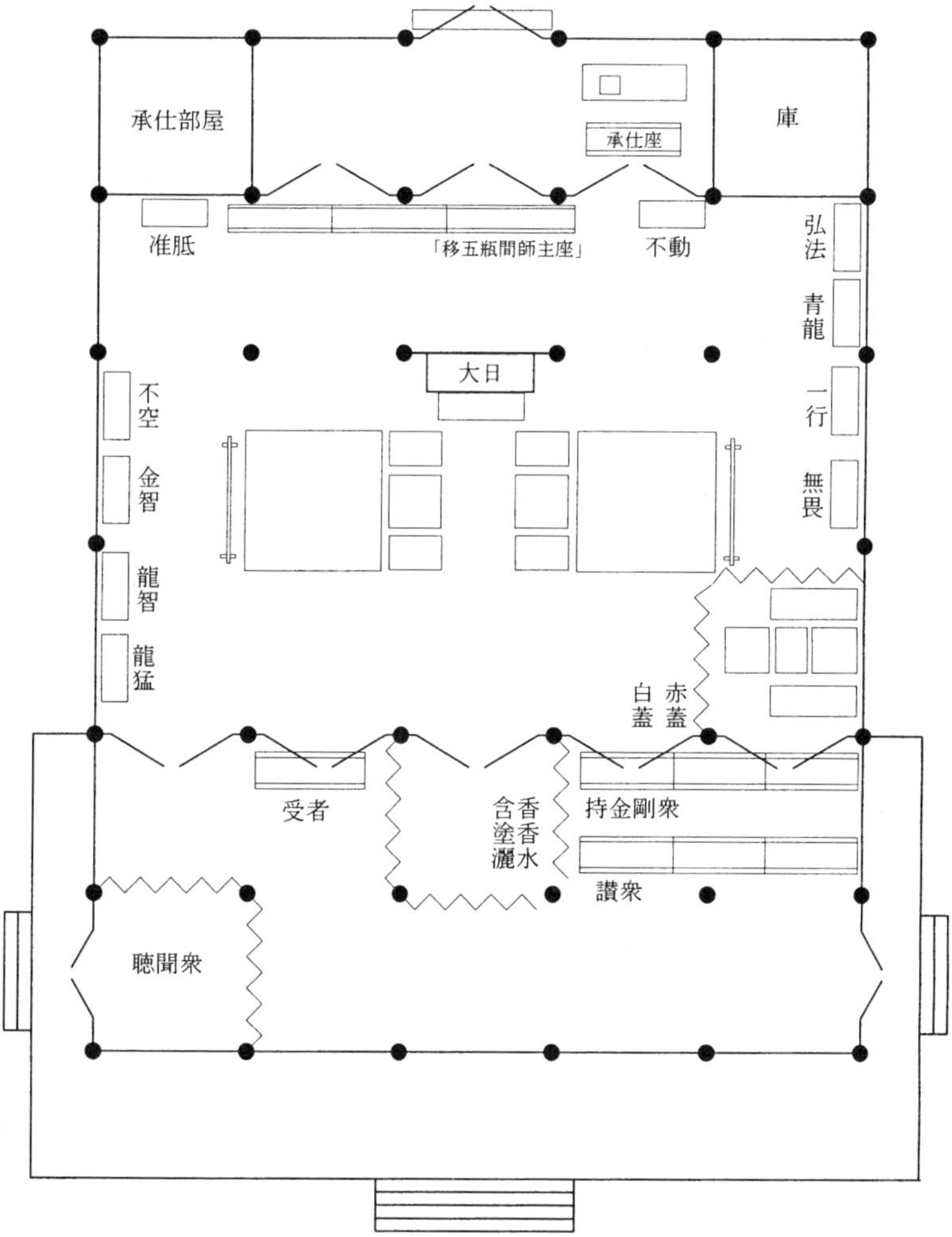

図3　推定中川寺成身院伝法灌頂初後夜指図（醍醐寺文書、416—136による）

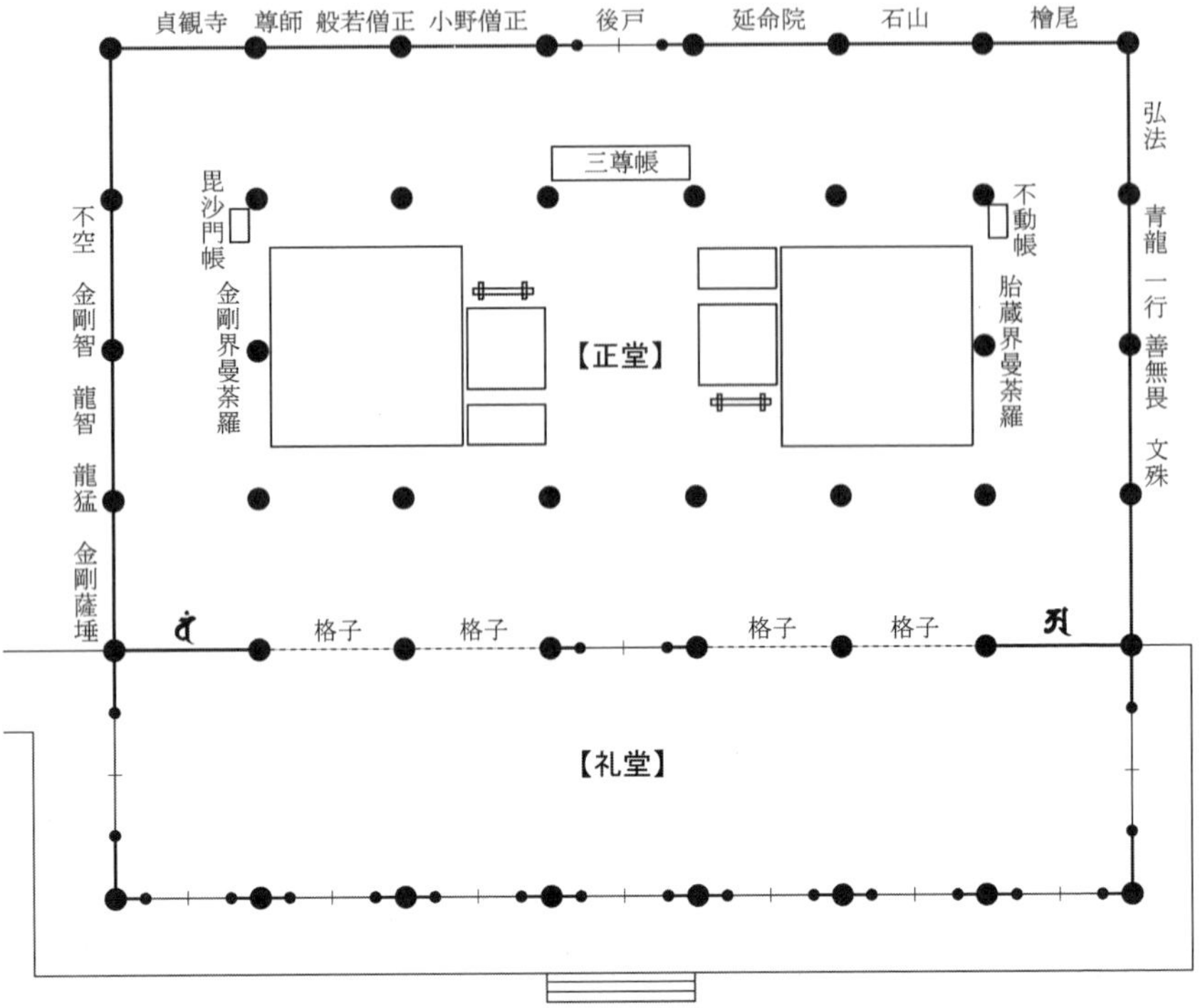

図4　醍醐寺三宝院空間構成概念図（醍醐寺文書、416―136による）

内陣が初後夜の会場となった。中川寺成身院は大日如来を本尊としながらも、灌頂堂にふさわしい空間構成をとっていたと考えられるのである。

4　醍醐寺三宝院（灌頂院）

前掲醍醐寺文書四一六函一三六号に合わせて載せられる醍醐寺三宝院も、大日如来を本尊としている。三宝院は灌頂院とも呼ばれ、五間四面の内陣の前面に礼堂を付加し、内陣の母屋部分の両端に両界曼荼羅を向かい合うように懸け、それぞれの前に大壇を設け、周囲の壁には真言八祖をはじめとする祖師像を祀っている（図4）。これは、まさに灌頂堂の空間構成である。また、内陣の中央後方寄りに三尺の大日・薬師・釈迦を安置した厨子を置く。

灌頂院は、醍醐寺座主勝覚が永久三年

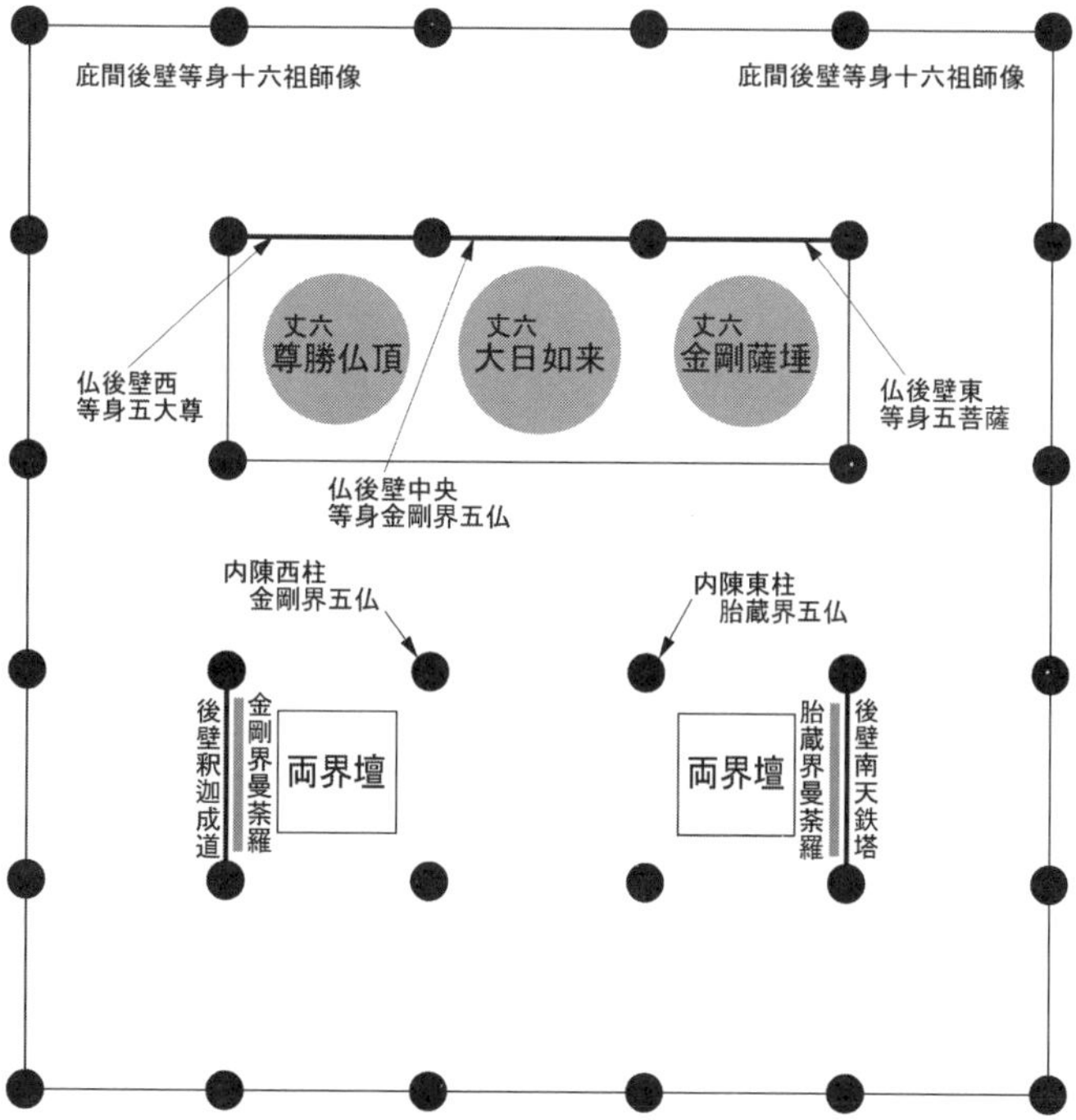

図5　大伝法院本堂空間構成概念図

（一一一五）に鳥羽院の御願により建立し、次の座主である定海（座主職一一一六〜一一三二）のとき、同じく鳥羽院の御願によって十五人の供僧が置かれ、毎日「供養法」を修した（『醍醐雑事記』四）。この「供養法」とは、白月すなわち月前半の十五日間は金剛界供養法、黒月である後半の十五日間は胎蔵界供養法を修するもので、長日両界供養法に当たる。天承元年（一一三一）には結縁灌頂も始められ、これは毎年恒例の仏事となった（『醍醐寺新要録』）。

5　大伝法院本堂

長承元年（一一三二）、覚鑁が高野山に建立した大伝法院本堂も、大日如来・尊勝仏頂・金剛薩埵を本尊とし、その前面に両界曼荼羅を向かい合うように懸けた。この仏堂は、覚鑁が大治五年（一一三〇）、丈六尊勝仏頂像と両界曼荼羅を安置する一間四面の伝法堂を建立したが手狭であったため、建築規模を三間四面に拡大し、丈六大日如来・金剛薩埵像を加え、鳥羽院の御願寺として改めて供養したものである。大伝法院の供養会には鳥羽院の行幸があり、仁和寺御室である覚法法親王も参列している。

拡張された大伝法院本堂の平面構成は、三間四面の前面に庇を付加したもので、母屋の後方に須弥壇を構えて大日如来・尊勝仏頂・金剛薩埵の各像を安置し、母屋前面の庇に両界曼荼羅を向かい合うように懸け、それぞれに両界壇（大壇）を設けるというものである（冨島　二〇〇五、図5）。胎蔵界曼荼羅の後壁すなわち東の壁の裏側に南天鉄塔、金剛界すなわち西の壁の裏には釈迦成道の図を描いていたという。このうち金剛界側の後壁絵については、本来ならば中川寺成身院のように金粟王塔を描くのが教義的にもふさわしく、この点は実範も批判している（『三僧記類聚』「高野山伝法院後壁絵事覚鑁上人」）。

また本尊の仏後壁には、中央に金剛界五仏、西に五大尊（五大明王）、東に五菩薩（五大菩薩）を描き、その構成が東寺講堂の諸尊と同じであることは興味深い。母屋の柱には両界曼荼羅諸尊を描き、背面の庇の壁には十六祖師の像を安置していたが、これも東寺灌頂院と共通する。空海『秘密漫荼羅教付法伝』によれば、唐の恵果の青龍寺灌頂堂は内外の壁に両界曼荼羅諸尊を描いていたといい、東寺灌頂堂はこれにならったものとみられる。大伝法院本堂は中川寺成身院とともに青龍寺を規範にしたとされ（『真俗雑記問答鈔』）、空海にゆかりのある灌頂堂をもとにしていたわけである。

伝法院創建の目的は、毎年二季の伝法会と長日両界供養法、尊勝供養法、長日愛染王法、尊勝陀羅尼念誦を修することであった（「伝法院供養願文」）。伝法会では、『十住心論』をはじめ『釈論』『即身義』など密教教義についての談義が行われていた（栂尾　一九八二、松崎　二〇〇二）。

ところで、大伝法院の本尊大日如来像は頭光身光の諸尊種子、光背縁光の三十七尊、光背頂上部の宝塔をつけていたという。こうした形式は東寺講堂の中尊である金剛界大日如来像に求めることができ、『東宝記』によれば頭に法界定印すなわち胎蔵界の大日如来を中尊とする五仏宝冠を戴き、光背には金剛界三十七尊を化仏としてあらわし、頂部の大日如来は大日如来三昧耶形である宝塔であらわしていたという。堂内の荘厳とともに、大日如来像も東寺講堂を規範にしていたとみてよかろう。

6　永久寺真言堂

保延二年（一一三六）創建の永久寺真言堂については、醍醐寺に寛文六年（一六六六）の伝法灌頂を描いた指図が残る（醍醐寺文書　三四四函三〇号、藤井　一九九八）。これによれば真言堂は外陣と後戸をもつ仏堂で、内陣の中央後方に仏後壁を設け、その前に「大日」と記し、その前に左右に向かい合って両界曼荼羅を懸ける仏台を置き、それぞれの前には大壇が設けられている。この大日如来については、指図中に「此ハ自本尊」と記され、創建時からの尊像と見なしてよかろう（冨島　二〇〇六）。なお、現在、藤田美術館に蔵されている両部大経感得図（国宝）は、この仏台の背面に描かれていたものとされ、中川寺成身院と共通し注目される。永久寺の法流は醍醐寺金剛王院のものである。

7　三条白川房熾盛光堂

鎌倉時代の天台密教においても重要な事例がある。三条白川房熾盛光堂である。三条白川房は青蓮院の前身となる寺院で、鳥羽院の皇子覚快法親王が得度する際、小白川の地に創建された。元久二年（一二〇五）にいったんは

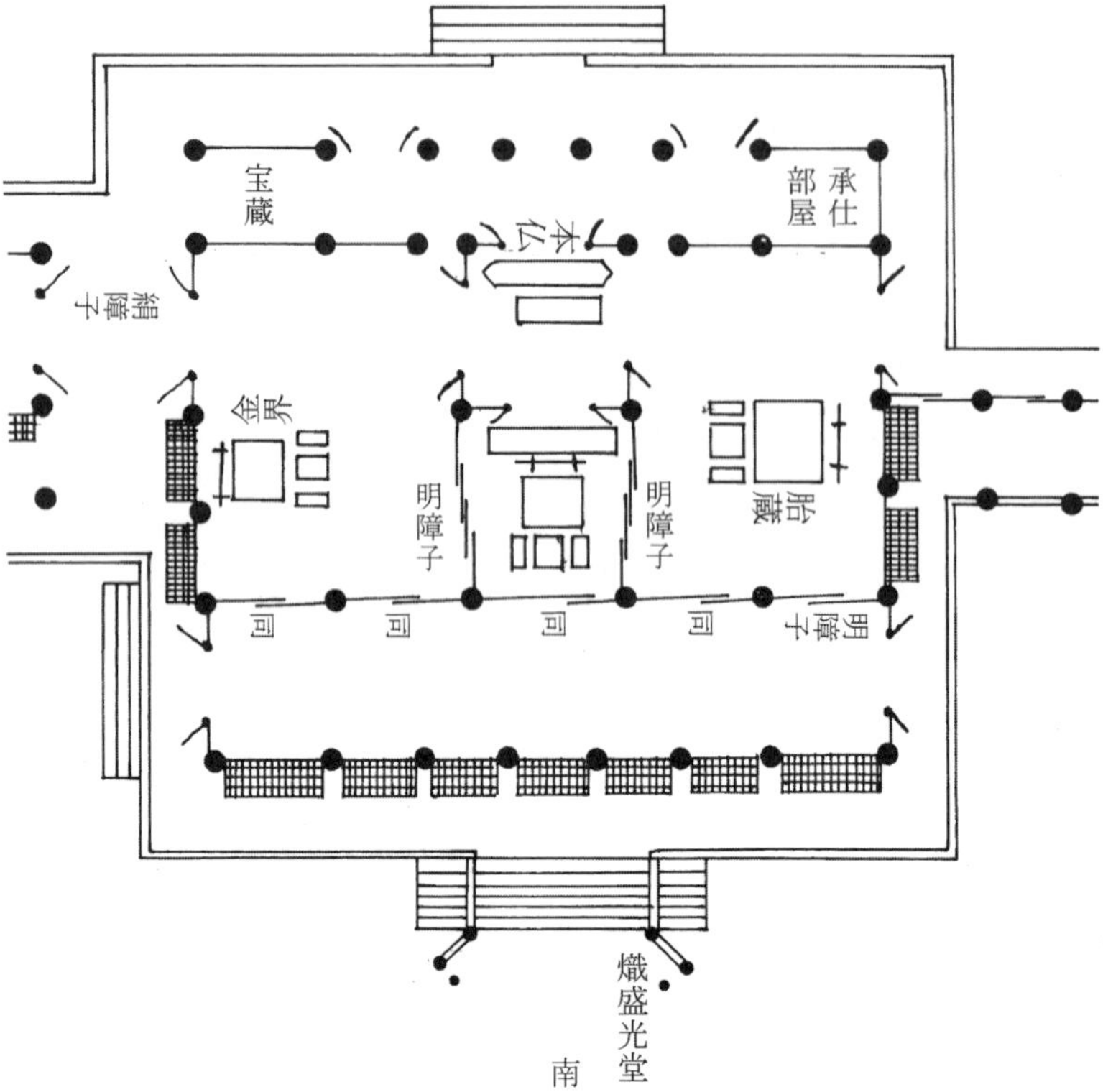

図6　『門葉記』灌頂一所収　三条白川房熾盛光堂指図

慈円がこの地を後鳥羽院に献上し、新たな吉水房を創建し、本尊として八尺の金銅一字金輪種子を安置する三間三面の熾盛光堂を建立した。この熾盛光堂では、天台密教の独自性を示す重要な修法である熾盛光法が修された。その後、貞応元年（一二二二）に三条白川房が再び返され、慈円が没した後、慈源によって伽藍が整備された。嘉禎二年（一二三六）、慈源は新しい三条白川房で慈賢から伝法灌頂を受けた。

新しい三条白川房の中心建物は熾盛光堂（大成就院とも呼ばれる）で、その構成は中央に熾盛光法の本尊を安置し、併せてその前の左右に両界曼荼羅を懸けるものであった（『門葉記』灌頂一、図6）。ここでは熾盛光法・伝法灌頂の他にも、嘉禎三年（一二三七）

の慈円十三回忌に結縁灌頂も修され、これは毎年恒例の仏事とされた。この新しい三条白川房熾盛光堂は、藤井恵介氏が指摘するように、円仁創建の比叡山総持院の多宝塔（胎蔵界五仏を安置）、灌頂堂（胎蔵大曼荼羅を安置）、真言堂（熾盛光曼荼羅を安置）という三棟からなる伽藍のうち、灌頂堂と真言堂を集約して成立したとみてよかろう（藤井　一九九八）。

8　光明峯寺金堂

九条道家が嘉禎三年（一二三七）から造営に着手した光明峯寺の金堂は、三間四面という平面形式をとり、等身の金剛界大日如来像を本尊とし、脇士として三尺の救世観音・千手観音・愛染明王・不動明王の各像を御帳内に安置し、加えて母屋の南東西には両界曼荼羅を懸けた（「九条道家初度物処分状」）。東西の庇には八祖師像を懸けた（松本　二〇〇五）。

図7　浄瑠璃寺大日如来像

光明峯寺には高野山根本大塔を模し、その半分の規模とした宝塔や、御影堂・伝法堂をそなえ、さらには高野山奥院を模し、その御影堂の下に自らの遺体を納めることにしていた。高野山にならいながらも、金堂の中尊を大日如来とすることころをみると、むしろ大伝法院本堂など十二世紀の真言密教の影響が考えられる。しかもこの大日如来像は、伊勢太神宮の心柱を御衣木としたものであり、密教の教主である大日如来とに日本の神々の頂点である天照大神を統合した、中世においてきわめて象徴的な像であった（冨島　二〇〇七）。

以上の他にも大日如来像と両界曼荼羅を併置する仏堂は、承安元年（一一七一）の浄瑠璃寺秘密荘厳院（真言堂）、建久七年（一一九六）の鑁阿寺本堂などが知られる。浄瑠璃寺秘密荘厳院は創建時の建物は現存しないが、当初の本尊と推定される金剛界大日如来像を残す点で貴重である（冨島　二〇一一、図7）。

三　中世真言密教における本尊と両界曼荼羅を併置する仏堂の広がり

藤井恵介氏は、本尊と両界曼荼羅を併せて安置する仏堂の成立を久安六年（一一五〇）再建の高野山金堂（Ⅲ期金堂）に求め、その建築構成が後世の金剛寺本堂や観心寺金堂などに影響したと考えている。しかし、これまで見てきたように、本尊と両界曼荼羅を併置する仏堂は平安時代初期から天台密教・真言密教双方に存在していた。中世における展開では、中川寺成身院を初見として、醍醐寺三宝院・大伝法院本堂・永久寺真言堂といった、大日如来と両界曼荼羅を併置する仏堂が、十二世紀前期、真言密教のもとに集中的にあらわれてきていることに注意しなければならない。

高野山金堂の沿革を見ていくと、十世紀半ばの高野山には阿閦・四菩薩・不動明王・降三世明王を本尊とする三間四面の講堂（御願堂とも呼ばれる）があった（『金剛峯寺建立修行縁起』）。これがⅠ期金堂である。この講堂が正暦五年（九九四）に焼失した後、長久三年（一〇四二）にⅡ期の金堂（薬師堂とも呼ばれる）が再建されるが、その平面構成は母屋五間で礼堂をそなえるものであった。天治元年（一一二四）に鳥羽院が行幸したときの記録には、本尊前の左右に金泥の五幅両界曼荼羅を懸け、それぞれ三時に限って供養法を修したという（『高野御幸記』）。藤井氏はこの供養法は、鳥羽院の御幸に際しての臨時の修法とみるべきとする。たしかに、記録からは恒常的に曼荼羅を懸けていたことは読み取れないが、金堂に両界曼荼羅が懸けられたことは、Ⅲ期金堂につながるものとして注目される。また、この鳥羽院による供養法が、同院によって醍醐寺三宝院で長日両界供養法が修され始めた時期にあたることにも注意しておきたい。

Ⅱ期金堂は久安五年（一一四九）に焼失し、翌六年に再建されたのがⅢ期金堂である。称名寺には寿永三年（一一八四）の金堂の指図（図8）が残されており、礼堂をそなえ、正堂には本尊を安置する五間×二間の空間と、その前面の両界曼荼羅を向かい合わせて懸ける同じく五間×二間の空間がそなわった構成であったことがわかる。保元元年（一一五六）には平清盛によって七鋪の大曼荼羅（血曼荼羅）が施入されている。

このⅢ期高野山金堂と大伝法院本堂の空間構成を比較してみよう。Ⅲ期高野山金堂が七間×七間、大伝法院本堂が五間×五間と高野山金堂のほうがひとまわり規模が大きいが、堂内は、いずれも本尊を安置する空間とその前の両界曼荼羅を懸ける空間、さらにその前面の礼堂からなり、全体としての空間構成は同じと言える。Ⅱ期高野山金堂の建築形態がはっきりしないため、建築形式としての成立について確かなことは言えないが、両者の関係について言えば、同じ高野山に早くに建立された大伝法院本堂が規範となり、両界曼荼羅の空間と礼堂を拡張・整備することでⅢ期高野山金堂にへと展開したと考えるのが自然であろう。

藤井恵介氏は、Ⅲ期高野山金堂は高野山の講堂と真言堂をあわせて成立したと考えた。しかし、『高野春秋編年集録』によれば、久安五年（一一四九）十月二十二日の両部灌頂は、真言堂が金堂などともに焼失したため、御影堂を真言堂とみたてて修されている。Ⅲ期高野山金堂が再建されてからも、仁平二年（一一五二）十月、両部伝法

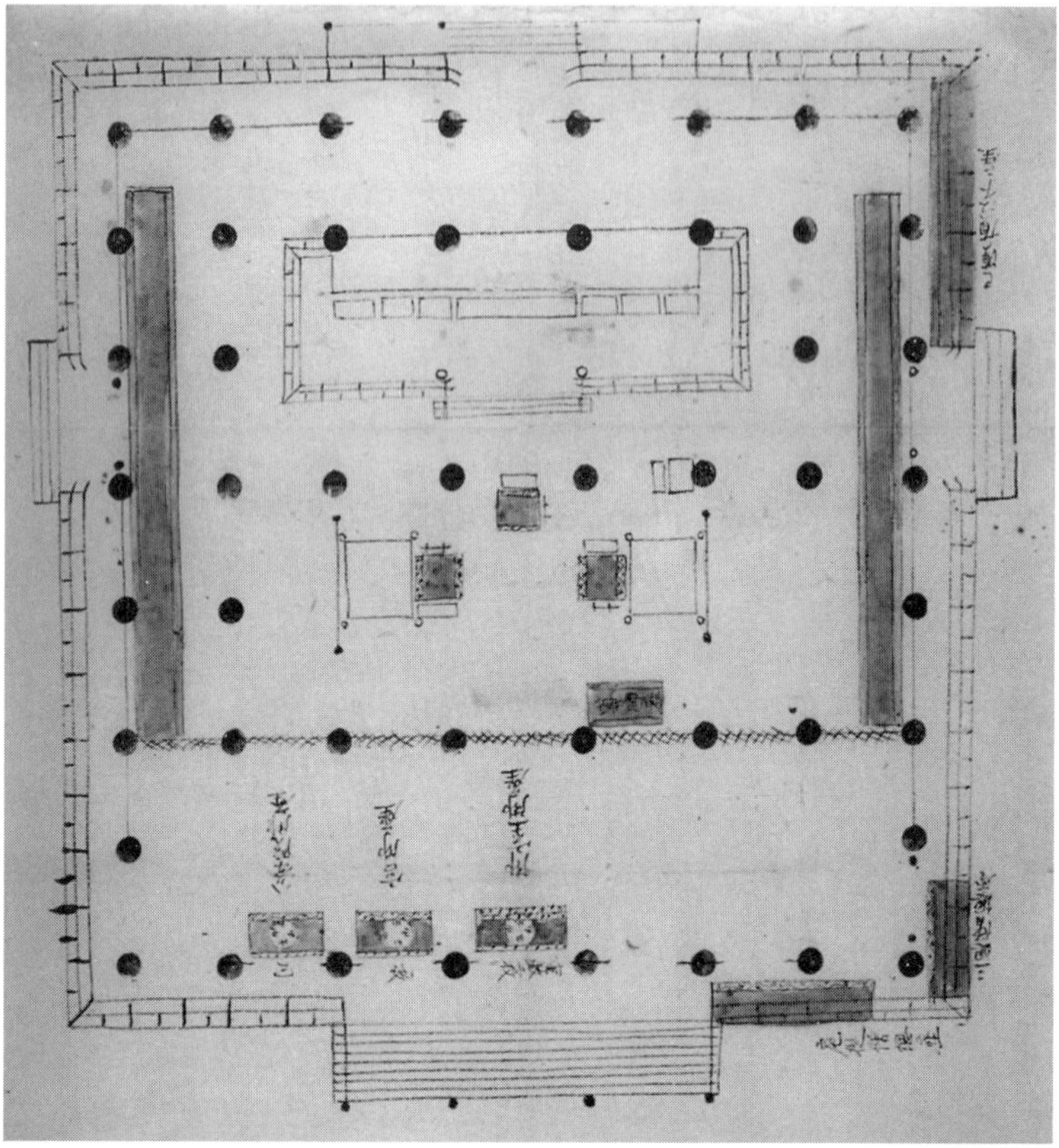

図８　称名寺蔵　高野山金堂指図

灌頂がはやはり真言堂で修されており、真言堂の灌頂の場としての機能が金堂に移ったことは確かめられない。Ⅲ期高野山金堂が、講堂と真言堂を集約して成立したとは考え難いのである。

さらにいえば、久寿二年（一一五五）、灌頂院が再建され、ここで結縁灌頂が修された。高野山の灌頂院は応徳三年（一〇八六）、仁和寺御室性信法親王によって結縁灌頂を修すべく建立されたもので、灌頂院の機能が金堂に移ることもなかったと考えなければならない。とすれば、高野山金堂に両界曼荼羅を懸けることになった契機として考えられるのは、天治元年に鳥羽院が行幸したときの両界供養法である。史料的に明確にはならないが、Ⅲ期高野山金堂の両界曼荼羅は、この両界供養法を恒常的な法会とすべく、醍醐寺三宝院や高野山伝法院（大伝法院）のように両界供養法を修するためであった可能性もあろう。

また、大伝法院本堂に見るような、大日如来と両界曼荼羅を併置する仏堂の展開においては、南都での広がりも注意すべきである。中川寺成身院と永久寺真言堂は、両界曼荼羅の後壁の画題まで一致しており、両者の影響関係があったことを考えなければならない。また、大伝法院も中川寺成身院の影響を無視しえない。金剛界曼荼羅壁背面壁画の釈迦成道図を実範から批判されたのも、仏堂の思想的背景が同じ密教教義に基づいていたがゆえのことであろう。

中川寺成身院を創建した実範は、興福寺一乗院権別当範俊の弟子であった（苫米地 二〇〇八）。中川寺も興福寺一乗院と深い関係にあったのである。その後、実範は醍醐寺で厳覚から真言を学んだという。中川寺は醍醐寺とも深い関係にあった。大伝法院を創建した覚鑁は、永久四年（一一一六）、醍醐寺理性院賢覚から伝法灌頂を受けている。内山永久寺は興福寺大乗院第二代頼実が建立、興福寺大乗院の末寺となっていた。頼実に続いて大乗院院主となった尋範は、一乗院院主であるとともに永久寺二世ともなった。そして、保延二年（一一三六）の永久寺真言堂の供養会では、小田原現観房上人が導師を勤めており（『内山永久寺置文』）、この仏堂が中川寺のあった小田原の諸寺と直接の関係のもとにあったことが知られよう。承安元年（一一七一）の浄瑠璃寺秘密荘厳の供養会でも、中川寺から職衆として出仕している（『浄瑠璃寺流記事』）。すなわち、大日如来と両界曼荼羅を併置する仏堂は、十二世紀前期から南都と醍醐寺を中心として広がっていったのである。

四　両界曼荼羅と法会

本尊と両界曼荼羅を併置する仏堂で修されたことが確認できる法会は、真言密教では伝法灌頂・結縁灌頂、両界供養法、伝法会がその代表と言える。大伝法院本堂では、両界曼荼羅を用いた長日両界供養法・伝法会とともに、本尊である尊勝仏頂に対する尊勝供養法が修されていた。観心寺金堂において、両界曼荼羅それぞれの大壇と、本尊の前に置かれた本尊供養のための壇という三つの壇の存在は、本尊と両界曼荼羅を併置する仏堂の宗教的な意義を端的にあらわしていると言えよう。天台密教でも、三条白川房熾盛光堂では両界曼荼羅をもって伝法灌頂・結縁灌頂が修され、本尊をもって熾盛光法という修法が修されていた。

東寺灌頂院では灌頂が修され、宮中真言院では後七日御修法、東大寺真言院では「息災増益之法」が修されていたので、灌頂堂（灌頂院）は灌頂専用の、真言堂（真言院）は修法専用の建築と考えられがちである。しかし、空海は帰朝後最初に活動を開始した神護寺に、両界曼荼羅を向かい合って懸ける真言堂を建立したが、これは鎮護国家のための念誦法すなわち修法のためであるとともに、結縁灌頂を修するためでもあった。空海による密教導入当初から、一つの仏堂において灌頂と修法の双方が修されることもあった。

平安時代後期でも、たとえば堀河天皇の御願寺として康和四年（一一〇二）に供養された尊勝寺では、供養会が終わると各堂塔に供僧を補任し、金堂、灌頂堂、薬師堂、曼荼羅堂（尊勝曼荼羅を安置）、五大堂、観音堂（六観音を安置）、五重塔では供養法を修していた（「康和四年尊勝寺供養記」）。顕密の多様な堂塔をそなえる御願寺伽藍では、供僧により本尊に対して供養法や読経など顕密の行法が日常的に修されており、灌頂堂でも毎年恒例の結縁灌頂以

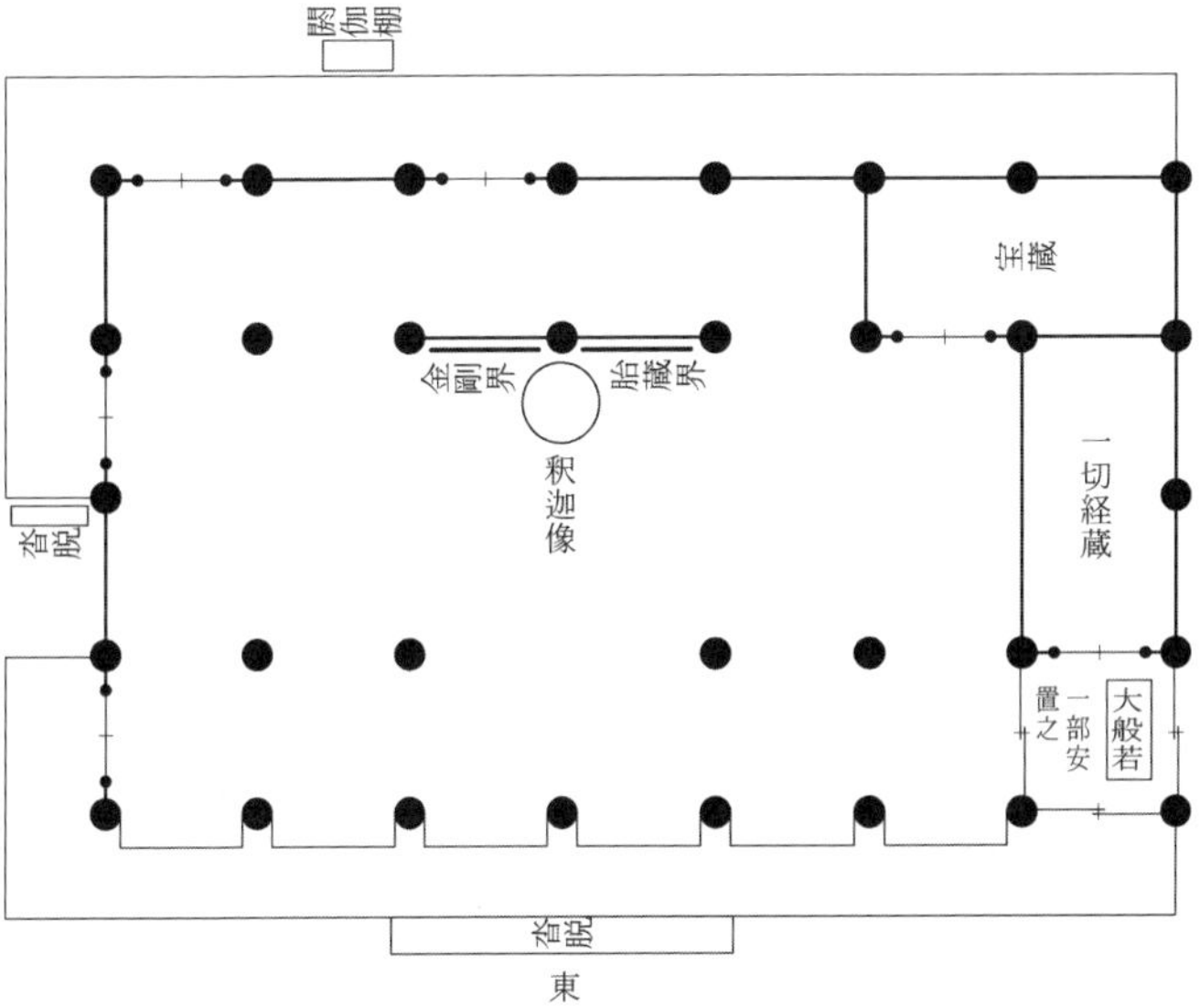

図９　『本寺堂院記』所収　仁和寺伝法堂伝法会指図

外に、両界曼荼羅をもって日常的に供養法が修されていたのである。東寺灌頂院でも建長四年（一二五二）、金剛界行法と胎蔵界行法が毎日交互に修すべく供僧三人が補任されている（『東宝記』六）。

　次に、伝法会はもともと空海が始め、高野山では真然によって春秋二季の伝法会が行われるようになった。これが衰退した後に覚鑁が興隆させたのであり、伝法院の創建は覚鑁による真言教学振興の一つに位置づけられる（梅尾　一九八二）。

　仁和寺では覚鑁による伝法会復興以前の天仁二年（一一〇九）、済暹によって伝法会が復興されていた（『本寺堂院記』）。この伝法会は「仁和寺堂」の「礼堂」で修したとされ、会場として礼堂をそなえた金堂・観音院灌頂堂などが考えられるが明確にしえない。治承二年（一一七八）になると、仁和寺にも伝法会のための伝法堂が建立され、ここで修された春季伝法会の指図が残る（『本寺堂院記』）。この指図によれば伝法堂は七間二面、東向きの建築で、本尊は釈迦と記され、その背後、南から第三・四間に仏後壁が設けられ、そこには左右に両界曼荼羅図が並べ懸けられていた（図9）。永久三年（一一一五）七月の仁和寺伝法会では、開白に胎蔵界供養法、結願には金剛界供養法が修されており、仏後壁に懸けられた両界曼荼羅はこの両界供養法のためのものと考えられる（『続群書類従』八二四「胎蔵伝法会」）。高野山大伝法院での伝法会でも、開白において「胎蔵供養法」が修されており（「伝法院本願覚鑁上人縁起」）、両界曼荼羅は伝法会からも求められていたのである。両界曼荼羅をそなえるⅢ期高野山金堂でも承安五年（一一七五）から伝法会が始められ（「高野仏事始行事」）、金剛寺本堂では治承二年（一一七八）の建立当初から伝法会が修された（『金剛寺文書』三〇）。

覚鑁による高野山の伝法会の復興には、仁和寺伝法会の影響が考えられる。覚鑁は保安二年（一一二一）、寛助から仁和寺成就院で伝法灌頂を授けられており（『血脈類集記』）、仁和寺での伝法会が伝法院の創建に影響したであろうことは想像に難くない（栂尾　一九八二）。春季仁和寺伝法会指図では伝法堂の本尊は釈迦と記されているが、建保三年（一二一五）の仁和寺伝法堂舎利会指図では本尊は「尊勝」とされ、創建時の伝法院の本尊尊勝仏頂との関係が注目される。春季伝法会指図の釈迦が誤りか、あるいは本尊が釈迦から尊勝に変えられたのかここでは明確にできないが、両者が影響関係にあったことは十分考えられる。

さらに、両界曼荼羅が用いられる重要な法会として、長日両界供養法も見落としてはならない。両界供養法は、これまで見てきた醍醐寺三宝院・大伝法院（伝法院）の他にも、後白河法皇によって再建された高野山大塔や東大寺大仏殿で修され、平安後期に大きく広がっていった法会である（冨島　二〇〇五）。鳥羽・後白河両院のもとで盛んに修されたことは、中世王権と両界曼荼羅の関係を考えるうえで注目される。東大寺大仏殿では本尊毘盧遮那仏を両部大日と見なし、その東西に両界堂を設けて、真言密教の僧侶が長日両界供養法を修した（藤井　一九九八）。大仏殿は重源によって再建され、そこで長日両界供養法が修されるようになるとき、東大寺の真言密教の拠点である東南院院主は三宝院勝賢であった（永村　一九八九）。重源も醍醐寺で出家し、密教を学んでいる。東大寺大仏殿での長日両界供養法の背景として醍醐寺、なかでも三宝院の存在を考えておかなければならないであろう。

五　中世真言密教における大伝法院本堂の意義

空海は「勧進奉造仏塔知識書」（『性霊集』）で、高野山金剛峯寺において最も重要なのは「毘盧遮那法界体性塔」すなわち大日如来を象徴する塔と、「胎蔵金剛界両部曼荼羅」すなわち両界曼荼羅であると述べている。大伝法院には、両界曼荼羅をそなえる本堂に加え、高野山根本大塔を半分の大きさに減じ、根本大塔と同じ胎蔵界大日如来を安置する宝塔が建立された（冨島　二〇〇五）。大伝法院は、まさに空海の構想した密教伽藍の核心にもとづく。

大伝法院本堂の荘厳は、仏後壁の尊像が東寺講堂の尊像と一致し、新たに中尊として加えられた大日如来像は、東寺講堂の大日如来像の宝冠・光背の形式を規範にしたものであった。こうした復古的な動きは、鎌倉時代に文覚が再興した神護寺にも見ることができ、講堂には文覚が仏師運慶に東寺講堂の中尊三体を写させた、大日如来・金剛薩埵・不動明王を安置したという（『神護寺略記』）。いずれからも空海への回帰という動きが読み取れよう。

また、両界曼荼羅を向かい合うように懸け、周囲をとりまく柱に両界曼荼羅の諸尊を描くことも東寺灌頂院と一致している。すなわち大伝法院本堂は、伝法院の尊勝仏頂を継承しつつ、東寺講堂と宮中真言院・東寺灌頂院という空海が構想した密教空間を凝縮することで成り立つものであった。密教の教主大日如来を復古的な像容で安置し、空海ゆかりの伝法会を復興して修する点において、大伝法院本堂は中世真言密教の復興のなかでも、とくに空海の理想とする密教寺院への回帰という側面を象徴する建築と言えるであろう。

その規範となった実範の中川寺成身院は、真言密教の仏堂の展開における一つの画期に位置する仏堂と言えよう。それまでの有力な真言密教寺院は、東寺金堂が薬師、金剛峯寺講堂が阿閦（薬師との説もある）、神護寺根本堂が十一面観音、貞観寺大堂が尊勝如来、醍醐寺下寺本堂が釈迦であるなど、大日如来を本尊とする仏堂が伽藍の中心となることはむしろ少なかった。

大日如来を中心に据える伽藍は、藤原道長の法成寺、白河天皇の法勝寺など、平安後期の氏寺・御願寺に多くみられる。とくに法勝寺を筆頭とする六勝寺は、院と仁和寺御室との密接な関係のもとに、大日如来を金堂の中尊として、両界曼荼羅を前面に押し出していく（冨島　二〇〇七）。中川寺成身院は、こうした院政期仏教の在り方を反映していると考えられる。大日如来を中尊とし、長日両界供養法を修する大伝法院本堂は、たんなる空海の密教の復興ではなく、大日如来と両界曼荼羅を核とした中世密教、ひいては顕密仏教の展開の重要な一面を反映していると考えられよう。

おわりに

本尊と両界曼荼羅を併置する仏堂は、真言密教・天台密教双方に平安時代前期から存在していたのであり、それが十一世紀初頭に実範の中川寺成身院、覚鑁の大伝法院など、真言密教の復興運動の中で、大日如来と両界曼荼羅を併置する仏堂として数多く建立された。安置仏や荘厳・法会という、建築空間にあらわれた仏教思想を読み解いていくならば、とくに大伝法院は東寺講堂と灌頂院の空間を規範とし、そこでは伝法会が修されるなど、空海への回帰という、平安後期における真言密教の復興運動を象徴する仏堂であったと言えよう。

ただし、大伝法院本堂は単に真言密教の内発的な復興運動の所産としてのみとらえるべきではない。真言密教における大日如来と両界曼荼羅を併置する仏堂の建立の背景として、院政期の王家と真言密教の密接な関係において、両界曼荼羅とその中尊である大日如来が重視されるようになってくることも見落としてはならない。大伝法院（伝法院）本堂、それに先行する醍醐寺三宝院いずれもが、鳥羽院の御願として建立されているのである。覚鑁が伝法院を創建したとき本尊は尊勝仏頂であったが、これは鳥羽院の御祈によっている（『伝法院供養願文』）。尊勝仏頂は、鳥羽院が格別に信仰した仏であり、ここには覚鑁の政治的な意図があったとも指摘されている（頼富　一九九七）。さらにそれを拡張した大伝法院は、大日如来を中尊とする点において、鳥羽院の御願寺としてふさわしいものであったと言えよう。

法勝寺・円勝寺をはじめ、院政期の御願寺では金堂の中尊が大日如来とされた。大江匡房の『後三条天皇御即位記』に、後三条天皇の即位儀において天皇が金剛界大日如来の智拳印を結んだとされるように、院政期には天皇と大日如来を結びつける言説もあらわれ始めた（上川　一九九一）。院政期には［天皇＝天照大神＝大日如来＝毘盧遮那仏］という神仏さらには聖俗をも包括するコスモロジーの中心軸が形成されてきたが（冨島　二〇〇七）、九条道家の光明峯寺金堂の伊勢太神宮の心柱を御衣木とした大日如来像は、こうした中世王権との関係から捉えられるべきである。そもそも天皇家と近い関係にあった道家であるが、光明峯寺を創建する直前の貞永元年（一二三二）、四条天皇が即位し、道家は外祖父となっていた。

醍醐寺三宝院灌頂院では長日両界供養法と結縁灌頂、大伝法院（伝法院）本堂では長日両界供養法が修されているが、いずれの法会でも両界曼荼羅が用いられる。これらのうち結縁灌頂は、院政権力を背景として密教僧の国家的な昇進制度に位置づけられ、とくに醍醐寺三宝院の結縁灌頂での神分投華は、院政期に成立した国家的な神社制度である二十二社制に基づく神々を両界曼荼羅の仏と結縁させるもので、この法会における王家と真言密教の密接な関係がうかがえる（冨島　二〇〇七）。また、長日両界供養法は鳥羽院御願の醍醐寺三宝院・大伝法院（伝法院）本堂で修されたほか、後白河院によって再建された高野山大塔や東大寺大仏殿でも修され、王家との関わりが深い。十一世紀にあらわれた大日如来と両界曼荼羅を併置する仏堂は、こうした中世の王家と真言密教の共通の指向性のもとに建立されたもので、中世顕密仏教の特徴的な仏堂の一つと言えよう。

醍醐寺三宝院や大伝法院本堂に見られる本尊と両界曼荼羅の併置、とくに建築形式においては後者が後の真言密教のⅢ期高野山金堂や観心寺金堂に影響を与えていったと考えられ、天台密教においては三条白川房熾盛光堂を生み出すことになった。天台密教の独自かつ最重要の修法の一つである熾盛光法を修し、さらに結縁灌頂・伝法灌頂を修する三条白川房熾盛光堂は、円仁創建の比叡山総持院の灌頂堂と真言堂を集約して成立したものである。熾盛光法は円仁が総持院で修したのを初例とし、三条白川房熾盛光堂の建立は、天台密教の祖とも言うべき円仁への回帰と言え、それは大伝法院本堂など中世真言密教の復興を象徴する仏堂の影響を受けてのことと考えられる。また、そこで修された法華法や法華八講は、法華経を根本経典とする天台教団の象徴的な法会と言えよう。三条白川房熾盛光堂は、都における天台密教の拠点にふさわしい、天台密教の中世における興隆を象徴する建築と言うべきであろう。

さらにもう一つ、建築史上においては、中世における仏堂の展開における重要な意義があると考えられる。本尊と両界曼荼羅を併置する仏堂は、密教寺院の中核となる本尊を安置する本堂（金堂）と、宗教儀礼として灌頂・修法のための灌頂堂（真言堂）を、一つの仏堂におさめることになった。さらに、堂内に設けられた蔵は、灌頂道具蔵や経蔵として、経蔵・宝蔵の機能を堂内に集約するものであった。これは、古代金堂にみられる礼仏堂としての機能をそなえた中門、そして回廊によって囲まれた前庭からなる空間が、中世には礼堂をそなえた一つの仏堂空間へと集約されていくとする山岸常人氏の見解（山岸　一九九〇）とも軌を一にする。本尊と両界曼荼羅をあわせて安置する仏堂は、今後、古代から中世への伽藍の変容過程においても検討される必要があろう。

参考文献

上川通夫　一九九一「中世寺院の構造と国家」『日本史研究』三四四。
栂尾祥雲　一九八二『日本密教学道史　栂尾祥雲全集　第六巻』臨川書店。
苫米地誠一　二〇〇八『平安期真言密教の研究』ノンブル社。
冨島義幸　二〇〇五「創建大伝法院の建築・空間とその特徴」『根来寺文化研究紀要』二。
冨島義幸　二〇〇六「推定中川寺成身院指図について」醍醐寺文化財研究所『研究紀要』二一。
冨島義幸　二〇〇七『密教空間史論』法藏館。
永村真　一九八九『中世東大寺の組織と経営』塙書房。
藤井恵介　二〇〇一「浄瑠璃寺伽藍再考」『仏教芸術』三一八。
藤井恵介　一九九八『密教建築空間論』中央公論美術出版。
堀池春峰　一九五七、五八「大和・中川寺の構成と実範」『仏教史学』第六巻第四号・第七巻第一号。
松崎恵水　二〇〇二「興教大師覚鑁による伝法会の復興」同『平安密教の研究』吉川弘文館。
松本郁代　二〇〇五『中世王権と即位灌頂―聖教のなかの歴史叙述』森話社。
山岸常人　一九九〇『中世寺院社会と仏堂』塙書房。
頼富本宏　一九九七「覚鑁の思想教義と尊格信仰」根来寺文化研究所『根来寺の歴史と美術』東京美術。

中世日本の即位灌頂と文化相伝の系譜

松本郁代

はじめに

本論では、主に中世を中心とする仏教と文化形成に関わる側面から灌頂をとりあげる。中世日本には、仏位受職を目的とした伝法灌頂以外に、天皇即位の際に天皇が修した即位灌頂や秘曲を伝える琵琶灌頂（榊　一九八〇）、和歌解釈の秘伝を伝える和歌灌頂などがあった。これらは皇位継承や詩歌管弦など「道々」といわれる学問や芸能を伝授（以下道々伝授と称す）する文化相伝を目的とした灌頂である。

仏教が文化形成に密接に関わっていた点は、室町時代以降に寄合芸能となった茶・花・香が、元々、仏の供え物として仏教儀礼に登場していたことからも明らかである（村井　一九七〇）。また、これら道々伝授は、近世以降、家芸となり独占的な文化相伝の系譜を形成する家元制度へと連続する（西山　一九八二）。文化相伝の一過程である灌頂の特徴は、灌頂に構想された仏教的世界観が師から資へと伝えられる相伝の系譜（起源）に歴史的正統性が構築されていた点が挙げられる。なお、本論で称す仏教的世界観とは、主に須弥山や四大洲、四海を中心とする須弥山世界や、大日如来を中心とする真言密教世界をモデルにした思想基盤の総称であり、一般には仏教的宇宙観や密教的世界観などとも称されるものである。

さて、仏教と文化との関わりは、茶・花・香のように仏教儀礼の一部であったものが次第に独立した文化を形成していったものと、詩歌管弦のように秘曲の伝授に仏教的世界観が用いられたものとがある。これらの多くは、仏教と切り離された「文化」として捉えられているが（熊倉　一九八八）、時代を経過しても、即位灌頂や道々伝授にともなう灌頂やその相伝の系譜（起源）の記録の多くは寺社に残されている。これは、中世における仏教的世界観の思想基盤は、寺社や仏教を母胎としたが、その影響は、広く社会文化的なものであったことを示している。

先に指摘したように、灌頂における仏教的世界観とは、灌頂の対象であった皇位継承や道々伝授の相伝系譜に関わる歴史的正統性を保証した思想基盤として存在していた。しかし一方で、仏教的世界のモデルは灌頂の目的によって解釈される対象であり、解釈されることによって仏教的世界観が拡張し、中世にはさまざまなバリエーションをもつ灌頂形式が生まれた。これは、文化相伝の系譜が仏教的世界という時空間の中で多様化したことを示している。

しかし、近世の終わりから近代において、西洋天文学による科学的な理論が日本に流入することにより、須弥山を中心とする世界観に疑念が抱かれ始めた（岡田　二〇一〇）。また真偽を価値基準にした新たな学問の登場は、それ自体で意味をなさない言説を「荒唐無稽」として退けてきた傾向にあり（伊藤　一九七二）、即位灌頂も「秘伝」や「偽書」などと形容された。これらを再考し中世独自の価値を見い出すことを目的にした『日本古典偽書叢刊』第一～三巻（現代思潮新社、二〇〇四・二〇〇五）が刊行され、灌頂にかかわる資料も紹介されたが、叙述に表されたことの歴史的意義は体系化されていない。

したがって本論では、灌頂にかかわる資料を文化相伝の系譜を表現した歴史叙述として捉え、具体的には即位灌頂のなかに構想された皇位継承の歴史的正統性を保証した仏教的世界観を中心に読み解く。そして、この即位灌頂の形式が和歌灌頂など道々伝授にも用いられ、それぞれに仏教的世界観を共有した文化相伝の方法が、前近代の文化を形成した文脈の一つに位置づけられた点を論じる。

天皇の即位儀礼としての即位灌頂やそこに構想された仏教的世界観は、これまで主に中世国家における体制的仏教としての意義が求められていた（黒田　一九七五）。皇位や文化に関わる宗教的要素が全て体制的仏教のイデオロギーに統合されたわけではないが、そこに歴史的意義までは見出されていない。よって、イデオロギーとしての体制的仏教とは別の視点から、即位灌頂に構想された仏教的世界観が、さまざまなバリエーションをもって文化相伝の道筋である系譜（起源）の歴史的正統性を構築していた点を提示したい。

一　仏教的世界観と灌頂

灌頂に構想された仏教的世界のモデルは、主に二つ挙げることができる。一つは三千大千世界を構成する須弥山を中心とする世界であり、もう一つは大日如来を中心とする真言密教の世界である。

須弥山とは五世紀に成立した『倶舎論』に基づく。この須弥山世界の土台は、虚空に浮かぶ円盤状をした巨大な風輪の上に、水輪・金輪という円盤があり、金輪の表面には中央に四角形をした須弥山がそびえ立ち、そこから同心方形に七つの山と海がそれぞれあった。そして一番外側の海には、陸地である南瞻部洲のほか、半月形をした東勝身洲、円形をした西牛貨洲、正方形をした北倶盧洲の四大洲が存在し、須弥山の頂上には、天界があり帝釈天を統領とする神々が住むとされた（定方　一九七三）。

また、須弥山をとりまく四方の外海を「四海」と称した。四海はもともと中国を中心とする天下とその四方にあたる地域や海域を示す用語であったが、日本の中世文書には「四海静謐」や「四海安全」などの用法がみられ、「世界」そのものを意味する用語として通用していた。また「南瞻部洲」は仏教界における日本の居所を示すものとして平安時代の納経銘などに記されていた。これらは須弥山世界の場所でありながら、現実的な地理に連続した世界として捉えられていたことを示している。

たとえば、寺家に伝えられた「即位法」には、天皇の即位灌頂として「四海領掌法」がある。この中には四大洲に比定された日本全土を結ぶ道々として、「四海印」という両手両指を組み合わせた形の印が登場する（『総持抄』「御即位之時奉授帝王事」）。この修法は、四海や四大洲を「領掌」する天皇の即位が構想されており、天皇には「四海印」が伝授されていた。また、十世紀には、天皇を四大洲の王である金輪聖王と同一視することで、天皇を須弥山世界の王に位置づけ（上川　二〇〇七）、さらに、十二世紀の記録には金輪聖王を「国主」と表現し、「日天子御胤子」（アマテラスの子孫）として理解されていたという（上島　二〇一〇）。このように、須弥山世界で完結する天皇即位が即位法として作られていた。

もう一つの仏教的世界のモデルは、大日如来を中心とする金剛界と胎蔵界によって構成される曼荼羅世界である。これらは現実的な地理としてではなく、灌頂の主体である天皇や道々の守護神を曼荼羅の神仏秩序のなかに位置づけるものとして存在した。金剛界と胎蔵界によって構成される両界曼荼羅は、それぞれに諸尊が配置され両部不二の形式をとる。それが皇位継承の灌頂では金剛界が王、胎蔵界が后妃に比定されたり、本尊である大日如来が皇祖神としてのアマテラスに比定されるなど、天皇の身体を交えた大日如来とアマテラスの関係が説明された。

伝法灌頂では覆面を施された受者が壇上に敷かれた曼荼羅に投花し、落下した浄花の場所にあたる尊格が、受者の名号として授けられ供養されるものであった（定方晟　二〇〇九）。しかし、即位灌頂や道々伝授の灌頂では曼荼羅を直接用いて何らかの儀礼を行うことはなく、解釈された仏教的世界観として存在した。

たとえば、鎌倉時代の天台僧慈円（一一五五～一二二五）による『慈鎮和尚夢想記』（以下『夢想記』と称す）には、皇祖神アマテラスと天皇家を三種神器と真言密教に結びつけた論が展開されている。

これによると、三種神器のうち「神璽」は、「清浄ノ玉」のことで「玉女」であり、天皇の「妻后」にも比定されていた。そして「宝剣」が「王躰」に見立てられ、両者が一対のものとして構想された。また、不動明王が持つ鞘を「神璽」＝后に見立て、「宝剣」＝王が鞘の中に入り一体化することが、「王躰」と「后躰」との「交合」を示すとされ、「王」と「后」が結合した形としての「不釣刀鞘印」という「印」が示されていた。その「印」の意味は、「王」と「后」とが一体化する「成就」そのものを表すのだという。さらに、「王」と「后」に比定された「宝剣」と「神璽」（「両種ノ種」）は「両部不二」の状態で「交合」した結果、「天子」が生まれ、それが「神鏡」であるのだという。つまり、この「天子」とは、未来の天皇、すなわち皇太子ということになる。そして、この「神鏡」は「天照大神ノ御躰（アマテラス）」であり、「大日如来」であるとされた。鏡をアマテラスであり大日如来とする発想はそれ以前にさかのぼるが（上島　二〇一〇）、慈円の『夢想記』によって天皇の神仏関係が体系的に説明され、その後の王権観に影響を与えた（阿部　一九八五）。いずれにしても三種神器の解釈を通して天皇誕生の神話を作り出した慈円の構想は、解釈された仏教的世界観の一つとして捉えることができる。

以上に示した須弥山世界の金輪聖王と、真言密教界の大日如来に比定された「天皇」は、アマテラスとしても解釈され、即位灌頂に構築された仏教的世界観の思想基盤にもなった。

二　即位灌頂にみる仏教的世界観

1　天皇をめぐる即位灌頂の歴史

即位灌頂とは、天皇が摂関家からあらかじめ伝授された「印」と「明」（真言）を、即位当日に高御座で修す行為をいう。印明伝授は摂関家のなかでも鎌倉時代中期に九条家から分立した二条家が行ったとされるが（小川　二〇〇五）、他の摂関家も即位印明を伝持していた。

即位灌頂の歴史は、後三条天皇（在位一〇六八〜一〇七二）に始まり、鎌倉時代の伏見天皇（在位一二八七〜一二九八）の即位以降に定着し、江戸時代末期の天皇まで続いたというのが定説となっている（橋本　二〇〇二）。

即位灌頂の実修の有無に関しては、天皇自身による記録と、後世の記録からたどる方法がある。後三条天皇による実修に関しては、同時代の大江匡房（一〇四一〜一一一一）が記した『後三条院御即位記』に「後三条院即位時、自小安殿端笏歩行云々、今度不然、主上此間結手、大日如来印持智拳」の記述があるが、この記事を史実とするか否かの評価は、まだ一定していない。

戦国時代から江戸時代における即位灌頂の実修は、天皇が高御座に座した後に印を結び明を唱えていた（『お湯殿の上の日記』天文五年二月二十六日条）。しかし、中世の即位灌頂は、高御座のほか太政官庁の後房から高御座に至るまでの間に印明を修した場合もあり（『伏見天皇宸記』正応元年三月十三日条裏書）、説は定まっていない（上川二〇〇七）。近年、即位灌頂の初出については、密教修法による天皇護持という観点や、即位灌頂を構成する仏教理念が後三条天皇の護持僧周辺で作られたとする説から、後三条天皇が即位灌頂を修したとする歴史的蓋然性が論じられている（上島　二〇一一）。また、後三条天皇の代始めには、それまでの大極殿や紫宸殿で行われた即位儀礼が太政官庁に替わり、天皇一代を護持する「御代始三壇法」（三壇不断の御修法、公家三壇の御修法、長日三壇法などと称される）も実修された。後三条天皇の代始めは、天皇護持僧が密教によって天皇を護持する修法が盛んになり始めた時期に相当する。

しかし、即位灌頂の思想基盤である仏教的世界観は解釈に解釈を繰り返していくため、即位灌頂が史上に登場した契機と、その後に展開する即位灌頂の歴史が、必ずしも歴史的一貫性をもっていたとはいえない。

即位灌頂は本来は密教修法であり、天皇が即位時に修した即位印明のほかに、寺家でも「即位法」として即位灌頂の印明が伝持されていた。これらの即位法は、即位する天皇に対し各寺家が独自の即位印明を作り、王権護持としての意味を込めたものである。そして、現在残る即位法写の成立時期から、その多くが鎌倉時代から南北朝時代にかけて作られたことが判明する。

2　即位灌頂の印明と実修

天皇が即位儀礼で修した即位印明は、金剛界大日如来の智拳印を結び真言を唱えるもので、江戸時代最末期に即位した孝明天皇まで伝授された。しかし、天皇に印明伝授した二条摂関家は、寺家と異なり伝授する印と明の意味を新たに作り出すことはなかった。

寺家が伝持していた「即位法」には、印明伝授の場面、即位印明に構築された仏教的世界観の意味、歴代天皇に対する伝授の系譜などが記されていた。なかでも仏教的世界観は、鎌倉時代後半に天皇家が大覚寺統と持明院統に分立したことなどにより、両統を擁す各流派や宗派ごとに様々な解釈が成立していた。

印とは、通常、両手両指を組み合わせ、本尊の悟りや誓願内容を形象化した指の形として理解される。一方、即位印は、その指の形象そのものに天皇即位に関わる仏教的世界観が構想されていた。その代表的な印として、金剛界大日如来を示す「智拳印」と、四大洲の王である金輪聖王としての「四海領掌印」の二つがあった。

以下、同じ醍醐寺のなかでも流派の異なる寺家に伝持された即位印から仏教的世界観を導き出したい。

まずは、醍醐寺金剛王院流に伝持された「御即位印信」（『大覚寺聖教目録』三八―四五）の口伝に沿って、「智拳印」（左手の人差指を立て、その人差し指を右手の指で包むように握る）の形の意味を印信にそって解釈する。

これによると両指によって形が作られた「智拳印」のうち、左の大指（空）・中指（火）・無名指（水）・小指（地）の四本が「四洲」を、頭指（人差指）は、「衆生命風」を示すのであるという。そして、左手の人差指を包む右手が「国主」であるという。続いて、この「印」は、本来の「智拳印」の形のように左手人差指の「風」に右親指の「空」を付けず（左手の人差指の先に右手の親指が被さるのではなく）、左手人差指の先には右手人差指の「風」に相当する人差指を付けるのであるという。その理由として印信口伝には「国主ノ命風」を表した右手人差指と、「四州ノ人民」を表した左手人差指を覆うことが、「仁恵」を衆生に覆うことであり、「国主人民一慈悲」を垂れることができる「印」なのだと説明している。この即位法は「無真言」であるという。この印信は、智拳印による両手指の組み合わせ方に意味を加えることにより、国主と四洲における衆生の相互関係を解釈した仏教的世界観が提示されている。

もう一つは、即位法のために作られた「四海領掌印」と称す印の形が意味する仏教的世界観を解釈する。この印は「即位法」の異称である「四海領掌法」に登場するもので、智拳印と全く異なる形をしている。醍醐寺三宝院流地蔵院系の「即位三宝院嫡々相承大事」（内題「四海領掌大事」『東寺観智院金剛蔵聖教』一八四―六六）の冒頭には、

「一印一明」（一つの印と一つの明）として提示されている。

これによると「四海領掌印」は、①金剛合掌（左右の掌を合わせ、それぞれ両手の指頭を交叉させた形）②二中指立宝形（左右の中指を立て合わせ宝形を作る）③二水二風立開（左右の薬指〈水〉と人差指〈風〉を立て開いた形）④二大二小立叉（左右の親指〈大〉と小指〈小〉を交叉させた形）、という四段階を経て「印」が次第に形作られるプロセスが記されている。

各①～④にはそれぞれ「明」が割り宛てられ、これらの後にそれぞれのプロセスにおける「印」の意味が記されている。これによると、②は「玉躰」であり、この「玉躰」を中心とする世界は、四方を「東夷・南蛮・西戎・北狄」に囲まれているのだという。しかし、「四衛」を意味する③が「玉躰」を護衛する指の形であるとする。このような世界の中心に配置された「玉躰」は、④の左右の親指が表す「天」と左右小指が表す「地」の中央に位置し、この天地を掌握するのが「帝王」なのだと説明している。さらに各プロセスの印に宛てた明を、それぞれ胎蔵界・后妃（①②）と金剛界・帝王（③）であるとし、これらの調和（④）が「歓喜適悦之義」を意味するのだという。

「四海領掌印」には、天地を掌握する帝王と、周辺の「四衛」を必要とする玉躰が描かれており、天皇を中心とする中華思想を読み取ることができるが、四方を囲まれた天皇（金剛界）と皇后（胎蔵界）とを両部曼荼羅に比定し両者の合一を説いている点は、仏教による天皇護持を表しているといえる。

以上に示した二つの即位印はそれぞれ伝持の流派が異なるものであり、その仏教的世界観の解釈である。しかし、即位印による仏教的世界観の違いは、この時代の天皇の存在意義を鮮明にしているといえる。

3　即位印明の起源

前項で紹介した即位法は具体的な即位印の意味を介して、仏教的世界観に位置づけられた天皇像を表現したものであるが、もう一つ、即位印明の起源と伝承を叙述した「即位法」がある。それは「東寺御即位法次第」（『東寺観智院金剛蔵聖教』一八四―文一五〇）の中に登場する「三印二明」（三種の印と二つの明）の説明である。

ここには①金剛薩埵印（外五古印）・明②四海領掌印・所作としての吒天明③智拳印・上吒天明と、それぞれ印と明が提示されていた。特に②の「吒天明」は真言を唱える「明」ではなく所作として宛てられた「明」であるため、「三印」に対し「二明」と表現されている。この即位法には、これらの印と明の起源が説明されていた。

すなわち、この「三印二明」のうち①金剛薩埵印明と③智拳印の上吒天明は、「大師請来」の時に加えられたものであるという。大師とは弘法大師空海（七七四～八三五）のことである。②「四海領掌印」と吒天明は「天照大神」の代より存在しており、真言としての「明」はないがそれに代わる所作が宛てられている。それは、両手を左右の肩に掛け、ある物に帰依するような所作をすることであるという。その所作が意味するところは、通常、重い物は肩に掛け、軽い物は手懐の中に持つ。しかし「大神ノ恩徳」は深いため、背負う所作をするのだと説明されている。

この「東寺御即位法」に示された三印二明は、大師請来の印明とアマテラスの代から存在した「四海領掌印」とを組み合わせた印であるとし、即位印明の起源を空海のいた古代からさらに神代に遡らせ、アマテラスと空海との関係性を提示している（桜井　一九九三）。

また、この後半には「宝祚四海領掌」として金輪聖王を意味する「明」と所作、偈讃「我本秘密大日尊　大日金輪観世音　観音応化日天子　日天垂跡名日神　此界能救大慈尊　所以示現天照王」の偈讃が記されていた。この偈讃は即位法以外の伝承や注釈書にもしばしば登場していたもので、すなわち自分（観音）は密教界の大日如来であるが、大日は金輪であり観世音でもある。観音が応化し日天子となり、日天が垂迹し日神となった。この世界を弥勒菩薩が救うため、「天照王」が示現するのである、という。

よって、「東寺御即位法」の前半が即位印明の起源と伝承に関する叙述であるとすると、後半は、金輪聖王や観音と同一視された大日如来が応化を経て、五六億七千万年後の未来に弥勒菩薩を迎えるため、アマテラスとして現世に示現した天皇と同体視された諸神仏転生の叙述として位置づけられる。

しかし、中世には即位灌頂以外にも、道々伝授による文化の継承方法として仏教的世界観をもつ灌頂儀礼が隆盛したのである。

三　文化相伝にみる灌頂の仏教的世界観

1　琵琶灌頂と和歌灌頂

本節で論じるさまざまな学問や芸能などの諸道に関わる道々伝授における灌頂とは、即位灌頂のように、皇位継承の歴史的正統性が印明伝授や天皇による実修によって象徴されたものではない。たとえば琵琶灌頂では秘曲の伝授（榊　一九八〇）、和歌灌頂では歌の名目の伝授（三輪　一九九四）が灌頂を意味した。そこで本項では、文化相伝の灌頂における大日如来が文化に対してどのように位置づけられているか論じる。

琵琶灌頂の口伝に、元久二年（一二〇五）三月、藤原孝道（一一六六～一二三七）撰「先帝王御灌頂次第」（宮内庁書陵部所蔵・伏見宮旧蔵楽書集成『琵琶灌頂次第』所収）がある。この口伝によると、「諸道きはむるをは灌頂と申す」

と記されている。琵琶灌頂を行う際は、前もって吉日を選び三日間「御精進」するのだという。その理由は琵琶灌頂が「大日如来最秘密灌頂」であるからとする。だからこそ灌頂が「上天下界諸天善神」に守護されるのであるという。そして「御灌頂」では「妙音天」を拝し、「御心中」で灌頂を授かる由を祈り、「琵琶」「賀茂大明神」「管弦のしゆくん（主君）神」を拝すのだという。

琵琶灌頂に登場するこれらの神々は、琵琶の技芸に関わる神である。すなわち、琵琶を「妙音天」の「三摩耶形」とする解釈である。三摩耶形とは、この場合、本尊である妙音天の誓願を表す持物のことで、「曲」や「本尊」の三摩《（昧）》地を示すとされる。そして琵琶灌頂は「大日如来最秘密の深法」に位置づけられている。しかし、この琵琶灌頂の本尊は妙音院であり、即位灌頂のように「大日如来」が灌頂を受ける天皇と同体視されていない。ここでの大日如来は琵琶の神々ではなく、灌頂の「最秘密」の尊格に位置づけられている。

もう一つ、大日如来が登場する文化継承の灌頂として、和歌灌頂がある。和歌灌頂は、六条家の藤原清輔（一一〇四～一一七七）が始めたといわれる。清輔によると、和歌灌頂は器量と経験の年数によって撰ばれた者が伝授されるものであり、伝授の巻は「玉津嶋明神」の守護がある旨も記されている（『奥義抄』下巻余・灌頂巻）。和歌の神には、古今集で歌聖と讃えられた柿本人麿・玉津嶋明神・住吉明神の三神があり、和歌灌頂の場には「和歌の五仏」を安置する旨が記され、この五仏には「人丸、赤人、猿丸太夫、小町、業平」の歌仙が比定されていた（『和歌灌頂』三手文庫）。もともと五仏とは、金剛界と胎蔵界の中心に位置する大日如来とその四方に配置された如来を指すが、和歌灌頂では歌仙を本尊とした仏教的世界観が作られていた。そして、和歌の神は、「和歌の証誠」に位置づけられ、和歌の五仏とともに御影が懸けられたという（三輪　一九九四）。また同書には「灌頂」に関して、歌の名目を家々に伝へ、人の訓る事是あり、されば、是等の事を教つたふる時の灌頂の作法なり、伝へとは、作法の巻、所の挙歌の名目をのへて伝るをいふ也、此灌頂は真言宗等にいふかごとし、世間（出世ノ灌頂ハ）国王、太子をまうけ給へる時は、四海の水を取りて、太子の頂にそゝき、国を継き給ふへき位をさたむ、是を立太子の灌頂と名つく、是等の義に入て、歌仙を定むる時、此作法あり、歌仙とは此道に長せるを云也、

と説明され、「灌頂作法」とは家々に相伝された歌の名目等や口伝を伝える時の作法であるとし、灌頂自体は「真言宗等にいふかごとし」と説明されている。後半には「四海の水」を太子の頭頂にそそぐことが「立太子の灌頂」であるとし、それが「歌仙を定むる」作法であるとする。そして、その歌仙とは「此道に長せる」者であるという。

この「立太子の灌頂」によって「歌仙」を定めたのが「人丸影供」と呼ばれる儀礼であった。人丸影供とは、柿本人麿の御影を掲げて供養し、影前にて歌会を催す儀礼のことをいう（山田　一九六六）。この儀礼は万葉学を重んじた六条藤家が人麿を賛美し、六条藤家の祖藤原顕季（一〇五五〜一一二三）が始めた儀礼であったが（竹下　一九七九）、鎌倉時代後期頃までには流派を問わず、歌会の場に人麿御影の掲出が常態化したという。

これらの記述から、和歌灌頂が「立太子の灌頂」である即位灌頂を踏まえた文化相伝の形式であるとともに、即位灌頂の仏教的世界観を起源として共有していたことがわかる。

2　文化的役割からみる大日如来

中世における大日如来とは、真言密教界や皇位継承の儀礼や「諸道きはむる」文化の起源に関わる尊格であった。それは天皇であればアマテラス、琵琶であれば妙音天、和歌であれば玉津島明神、住吉明神、人麿と、それぞれ

個々の神々と灌頂のなかで共存しながら、しかも灌頂全体を護持する尊格に位置づけられていた。

このように「灌頂」に登場する大日如来がになう文化的役割は、仏位受職から皇位継承や道々伝授の場にまで広がった。しかし、即位灌頂によって天皇が大日如来と一体となり、現世を含む仏教的世界観における究極位を獲得したと構想されても、天皇は即位後も引き続き密教によって護持される対象であった。つまり、密教による護持を必要とした天皇や天皇家は、象徴的な密教王としての王権を獲得したが、密教を離れた場で絶対性を持ち得ることはなかった。その意味で即位灌頂における大日如来とは、王権との関わりで作られた尊格であった。道々の継承における大日如来は「灌頂」の護持仏にはなったが、すでに道々の文化を護持する神仏が形成されていたため、文化そのものを護持する仏には至らなかったのである。いずれにしても、大日如来が仏教と皇位や文化を結びつけた尊格であったのは明らかである。ただし、さまざまな家や流派で行われた灌頂に、同じ仏教的世界観の大日如来が「型」として構想されていたわけではない。家や流派の灌頂にそれぞれの仏教的世界観や大日如来が構築されたのである。

このように構築された仏教的世界観には、灌頂の対象や目的に関わる成立の起源が表現されていた。これらの表現は、文化相伝の系譜を支える思想基盤となった。灌頂によって相伝された文化は、仏教的世界観によって逆に相伝の系譜の歴史的正統性が保証された。しかしこれらを必要としたのは、灌頂が制度的な継承の方法として確立されるまでであった。制度的な継承の方法が次第に整備されていくにつれ、伝授方法としての灌頂は形式的に残されても、そこに構築された仏教的世界観や相伝の系譜の歴史的正統性は、江戸時代における家元制度の成立と相俟って形骸化していった。

おわりに

本論が提示した即位灌頂は、密教に護持された天皇即位のほか、仏教的世界観を新たに作り出す思想基盤としての意味をもっていた。そして、この灌頂の形式がさらに道々伝授の灌頂とも結びつき、文化相伝の回路となった。

これまで伝法灌頂、即位灌頂と道々伝授の方法としての灌頂は、時代が下るにつれてそれぞれ別個の問題としてとりあげられる傾向があった。しかし、灌頂の場や対象が寺社や仏教界から離れても、思想基盤として仏教的世界観を共有していた限り、両者を全く切り離すことはできない。

むしろ、灌頂による伝授形式が皇位継承や道々伝授の方法にまで取り入れられたのは、その背景に思想基盤としての仏教的世界観が存在していたからであると考えられる。中世の時空間に対して一種の普遍性をもっていた仏教的世界のモデルは、解釈された世界観として文化相伝の歴史的正統性を支え、また、伝法灌頂が法流血脈を構築したのと同様に、文化相伝の行為が一回で完結するのではなく連続性をもつ系譜として成立した点も、仏教による師資相承の形式を「共有」していたためといえる。文化相伝における灌頂形式が伝法灌頂の「模倣」ではなく「共有」と表現したのは、相伝対象である文化に応じて仏教的世界観が新たに解釈され、灌頂形式もそれに伴い変化したため、全くの「模倣」には当てはまらないからである。

また、文化相伝の方法としての灌頂は、皇位であれば最高位、道々伝授であれば最終の目標というように、究極に到達する意味として用いられた。これらは元々、真言密教の至高尊である大日如来の意味が、究極性を必要とする文化相伝の灌頂に用いられたといえる。

かかる意味で、文化の相伝系譜の歴史的正統性を構築した仏教的世界観とは、第一節で挙げた原型としての仏教的世界のモデルではなく、解釈された仏教的世界観が逆に歴史的正統性を作るための思想基盤となり、灌頂という伝授形式を共有することによって、究極的な文化の相伝系譜を実現したといえる。

しかし、時代が下るに従って相伝の流派が増え、究極の世界を相伝した流派が増加すれば、その意味は次第に形骸化していった。そこで仏教的世界観とは別次元にある超越性が他流に対する排他的な主張として求められた。流派が多く登場した鎌倉時代後半から南北朝時代以降における道々伝授の灌頂は、即位灌頂を道々伝授の次第に取り入れたり、天皇に道々の文化を伝授した。これにより文化相伝の系譜は王権を背景にした貴種という超越性を帯びるようになったのである。

西山氏は芸道を継承する灌頂について、「究極位に至る証として、印信と呼ぶ相伝状が与えられたのであるが、このような灌頂式と印信はその精神・形式・内容において、後世の芸能諸流が行った秘技相伝の原型」（西山　一九八二、一四七頁）であるという。灌頂によって相伝の体系が整備されることが「家芸の独占化」につながり、灌頂は「文化伝承の型とするあらゆる文化領域に波及していった」（西山　一九八二、一四八頁）とする。独自の文化機能をもつ家元制度が確立したのは江戸時代に入ってからのことであるが、このような型としての思想基盤には、即位灌頂と文化相伝の系譜を形成した中世以来の仏教的世界観があった。

寛政十一年（一七九九）に著された『香道秘伝書集註』の序文には、「今国土治り、四海海《ママ》しづかにして、万民其所を得、其楽みをたのしむあまり、各諸芸に遊ぶ中に、近来、香道の世にすたれるをおこし、たえたるを継て、都鄙の貴賤男女これをもてあそぶこと盛なる也」（堀口　二〇〇九、七頁）と、「四海」のある須弥山世界を世間と捉えている。家元制度が成立した後も、世界を捉えるための方法として仏教的世界観が存在していた一例として見ることができる。
仏教的世界観という中世的な時空間の常識によって提示された歴史的正統性は、即位灌頂や琵琶灌頂など文化相伝の系譜を形成した。しかし、仏教的世界観を思想基盤にした相伝の系譜が次第に分派していくなかで、これらの意味も再解釈されながら次第にその意味自体が形骸化していったのである。

参考文献

阿部泰郎　一九八五　「中世王権と中世日本紀」『日本文学』三四―五。
伊藤正義　一九七二　「中世日本紀の輪郭」『文学』四〇―一〇。
上島享　二〇一〇　「勝覚筆『護持僧作法』の世界―密教僧による世界観」『日本中世社会の形成と王権』名古屋大学出版会。
岡田正彦　二〇一〇　『忘れられた仏教天文学』ブイツーソリューション。
小川剛生　二〇〇五　『二条良基の研究』笠間書院。
上川通夫　二〇〇七　「中世仏教と「日本国」」『日本中世仏教形成史論』校倉書房。
熊倉功夫　一九八八　「秘伝の思想」守屋毅編『大系仏教と日本人七　芸能と鎮魂』春秋社。
黒田俊雄　一九七五　『中世の国家と仏教』岩波書店。
榊泰純　一九八〇　「琵琶の秘曲伝授作法と妙音天」『日本仏教芸能史研究』風間書房。
桜井好朗　一九九三　『祭儀と注釈』吉川弘文館。
定方晟　一九七三　『須弥山と極楽』講談社。
定方晟　二〇〇九　『長楽寺灌頂文書の研究』春秋社。
竹下豊　一九七九　「六条藤家をめぐって―歌道家の成立と展開」『女子大文学　国文篇』三〇。
西山松之助　一九八二　『家元の研究』『西山松之助著作集』第一巻、吉川弘文館。

橋本政宣　二〇〇二『近世公家社会の研究』吉川弘文館。
堀口悟　二〇〇九『香道秘伝書集註の世界』笠間書院。
三輪正胤　一九九四『歌学秘伝の研究』風間書房。
村井康彦　一九七〇「茶・花・香の系譜」藝能史研究會編『日本の古典芸能五　茶・花・香』平凡社。
山田昭全　一九六六「柿本人麿影供の成立と展開」『大正大学研究紀要』五一。

立山山麓芦峅寺の布橋大灌頂

――日本の民間信仰にみる「灌頂」儀礼――

福江　充

はじめに

越中立山は、平安時代には『本朝法華験記』や『今昔物語集』の立山地獄説話が物語るように、その山中地獄の存在が人々に広く知られ、以後、そこに行くと死者に会える山、あるいは死者の生前の罪が裁かれる山として多くの人々の信仰を集めた。

江戸時代、立山の山麓にはこうした立山信仰を護持し、人々の立山禅定登山を支え、さらに全国各地で布教・勧《かん》進《じん》活動をして廻った衆徒たちの拠点村落として、芦峅寺《あしくらじ》（現、富山県中新川郡立山町）の村があった。

集落の中心部は芦峅中宮寺と総称され、媼《うば》堂・閻魔堂・帝釈堂・布橋・立山開山堂・講堂・拝殿・大宮・若宮・立山開山廟所などの宗教施設が神仏混淆の状況で建ち並び、その周囲を門前として百姓家がとりまいていた。衆徒たちは芦峅中宮寺を中核として自分たちの組織を一山と称し、江戸時代後期には三十八軒（三十三衆徒と五社人）

の宿坊を構えていた。芦峅寺は加賀藩前田家の支配下に置かれており、同藩の祈願所や立山禅定登山の基地としての役割を果たしていた。

この村では、毎年秋の彼岸の中日に、女性の浄土往生を願って「布橋大灌頂」と称する儀式が行われており、多くの女性参詣者で賑わっていた。

さらにこの儀式は、同じく芦峅寺衆徒が執行した大施餓鬼・血盆納経式とともに、立山信仰ならではの女人救済儀礼として、庶民層にだけでなく、江戸城の関係者や諸大名家など近世身分制社会の最上層の人々にも認識されていた。幕末期には、第十三代将軍徳川家定の夫人の天璋院篤姫や第十四代将軍徳川家茂の夫人の皇女和宮をはじめ、多くの大奥女中、あるいは諸大名家の藩主夫人や奥女中らも布橋大灌頂や血盆納経式に関心を示し、宝泉坊などの宿坊家に白布や金銭を寄進し、結縁している。

このように江戸時代、女性の参詣者で賑わった布橋大灌頂も明治初年の神仏分離令、および廃仏毀釈の影響で廃止されるが、近年、平成八年九月二十九日、同十七年九月十八日、同十八年九月十七日、同二十一年九月二十七日、同二十三年九月二十四日の五度、布橋灌頂会実行委員会の主催で、芦峅寺村の閻魔堂や富山県［立山博物館］の布橋、遙望館を舞台に復元イベントが開催され、いずれの折も大勢の人々で賑わっている。さて、本稿では、こうした立山信仰における布橋大灌頂を題材として、以下、日本の庶民の「灌頂」に対する信仰がいかなるものなのかを検討していきたい。

一　境界・滅罪装置としての布橋

芦峅寺には、かつてこの世とあの世の境界として丹塗りの木橋が架かっていた。その橋は「布橋」と呼ばれ、芦峅寺の人々が山中での畑作や狩猟など日常生活の中で渡り、また立山登拝者たちにも山中に向かう際にはこの道しかなかったので、必ず渡った。

布橋界隈の状況を少し詳しく見ておきたい。立山道に従い芦峅寺の宿坊街を立山方面に進むと、そこを過ぎた少し先の高台に閻魔堂がある。さらに堂脇の明念坂を下ると媼谷川に行き当たり、そこには布橋が架かっている。布橋を渡ると、その先に媼堂や墓地がある。芦峅寺の人々には、この媼谷川とそれに架かる布橋がこの世とあの世の境界と信じられていた。布橋を渡る手前の閻魔堂側はまだこの世で、橋を渡った先の媼堂境内地や墓地、立山山中の領域はすべてあの世と見なされていた。江戸時代後期、こうした布橋の特異性を活かして前述の布橋大灌頂が行われていたのである。

布橋の特異性は、その建築的特徴にも起因する。橋の各部分が仏教思想に基づくさまざまな数字に合わせて造られており、それを渡った人々の罪は消滅するものと考えられていた。橋の長さ二十五間は二十五菩薩（媼堂御拝《ごはい》より橋詰までの距離が二十五間で、それを二十五菩薩とする説もある）、高さ十三間は十三仏、幅二間のうちの実質幅九尺は九品の浄土、桁の数四十八本は阿弥陀如来の四十八願、敷板の数百八枚は百八つの煩悩の数、あるいは数珠玉の数、欄干の擬宝珠《ぎぼし》の数六個は「南無阿弥陀仏」の六字名号あるいは六地蔵菩薩、釘・鎹《かすがい》の数三万八千八本は法華経の文字数といった具合である。また、布橋は密教寺院の堂内に懸けられる金剛界曼荼羅と胎蔵界曼荼羅のいわゆる両界曼荼羅に譬えられ、敷板の裏には、実際に金剛界・胎蔵界の中心的な仏の種子が墨書されていた。

このように、布橋は宗教の橋そのものなので、芦峅寺の縁起には、唐の天台山方向寺（天台山は現在の中国浙江省台州市に位置する。仏教・道教の有名な聖地）にある石橋（石梁飛瀑《せきりようひばく》）に譬えられている。また布橋は、高野山奥の院の御廟川に架かる無明の橋、伊勢の五十鈴川に架かる宇治橋とともに日本三霊橋のひとつとされた。なお、伊勢の宇治橋の代わりに、山城国山崎の淀川に架かる山崎橋（奈良時代の僧の行基が架けたと伝えられる）や日光山の大谷川に架かる神橋があてられる場合もあった。

ところで布橋に対しては、布橋大灌頂の〝法会〟のイメージがあまりにも強く、仏教思想にのみ基づいて成立した橋のように思われがちだが、一方で、布橋は神道的な橋でもあり、神仏混淆していた。

芦峅寺一山会や芦峅寺雄山神社所蔵の古文書をはじめ、布橋の擬宝珠や橋札などの銘文から、布橋が近世初頭にはすでに架けられていたことがわかる。当時は媼堂の手前を流れる媼谷川に架かっていたので、単純に「媼堂の前の橋」と呼ばれていた。まるで媼堂の付属施設のような名前である。それが江戸時代中期頃になると、人々の間で「天の浮橋」という神道的な名前で呼ばれることが一般的となり、その後も長く続いた。そして、現在一般的に知られる「布橋」の名前で呼ばれるのは江戸時代後期の文政期頃からである。

二　芦峅寺の媼尊信仰と布橋大灌頂

1　媼堂と媼尊

江戸時代、媼谷川の左岸、閻魔堂の先の布橋を渡った所に、入母屋造り、唐様の媼堂が建っていた。堂内には本尊三体の媼尊像が須弥壇上の厨子に祀られ、さらにその両脇壇上には、江戸時代の日本の国数にちなみ、六十六体の媼尊像が祀られていた。その姿は乳房を垂らした老婆で、片膝を立てて坐す。容貌は特異で、髪が長く、目を見開き、中には口をカッと開けたものや般若相のものもあり、いかにも恐ろしげである。現存の像は、いずれも南北朝時代〈現存最古の媼尊は永和元年〈一三七五〉に成立したものである〉から江戸時代にかけて造られている。芦峅寺の人々はもとより、越中国主佐々成政や加賀藩初代藩主前田利家らの戦国武将たちも、この異形の媼尊を芦峅寺で最も重要な尊体と位置づけ、信仰してきた。

2　布橋大灌頂における媼尊の意義

芦峅寺が立山信仰の宗教村落になる以前から、同村には猟師や杣・木挽などの山民や焼畑農民が土着の人々として存在しており、彼らはいずれも、東北地方などに多くの事例が見られるように、女性神でたくさんの子供を産み、恐ろしい性格の持ち主とされる「山の神」を信仰していたものと推測される。芦峅寺の媼尊は、まずこうした「山の神」を根源とするものであろう。

その際、芦峅寺の山民や焼畑農民にとって、山の神の代表格は大日岳の山の神だったに違いない。それは、狩猟や焼畑などでの彼らの中心的な活動場所が、主に大日岳に連なる山々だったからである。その後、媼尊は同村が宗教村落として宗教者主導の村に変わっていくと、鎌倉時代頃から日本で盛んになった外来の十王信仰の影響を受け、南北朝時代頃までには、三途の川の奪衣婆と習合した。

江戸時代には奪衣婆の信仰が庶民に広まり、ますます盛んになるにつれ、芦峅寺の媼尊も奪衣婆そのものになっていった。しかし、妖怪的な奪衣婆では、芦峅寺の中心尊として格式がもてない。そこで芦峅寺の宿坊衆徒たちは媼尊の縁起を作り、それに仏教の尊格を当てた。まず媼尊を立山大権現の親神とし、次に阿弥陀如来・釈迦如来・大日如来・不動明王などの本地を説き、それが垂迹して、異形の媼尊の姿で衆生を救済するのだとしたのである。

さて、以上見てきたよう媼尊の性格からすると、同尊が多数安置された媼堂は、山の神が住まうミニチュアの立山ということになるであろう。

三　布橋儀式に対する呼称の変遷

延享四年（一七四七）九月に芦峅寺衆徒・社人中から加賀藩寺社奉行所へ宛てられた書付（芦峅寺雄山神社蔵）には、文中に「御媼堂御宝前之橋、今般御祭礼布橋之由緒申上候」と記され、媼堂前の橋を利用して行っていた儀式、いわゆる布橋儀式の名称が「布橋」であり、祭礼として認識されていたことがわかる。

時代はこれよりかなり下り、寛政期の史料から布橋儀式の呼称をうかがうことができる。寛政七年（一七九五）の芦峅寺大仙坊「立山御媼尊布橋施主帳」（芦峅寺大仙坊蔵）と同年（一七九五）、同坊「立山御媼尊布橋布施主帳」（芦峅寺大仙坊蔵）はともに版本で、全く同じ勧進文言をもった史料である。ただし表題を見ると、前者が「布橋施主帳」、後者が「布橋布施主帳」とあり、表現の微妙な差異が見られる。これによって、ここで言う「布橋」が祭礼を示す固有名詞であることがわかり、当時、芦峅寺一山では布橋儀式を「布橋」と呼称していたことがわかるのである。さらにこれは前述の延享四年（一七四七）の史料の中で用いられている布橋儀式の呼称と共通しており、したがって布橋儀式は延享四年頃から寛政七年頃まで、のちに見られるような「布橋大灌頂」ではなく、「布橋」の固有名詞で表現されていたことがわかる。

一方、「灌頂」の用語については古文書史料を管見する限り、文化二年（一八〇五）の芦峅寺善道坊「立山御嬶尊荘厳施主帳」（富山県［立山博物館］蔵）に、「御前ニ有橋。天浮橋ト号ス。此上ニ秋之彼岸中日ニ三百六十返白布を補、灌頂修行シ、諸人を渡」と記されたものが初出である。「布橋」と「灌頂」の用語が合体した「布橋灌頂」の用語については、文政十年（一八二七）の芦峅寺相善坊「北国立山御嬶堂別当奉加帳」（富山県［立山博物館］蔵）に、「御宝前天浮橋有。此橋善根男女外不渡故、十方男女後生成仏為、秋彼岸中日白布三百六十端懸渡、貴賤男女導渡故、布橋大灌頂号」と記されたものが初出である。

ところで、布橋を利用して行われた何らかの灌頂修行が、文化二年（一八〇五）の前述の史料に記されるように、当時すでにのちの天保期の布橋大灌頂〝法会〟の形態にかなり近づいていたとしても、それに対する「布橋灌頂」の用語はまだ生まれていなかったか、あるいはすでに造語されていても、芦峅寺一山の間ではそうした呼称はまだ慣例化していなかったようである。

文政五年（一八二二）から文政十二年（一八二九）の間に成立した「立山本地阿弥陀如来略記」（芦峅寺日光坊蔵）には、白布橋の行き渡しや庭儀などで構成された布橋大灌頂と思われる法会が記されている。その文中に「布灌頂秘法」といった用語が見られ、「布橋灌頂」の用語が成立する直前の段階を示していると考えられる。さらに芦峅寺に現存する版木のうち、文政九年（一八二六）に製作され、「灌頂」の用語が刻まれ、内容的には明らかに布橋大灌頂の儀式を示唆するものが見られるが、その文言には「布橋灌頂」の用語は見られない。

芦峅寺には「立山峯和光大縁起」と「芦峅中宮寺嬶堂大縁起」「神分」の縁起三巻で一セットをなす立山大縁起が三種類現存する。それらは、安永八年（一七七九）に製作された「日光坊本」（芦峅寺日光坊蔵）と文化十四年（一八一七）に権教坊が加賀藩寺社奉行所に提出した「芦峅寺一山会本」（芦峅寺一山会蔵）、文政十二年（一八二九）

に龍淵が誤りや難句義弁を訂正した「泉蔵坊本」（円隆寺蔵）である。これら諸本のうち、とくに「芦峅中宮寺媼堂大縁起」に記載された布橋儀式の呼称のあり方を見ると、文政期以前に成立した「日光坊本」と「一山会本」には「布橋灌頂」の用語は見られないが、文政十二年に訂正された「泉蔵坊本」にはそれが見られる。また、同年三月に芦峅寺から加賀藩寺社奉行所に宛てられた覚書や、同年の芦峅寺一山「当山古法通諸事勤方旧記」（芦峅寺一山会蔵）にも「布橋灌頂」の用語が見られる。さらに、天保期に入ると布橋儀式は完全に「布橋灌頂」の呼称で呼ばれるようになる。

以上の事例から推測すると、「布橋大灌頂」の用語・呼称は文政末期、それも文政十二年頃に一般化してきたようである。

四　布橋儀式の内容の変遷

芦峅寺文書などの古文書史料から、江戸時代中期から後期までの布橋儀式の内容について見ておきたい。

享保七年（一七二二）の「定（立山大権現祭礼御餉米記・立山御媼堂祭礼御餉證明記）」（芦峅寺大仙坊蔵）には、立山大権現祭礼と立山御媼堂祭礼に必要な供物や灯明の費用、あるいは祭礼執行に必要な費用が書き上げられている。とくに毎年旧暦の六月十二日から十五日にかけて執行された「立山大祭礼」、すなわち立山大権現祭礼には七石が必要とされ、また媼堂の祭礼については「八月彼岸祭礼」、すなわち、のちの「布橋大灌頂法会」の前身に当たると思われる祭礼に対し十八石五斗が必要とされている。

ここで注目すべきは、「八月彼岸祭礼」や「立山大祭礼」がいずれも「祭礼」として表記され、芦峅寺一山の年中行事になっている点である。さらに「八月彼岸祭礼」については、それが「立山大祭礼」よりも二倍以上も費用がかかる芦峅寺一山最大の祭礼になっている点も注目すべきである。

この史料からは「八月彼岸祭礼」の具体的な儀式内容をうかがうことができず、のちの布橋を利用した「布橋大灌頂法会」との直接的な関係は不明である。しかし、この頃すでに芦峅寺一山の年中行事として八月彼岸に同寺最大の儀式が行われていた事実は、それ以前の布橋儀式に関わる史料が、前掲の慶長十九年（一六一四）、加賀藩初代藩主前田利家夫人芳春院と加賀藩二代藩主前田利長夫人玉泉院によるものしか残っていないだけに、布橋儀式の継続・変遷といった問題を考えるうえで、大きな意味があろう。

前述の延享四年（一七四七）の史料には、文中に「御媼堂御宝前之橋、今般御祭礼布橋之由緒申上候」と記され、媼堂前の橋を利用して行っていた儀式の名称が「布橋」であり、祭礼として認識されていたことがわかる。また、文中に「然所、彼岸中日御祭礼ニ而、白布百三拾六反を以、閻魔堂御媼堂御宝前迄配荘、現当二世諸願為成就秘処勤行仕候所、右橋落申候ニ付、橋ニ而勤行仕候行者指止」と記され、この祭礼の際には閻魔堂前から媼堂前まで百三十六反の白布が敷き流されていたことや、橋の上で「現当二世の諸願成就」のための勤行が行われていたことがわかる。

ところで、前述の延享四年の史料には「右橋落申候ニ付、橋ニ而勤行仕候行者指止」と記されるように、このとき橋が落ちていて、衆徒たちは橋の上での勤行が行えなかった。その対策として橋の前に白布を敷き、橋の両端で引導師と来迎師が橋渡しの勤行を行って済ませている。

この史料には冒頭で御祭礼布橋の由緒を示すと記されているが、以下の文書中に出てくるのは布橋そのものに関わる儀式内容ばかりであり、のちの布橋大灌頂法会の関連史料に記されているような、閻魔堂や媼堂での儀式内容、あるいは浄土往生的な執行目的などの記載はまるで見られない。この時期の布橋儀式はその呼称が端的に示すように、橋の上での儀式が中核だったのではないかと思われる。

五　江戸時代後期の文献史料にみる布橋大灌頂

江戸時代の慶長十九年（一六一四）八月、加賀藩初代藩主前田利家の夫人芳春院（松）と加賀藩二代藩主前田利長の夫人玉泉院（永）が芦峅寺に参詣し、滞在中に同寺媼堂の前の媼谷川に架かる橋に布橋（橋板の上に白布を敷き渡した）を掛け、何らかの宗教儀式を行っている。『加賀藩史料』や「芦峅寺文書」に見えるこの記載が、芦峅寺の布橋に白布を敷き渡して行った儀式の、文献上の初出である。

しかしこれ以降、延享四年（一七四七）の「御祭礼布橋」の由来を記す芦峅寺雄山神社文書に至るまで、布橋儀式に関する古文書史料は見当たらない。こうした状況のもと、布橋大灌頂に関する史料が多少残っている江戸時代後期の同儀式の状況を見ておきたい。

以下は芦峅寺文書のうち、天保十三年（一八四二）「諸堂勤方等年中行事外数件」（芦峅寺一山会蔵）にみる、いわば最も華やかなりし天保期の頃の布橋大灌頂の様子である。

法会の日が近づくと、芦峅寺には加賀藩領国内外から多くの参加者や見物人が訪れ、各宿坊などで準備を整え、法会の開始を待ちわびていたと考えられる。法会の開催日早朝、一山宿坊家の人々のみならず村中の人々が媼堂に参詣し、一山院主を導師として百万遍念仏の数珠繰り行事が行われ、最後に院主が説法をする。

法会は正午から始まるが、事前に衆徒や日雇いの門前百姓が諸準備を行う。まず、会場となる閻魔堂や媼堂、布橋、およびその界隈を大掃除し、閻魔堂から布橋を経て媼堂まで、白布を敷き流して三列の白道をつくる。それには衆徒が勧進活動で信者から得た三百六十反の白布が使用される。この白道は法会の舞台なので、一般見物人が入れないように両側を竹垣（行馬竹）で囲む。次に布橋の上では、両側の欄干に六本の幡や六十八本の桜の造花、千挺の蠟燭を立てて飾りつける。この他、閻魔堂や媼堂の軒先に前田家の家紋入り大提灯をさげ、閻魔堂手前の玉橋《たまばし》から媼堂までは三百八十の万灯（灯籠型提灯）と小灯をともす。これで、日中でも薄暗い杉林の真っ只中の会場は、火の光で幻想的に演出される。媼堂内では本尊に対する仏布施や丸餅などのお供えのほか、須弥壇上に小袖や帯（北側の須弥壇上）、白布一反（南側の須弥壇上）を掛け供える。

こうしてすべての準備を整え、出勤の衆徒や社人が沐浴した後、いよいよ正午から布橋大灌頂が開始される。

さて、法会を勤める衆徒たちを式衆と言うが、中でも中心的に法要全体を導く役を導師と言う。この法会では、衆徒のうち、高位の長官（別当・一老、芦峅寺一山首席）と院主（別当・二老、芦峅寺一山次席）がそれぞれ導師として、女性参列者をこの世からあの世へ送り出す引導師役と、女性参列者をあの世で迎える来迎師役を勤める。

まず、参加者は閻魔堂に入れられる。堂内で引導師が懺悔戒文という文句を唱える間、参加者は各自の罪を懺悔する。次に、引導師が三昧耶戒文という文句を唱えるが、これは参加者が灌頂を受ける前に授かるべきもので、そこには参加者に対し、各自がもつ仏性（一切の衆生が備えている仏になれる本性）に目覚めさせる意味がある。さらに仏の金剛界大日如来を讃える詩文を唱え、法華経を読み、諸真言を唱える。

閻魔堂での法要が一通り終わると、参加者は引導師や式衆に導かれ、声明曲や楽器（鉢・錫杖・法螺・鐃・引金）の音に包まれながら、蠟燭や万灯の光で荘厳された中を、白布の上を歩いて布橋へ向かう。幕末には雅楽も持ち込まれ、かなり賑やかになった。そして、ついにこの法会のメーン・イベントである布橋の上での灌頂行道、すなわち「行渡講《いきわたしこう》」が行われる。参加料は最低十匁だった。

布橋の閻魔堂側の端から橋の中央に向かって、引導師が率いる式衆の一群が高位の順に立ち並び、逆に媼堂側の端から橋の中央に向かっては、来迎師が率いる式衆の一群が高位の順に立ち並ぶ。橋の両端の真ん中には引導師と来迎師が立ち、修法を行う。それが終わると参加者は式衆たち総勢百十数名に白道の両側を囲まれ、楽器の音が響く中、二名の手引きの小僧に導かれて布橋上の白道を渡る。

布橋での行渡講が終わると、参加者は媼堂に入れられる。堂内では式衆が天台系の四箇法要（四つの声明曲の唄・散華・梵音・錫杖を軸に組み立てられた法要）を勤める。さらに、来迎師が参加者に血脈を授与し、最後に説法をする。女性の参加者たちは、この法会に参加することで死後の極楽浄土への往生が約束されたか、あるいはその場で即身成仏したのだという。

六　擬死再生儀礼としての布橋大灌頂

布橋大灌頂の根底には、日本の修験道にみられる、いわゆる「擬死再生」の信仰が存在する。同用語は仏教民俗学者の五来重氏の造語だが、氏の提唱するその概念は次のようなことである。

修験道信仰では山を他界とし、これを浄土または地獄にあてた。山の中に入るということ、入峰するということは、死ぬことである。そこで山伏は、死後の地獄・餓鬼・畜生の三悪道、あるいは六道の責め苦を抖《と》擻《そう》の苦行で果たすことによって、生前のあらゆる罪や穢れを浄化滅罪する。そして入峰を終えて山から出るときには、生まれかわった人格となる。すなわち古い生命人格は山中他界で死んで、新しい生命人格として再生する。以上が五来氏の説く擬死再生信仰の概要である。

立山に翻って見ると、江戸時代、男性の禅定登山者は衆徒や中語に導かれて立山山中に入り、その間、擬似的な死者となる。そこで六道のさまざまな責め苦を、精神的・肉体的な負担を伴う修行登山の形で体験することによって、自らの罪や穢れを浄化滅罪し、山から出るときには生まれ清まりの再生を遂げる。こうした体験をした人は余生の安穏や長寿、死後の極楽往生が約束されたのである。

しかし江戸時代の立山は女人禁制であり、女性は擬死再生の禅定登山ができなかった。そこで芦峅寺の衆徒たちは、男性にだけ許された禅定登山の代替えとして、女性には山麓の自村で、擬死再生信仰が根底にある布橋大灌頂を開催した。ただし芦峅寺の古文書によると、実際にはこの法会には男女の両方が参加していた。このギャップは芦峅寺衆徒が立山や自村を女人往生の霊場として日本各地で喧伝しており、布橋大灌頂も女性の極楽往生をかなえる法会であることが、ことさら強調されたことによるものだろう。

女性の参加者はこの世の閻魔堂で懺悔の儀式をすませ、その後、この世とあの世の境界である布橋を渡って滅罪し、あの世の媼堂に入る。媼堂には前節で論じたように大日岳の山の神を根源とする媼尊が祀られているので、おそらく儀式の際、この堂は立山のミニチュアに模され、さらに堂内は山中に模されていたものと考えられる。参加者は堂内で衆徒が行う天台系の四箇法要や血脈の授与、説法などの儀式を受け、一旦、仮に死んだことにし、その後、媼堂を出て布橋を渡りこの世に戻ると、生まれ清まりの再生を遂げたことになった。

ところで、この媼堂での法要については、富山の郷土史家草野寛正氏が、昭和四年（一九二九）頃、かつて芦峅寺衆徒だった佐伯十百作氏（安政四年〈一八五七〉生まれ）から聞いた話を論文にまとめたものが残っている。それは次のような内容である。

男女の参加者が媼堂の中にすし詰め状態で押し込められると、堂のすべての扉が閉ざされ、真っ暗闇になる。その中で衆徒の読経が始まると、参加者は扉や鐘を叩きながら、それぞれが自家の宗派の念仏や題目などを唱える。小半時（一時間弱）して堂の扉は一斉に開かれ、暗闇の世界は一転する。そこには光明世界、すなわち極楽浄土が出現する。このように、たいへん賑やかそうでドラマチックな内容である。ただし、これについては芦峅寺の古文書などから推測される儀式内容と必ずしも一致せず、いまだ謎の点も多い。いずれにしろ、参加者が媼堂で何らかの儀式を受け、自身の罪や穢れを消滅させ堂を出たときには、生まれ清まりの再生を遂げたことに違いはない。

なお、儀式内容の細部にはこだわらず、布橋大灌頂のように「生まれ清まり」の要素を内在する擬死再生儀礼をあげると、羽黒修験の秋の峰入りや沖縄久高島のイザイホー行事などがあろう。

布橋大灌頂がもつ宗教的な意味を参加者の立場で考えると、この法会は逆修供養になるものだった。逆修とは、生前にあらかじめ、死後に修すべき自分のための仏事を行って冥福を祈ることである。自分の死後、他の人に行ってもらうよりも、そのほうが功徳が優れていると考えられていた。この法会に参加した人々は、必然的に自分自身の逆修供養を勤めたことになるのである。

七　布橋大灌頂と血盆経信仰

江戸時代、日本中の霊山が女人禁制をとるなか、立山も同様に女人禁制をとっていた。男性はあの世の世界と位置づけられた立山山中で厳しい修行登山を行うことで、一旦、擬似的に死んだことにして、再び生まれ清まって来世の極楽往生が約束されたが、山中に入れない女性には、それがかなわなかった。しかし、それにもかかわらず、江戸時代の立山は女性の救済を実現する霊山として民衆の間で、とくに女性の間で多くの信仰を集めていた。

では女性が登れない立山なのに、なぜ女性に人気があったのか。その理由は、立山山中には「血の池」という湖水が血の色をした不気味な池が存在しており、その湖にまつわる血の池地獄の思想および血盆経信仰を、山麓の芦峅寺や岩峅寺の衆徒たちが全国各地で布教したことで、女性たちの救済願望を満たしていたからである。

こうした信仰は立山のみならず他の霊山でも見られるが、立山のそれがとりわけ人気を集めたのは、山中に実在した大きくてもっともらしい血の池のおかげであった。それが立山の血盆経信仰に、一層現実味を帯びさせた。

「血の池」の名称は、月経や出産の出血が不浄を他に及ぼす罪から、女性だけが堕ちるとされた血の池地獄に由来する。この地獄は血盆池地獄とも別称されるように、「血盆経」というわずか四百二十余字の短文の経典に基づいて創造された。この経典は十世紀（明の時代）に中国で成立した偽経（正式な翻訳経ではなく偽作された経典）で、日本には室町時代の頃に伝来した。なお、立山における血盆経信仰の文献史料上の初出は、江戸時代慶長期（一五九六～一六一四）末から元和期（一六一五～一六二三）頃のものと思われる古文書で、前田利長の夫人玉泉院の侍女・千福から、岩峅寺延命院の弟子「ひやくれん」に宛てられた、血盆経の奉納に関する手紙である。また、元和七年（一六二一）十一月の「末社因縁書上帳」（岩峅寺多賀坊蔵）から、この頃、立山山中の血の池のほとりに堂が設けられ、血盆経を納経する慣習がすでにあったことがわかる。

その後の立山における血盆経信仰の展開は不明だが、芦峅寺宝泉坊の安永四年（一七七五）の『布橋大灌頂勧進記』に、信徒に対して血盆経を七年分として七本納めさせ、完納すると血脈を授けるといった形式化した血盆経の納経に関する記載が見られることから、この頃にはすでに、芦峅寺一山および宿坊家において血盆経信仰に関する勧進活動が、とりわけ重要な位置にあったことがわかる。このように芦峅寺や岩峅寺の衆徒は布教の際、立山が女性救済を実現する類いまれな霊場であることを強調して説いた。そして血の池地獄から救われるための血盆経や月水不浄除の護符を積極的に頒布し、また地元立山で両峅衆徒が催す血盆経投入儀礼に対して納経したり、芦峅寺での布橋大灌頂に参加すれば救われると説いた。

さて、霊場としての芦峅寺は安永八年（一七七九）、芦峅寺日光坊「芦峅媼堂大縁起」（芦峅寺日光坊蔵）や、文化十四年（一八一七）、芦峅寺権教坊「芦峅中宮寺媼堂大縁起」（芦峅寺一山会蔵）などの立山大縁起（芦峅寺一山の根本縁起）で、「女人成仏の霊場」と位置づけられている。これはおそらく、平安時代の『本朝法華験記』や『今昔物語集』所収の立山地獄説話に見られる、立山地獄を舞台とした女性の堕地獄・救済譚のイメージや、戦国時代にはすでに成立していたと推測される立山の血盆経信仰、および布橋大灌頂などのイメージに負うところが大きいと思われる。ところが意外にも各宿坊家が作成して用いていた布橋大灌頂の奉加帳や勧進記を見ていくと、同儀式では確かに「女人成仏」を目的とし、女性の救済のみを対象にする場合もあるが、実際の救済対象は、女性と男性の両方であることが多い。また、立山曼荼羅諸本の布橋大灌頂の場面を見ると、中には「佐伯家本」（個人蔵）や「大仙坊B本」（個人蔵）、「相真坊A本」（個人蔵）などのように、その場面に男性と女性の両方の参加者が描かれているものも見られる。

意外なことはもう一点あり、芦峅寺一山が布橋大灌頂と加賀藩前田家との関係を語り出すのも江戸時代後期である。この頃になってようやく、たとえば村の制札の新設や布橋の掛け替えを加賀藩寺社奉行所に求める際、あるいは芦峅寺一山と加賀藩寺社奉行所との所雑用の三ノ一出銭をめぐる争論において、芦峅寺一山が寺社奉行所に宛てた書付などの中に、布橋大灌頂に対する説明で、この儀式と、かつての芳春院・玉泉院・寿福院（加賀藩三代藩主前田利常の生母）らとの関係や、この儀式が加賀藩前田家ゆかりの御国命に基づくものであることなどが語られている。

以上の状況から考えてみると筆者も含め先学諸氏は、布橋大灌頂のことを女人救済儀礼としてのイメージだけで、あまりにも多く語り過ぎてきた感がある。同儀式に関係する史料を分析していくと、実際、儀式には男性と女性の両方が参加していたと考えられるのである。むしろ布橋大灌頂への男性の参加は普通のことであり、それが特別に語られるほどのことではなく、一方、そこに女性も参加することが注目されたのであろう。布橋大灌頂は本来、男性と同様に女性も浄土往生がかなう儀式であって、女性だけの儀式というわけではなかったようである。

元治元年（一八六四）の「布橋大灌頂執行奉加帳」（芦峅寺宝泉坊蔵）の勧進文言を見ていくと、瓔珞経（中国の偽経）などに基づく倶那含女人等の白布灌頂による都卒浄土への往生譚や、慶長十九年（一六一四）の加賀藩初代藩主前田利家の夫人芳春院と加賀藩二代藩主前田利長の夫人玉泉院の布橋儀式を紹介しているが、それは女性であっても往生することができるという話であり、この奉加帳での本来的なこの布橋大灌頂による救済対象は、「五障三従八迷ノ女人、十悪五逆ノ人」であり、結縁対象も「善男善女」とされ、やはり男性と女性の両方であった。

布橋大灌頂の女人救済儀礼としてのイメージの成立時期は実は案外遅く、そしてそのイメージが作られていく背景には、江戸時代初頭にすでに立山に見られる女人救済の血盆経信仰が、大きな影響を及ぼしていたものと思われる。

八　立山信仰にみる「水」の信仰

立山信仰は人が立山の自然と対峙する中で生まれ、育まれた民間信仰である。とりわけ立山信仰の世界と言えば、

『本朝法華験記』や『今昔物語集』の中で山中の地獄谷の光景が仏教の説く地獄に見立てて記された立山地獄説話が、民衆の心に強烈な地獄のイメージを焼きつけていた。そこでは、どちらかというと「火」や「熱」のイメージが強いが、一方で立山は、山中や山麓の池や川、滝などを対象として、「水」に関わる信仰を強く内在させた山でもあった。

明治時代に大日岳や剱岳で、奈良時代末期から平安時代初期の制作と思われる銅錫杖頭が発見された。立山は九世紀半ばから十世紀初頭までに開山され、天台教団系の宗教者たちの一拠点となっていたが、これらの遺物は、それ以前に山岳修行者が立山連峰に入山していたことを示している。

こうした山岳修行者は「法華持経者」と称される人々で、「如法経修行」の実践者だったと考えられる。如法経というのは、修行者が苦行・精進潔斎して法華経を写すことである。法華経の書写自体に功徳があるのだが、その際、自分に苦を課し、罪や穢れを滅して、清浄な心身を獲得することが如法経の修行と言われる由縁である。日本では、奈良時代には国分尼寺の正式の名称が「法華滅罪之寺」だったことからもうかがわれるように、法華経は人間の犯す罪や穢を滅ぼす呪力のある滅罪経典と信じられた。

立山の室堂平や別山山頂には、清らかな雪解け水を含むミクリガ池（「水汲み池」が語源か？）やミドリガ池（「水取り池」が語源か？）、硯ヶ池（芦峅寺一山の経帷子は布橋大灌頂で用いられた白布から製作され、帷子に版木で経文を摺り込む際、硯ヶ池の雪解け水が用いられた）が存在し、修行者がその清浄な「水」を用いて垢離をとったり、写経の際の摺り水にした。さらに付近には玉殿窟などの籠もり修行が可能な岩屋もあり、如法経修行を行うには最適地であった。したがって、「法華持経者」が多く修行に訪れていたようである。

たとえば、『今昔物語集　巻第十四』「越中の国の僧海蓮、法花を持して前世の報いを知る語。第十五」に登場する越中国の僧海蓮や、『今昔物語集　巻第十七』「備中の国の僧阿清、地蔵の助けに依りて、活るを得る語。第十八」に登場する備中国の僧阿清は、いずれも立山や白山をはじめ、各地の霊験所で難行苦行をしているが、それはまさに「如法経修行」であった。

これ以外にも立山信仰における「水」に関する信仰としては、前章で述べた山中の血の池にまつわる信仰や、立山カルデラ内の刈込池に対する水源地としての信仰があった。立山衆徒や山麓の人々は刈込池を常願寺川の水源地と見なしており、さらにそこには水田稲作に必要な水の供給や制御を司る水神としての龍神が棲んでいると信じていた。それゆえ加賀藩領内では、日照りが続くと慣例的に芦峅寺や岩峅寺の衆徒が藩や村役人の依頼を受け、刈込池で雨乞の祈禱を行っていたのである。なお、このように水神が山中の水源地に水分神《みくまりしん》として祀られる場合は山の神と同一視されることが多いが、刈込池の龍神も立山の山の神とみてよいだろう。

立山山麓では、芦峅寺一山の年中行事の中に、村内を流れる媼谷川を活用して行われた儀式が見られる。たとえば六月七日の「流水灌頂式」、七月十五日の「大施餓鬼・血盆納経式」、八月二十四日の「布橋大灌頂」などである。そこには、「水」の罪穢に対する浄化力や「川」で設定された境界、受戒の際、師から弟子に法が継承されることを親から子へ「血」が継承されることになぞらえた血脈などが、「水」といった視点でとらえると、儀式に直接的あるいは間接的に大きな意義をもたらしている。

九　布橋大灌頂がもつ流灌頂と真言密教の灌頂のイメージ

芦峅寺衆徒の間で「布橋大灌頂」の名称が一般的に使われるのは、江戸時代後期からである。それ以前、この儀式の名称は「布橋」であり、「灌頂」の用語はつかない。また衆徒の間では、「布橋」は祭礼（神事）として、「布橋大灌頂」は法会（仏事）として勤められていた。このことは、いわゆる布橋儀式が江戸時代中期から後期にかけて、神道的な祭礼から仏教的な法会に変容したことをうかがわせる。

ところで、布橋大灌頂の「灌頂」の用語だが、これは古代インドで国王の即位の際、四方の海の聖水を受者の頭頂にそそぎ、その権威を承認していたことが起源とされる。のちに真言密教では、こうした行為をその秘密儀礼に取り入れている。すなわち、師が弟子に仏法の教えを授ける際、仏の五種類の智慧を象徴する香水を師が弟子の頭頂にそそぎ、仏の位を継承させたことにしているのである。なおこの灌頂の儀式には、結縁灌頂・受明灌頂・伝法灌頂の三種類があるが、江戸時代後期の布橋大灌頂の実際の作法を見る限り、これらとは異なったものになっているようである。

ただし布橋大灌頂の儀式には、前述の灌頂の正式な作法は伴わないものの、真言密教の灌頂のイメージと、古くから民間の習俗として行われていた流灌頂のイメージが込められている。流灌頂の儀式は、日本人が古くからもっていた水の洗浄力や流水の力で罪穢を祓い清めることができるとする「禊」の観念に、密教灌頂のイメージが結びついて成立した。以下は流灌頂の概要である。

かつて、産死した女性は死の穢れに加え、血の穢れや産の穢れにもまみれており、それゆえ、その罪や穢れは通常の死者よりも重く、必ず血の池地獄に堕ちると信じられていた。こうした民間信仰を背景に、江戸時代、芦峅寺では産死をはじめ、さまざまな異常死を遂げた死者を供養するため、毎年六月七日に同寺の衆徒たちによって、流灌頂の法会が勤められていた。

芦峅寺一山の天保十三年（一八四二）の「諸堂勤方等年中行事外数件」（芦峅寺一山会蔵）によると、法会の当日、衆徒たちが五色の幡（旗）五つの他、大塔婆一基と六道塔婆六基、小卒塔婆四十九本、さらに経木と樒の葉を挟んだ縄六本を用意している。そして、それらをまず媼堂に供え、同堂で老僧たちが供養の法会を勤める。次に布橋下の媼谷川に降り、卒塔婆・幡・縄などを媼谷川の中に立てて流し晒した。

一方、富山の民俗学者伊藤曙覧氏の調査によると、芦峅寺では明治まで、彼岸と盆に寺の行事として流灌頂を盛大に行い、きれいな川へ出て塔婆を立て、竹四本に白布を掛け、布に水をかけていたという。なお、芦峅寺以外の地域では単なる白布ではなく、経文などを記した布や赤布が用いられた場合も多かったが、これは、布の文字や色が褪せて消える頃に死者が成仏できると考えられていたのである。こうした卒塔婆などの川流しの様子は、芦峅寺系の立山曼荼羅に描かれている。

以上のように、布橋大灌頂の儀式には正式な作法は伴わないが、その呼称によって、真言密教の灌頂のイメージと流灌頂のイメージが込められている。おそらくこの儀式は元来、流灌頂のように、川の水で罪穢を洗い浄めるといった素朴な民間信仰から出発したと推測される。それは、たとえば熊野詣での最終段階―音無川を徒渉して本宮神殿へ参着するという「濡藁沓《ぬれわらじ》の入堂」と同じ意義をもったものであった。布橋大灌頂の場合、あの世の立山山中に向かう人々は、布橋が架かる以前、媼谷川を濡れながら歩いて渡った。その行為が聖域に入る前に罪穢を祓い浄めることになり、媼谷川も禊川の意味をもった。しかしのちに布橋が架かり、仏教の功徳がこもった布橋を渡ると滅罪したことになり、かつての流灌頂的な滅罪儀礼の代わりとなった。さらにその後、真言密教の灌頂のイメージが、江戸時代後期に儀式においてその呼称などから強調され、さまざまな宗教的要素を盛り込んだ特異な法会になったと考えられる。

おわりに

以上本論では、立山信仰における布橋大灌頂を題材として、日本の庶民の「灌頂」に対する信仰の実態を見てきた。すなわち、布橋大灌頂は、芦峅寺の媼谷川およびそれに架かる布橋に対する信仰や、大日岳の山の神や水の神を根源とする媼尊に対する信仰など、芦峅寺の人々の、自然環境と密接に結びついた日常生活から発生した信仰を基層として成立している。

そして、芦峅寺の人々は布橋大灌頂をつくり出す際、現地地形を巧に利用しているが、特に媼谷川は、禊ぎ川としての観念や、この世とあの世の境界（三途の川）との観念がもたれ、立山に対する山中地獄観とともに、布橋大灌頂を擬死再生儀礼たらしめるうえで重要な意味をもった。

布橋大灌頂は、前述の基層信仰や真言宗、天台宗、浄土教などの教団宗教の諸要素、十王信仰や血盆経信仰などの民俗宗教が習合して成立したものである。その際、それらはひとつの儀礼としてうまく組み立てられている点で、あるいはそれが、諸国の人々にある程度受け入れられた点で、芦峅寺の人々の諸宗教に対する受容能力と創造能力の高さを感じる。ただし、そうした独自の解釈から生み出された「布橋大灌頂」は、当然ながら真言宗・天台宗の密教の本来的な「灌頂」儀礼とはほど遠い内容の儀礼となった。

灌頂と真言八祖画像

内田啓一

はじめに

密教における結縁灌頂や伝法灌頂には堂内のしつらえとして、真言八祖画像が必要である。密教では修法に応じて別尊曼荼羅が求められるが、修法本尊は息災や増益など目的によって変化するものであり、また、ある法流ではこの別尊曼荼羅を用いるが、ある法流ではそれは用いない、などという相違がある。しかし、どの流派でも師から法を継承する灌頂であるならば、必ずや堂内に奉懸されるのが真言八祖画像であり、いわば必要不可欠な画像であった。

真言八祖は平安時代初期に渡唐した空海が唐の都・長安にて画工の李真らに描かせ、請来した不空・一行・善無畏・金剛智・恵果の五幅に加えて、龍猛・龍智の二幅を日本で描かせて真言七祖とし（以下、東寺根本画像とする）、空海没後に描かれた空海像をさらに添えて、八祖画像が成立した（森　一九七二）。東寺根本画像の大きな特色は、祖師の上方左右に梵字と漢字で名前が、飛白体と呼ばれる皇帝の書体で記されている点である。また、下方にそれぞれの祖師の行状が記されている。以降、東寺根本画像を基本として転写が重ねられ、東寺や醍醐寺、仁和寺など大寺院はもちろんのこと、鎌倉時代後期の南都において密教化が進んだ寺院でも、真言八祖画像が制作されている。作例として、京都・神護寺本や兵庫・浄土寺本、奈良・室生寺本などが伝来する。

灌頂堂と祖師奉懸については、建築史の藤井恵介氏が明らかにされ（藤井　一九九八）、東寺根本画像を中心とした派生については、松本郁代氏が研究されている（松本　二〇〇五）。しかし、美術史において真言八祖は対看照写を重視する立場からは肖像画というよりも仏画のようであると評されたり、余りにも類型的であるためか研究対象となりにくくなっているのが現状である。だが、東寺根本画像を基本として転写されながら、制作年代により相違点も見え始めるようになる。

ここでは、美術史の観点から真言八祖画像の忠実なる転写について考察し、その意味を考え、厳守すべく踏襲された八祖の図様が少しずつだが変容していく様について改めて考えてみたい。

一　代表的な作例とその特色

真言八祖の作例では京都・醍醐寺五重塔内壁に描かれたものが最も年代の遡る作例として知られているが、掛幅装の真言八祖については平安時代の作例は現存していない。しかし、平安時代末期の姿を伝える灌頂堂指図を見れば（神奈川県立金沢文庫編、一九八八）、東西壁に四祖ずつ奉懸されていることがわかり、結縁灌頂や伝法灌頂において必要不可欠な画像であったことがわかる。

鎌倉時代に描かれた真言八祖画像の作例として、

①京都・神護寺本

②兵庫・浄土寺本　※上方色紙

③東京国立博物館本　※上方色紙　（松原　一九八五、一九八六）

④奈良国立博物館本　※上方色紙

⑤奈良・室生寺本　※飛白体

などが知られている。さらに高知・金剛頂寺の板彫りの作例も著名である。南北朝時代では東寺に根本画像の忠実な転写本で、浄宝上人頼賢が描いたとされる浄宝本が残されている。東寺内であるので、根本画像を間近で観察して模写する直摸によって制作されたものと考えてよく、梵漢で記された各祖師の飛白体名も一致し、最も忠実な転写である。さらに東寺には制作年代は下るが、四組ほどの真言八祖が伝わる。室町時代では高野山に数例、パリ・ギメ美術館の作例が古様を踏襲している。さらに各県や市町村指定の作例も多く、いかに必要とされ、制作されたかがわかる。なお、江戸時代になると、金胎の両界曼荼羅と真言八祖を揃えて対幅とする簡略化した形式の画像も描かれ、さらに開板され、墨摺の後に彩色が施される墨摺手彩色本もあらわれ、量産化されている。

東寺根本画像という図様規範の決定的な作例があるためか、真言八祖画像の多くは東寺根本画像を底本として描かれたと考えられている。確かに真言八祖それぞれの図様はほとんど同一であるが、細部において和様化が進み、衣や底座の文様においても変化が見られるのである。

たとえば、②兵庫・浄土寺本や③東京国立博物館本、④奈良国立博物館本は上方に色紙形が配され、そこにそれぞれの祖師の行状が記される。色紙形が配されるのは肖像画一般にも見られる形式であり、柿本人麿画像等を顕著な作例として、仏画でも滋賀・聖衆来迎寺本六道絵には『往生要集』の文言が抽出して記されるなど、広く多用されている。真言八祖の中に東寺根本画像の大きな特色である梵漢の飛白体が記されなくなり、通例の規矩が取り入れられていくのも時代に則した変容と考えることができる。

さて、八祖画像が描かれた様子を見てみよう。①神護寺本については、基本史料として『神護寺略記』と『神護寺最略記』がある。『神護寺略記』(『校刊美術資料』中巻)には、

一、灌頂院供僧六口

一、八大師御影像各一鋪。東西壁各四鋪懸之、俊賀法橋令図之、

とあり、灌頂院の東西の壁に四幅ずつ懸けられていたことと俊賀が描いたことが記され、さらに『神護寺最略記』(『校刊美術資料』中巻)で確認すると、

灌頂院

八祖御影者　以観音院本仰俊賀法橋勝賀之子　令写之畢

とあり、仁和寺の観音院に伝来していた真言八祖の画像を底本として、絵師の俊賀に描かせたとしている。ここで観音院本が東寺根本画像の直摸か第二転かという問題がある。神護寺本の底本となった観音院本が東寺根本画像の直摸であるならば、神護寺本が第二転となり、観音院本が第二転であれば、神護寺本は第三転であることになる。いずれにせよ、転写が重ねられていったのである。

神護寺本八祖御影の底本が所蔵されていた仁和寺観音院は寛弘四年（一〇〇七）に灌頂堂が建立され、天永二年（一一一一）に火災に見舞われたが、復興し、灌頂堂の規範でもあった。東寺根本画像を祖本としながら仁和寺観音院にて転写された八祖御影があり、それを底本としての制作である。なぜ東寺根本画像を底本とせずに、仁和寺観音院本が底本とされたのか問題であるが、寺院相互の関係や僧侶の師弟関係など、種々の要因がからんでくるようである。図様伝播と図様踏襲の問題が多く含まれており、転写を基本として画像が制作されている流れを確認することができる。

その他、東寺本を祖本とした事例を文献から見ると、たとえば、西大寺叡尊の日記である『感身学正記』（『西大寺叡尊伝記集成』）正元元年（一二五九）の条には、

秋冬間。奉図絵八祖御影。本自東寺奉請渡之。十二天屏風。本東寺宝蔵取紙形。奉請渡八祖御影。加修理。而十二月二日。奉開眼供養矣。

とあり、東寺の八祖御影を西大寺に借用して図絵し、さらに修理を加えているのである。西大寺は叡尊によって鎌倉時代の戒律復興の寺院として知られているが、その一方で、八祖御影は醍醐寺の法脈を継ぐ叡尊による西大寺の復興事業の中で、密教事相を拡充させるために必要であったのである。ただし、叡尊の在世中には西大寺には灌頂堂が建立されていない。西大寺の中では宝生護国院が最も真言系の塔頭であり、おそらくそこで灌頂が行われたものと思われる。ところが、叡尊没後に描かれた西大寺寺中曼荼羅図では宝生護国院の西側に灌頂堂が見える。宝生護国院という事相の役割を果たした塔頭に対し、新たなる灌頂堂の建立は西大寺における密教の拡充を示すもので

あろう。

さらに菅家本『諸寺縁起集』（『校刊美術資料』上巻）の西大寺真言堂を見てみると、

両界曼陀羅、八祖御影等案之、東西仁在八天像、是弘法大師筆也云々、本尊舎利、入厨子、又在厨子一、天照太神也云々、又五大尊像、弘法大師筆也云々、後醍醐院御寄進本尊云々、南向也、奉秘此本尊不拝之也、仍文観僧正写此本尊也、件写本只拝許也、彼五大尊之裏、北向仁在之、殊勝云々

とあり、西大寺真言堂の荘厳をうかがい知ることができる。真言堂には両界曼荼羅と八祖御影、そして八天が奉懸されていたらしいが、それらは「弘法大師筆」とあるように空海筆であるという。これは空海による直筆という意味ではなく、空海が制作に関わった様式の絵画、空海様という広義の意であると思われる。ここでの「大師筆」、また、他の資料にしばしば見られる「御筆」も、空海が実際に制作したそのものというよりも、空海が選択した、もしくは制作に関わった形式・スタイルを示す場合が多い。それはとりもなおさず、空海にまつわる形式・スタイルが最も正統であるとの意識である。

二　真言八祖の転写の具体例——室生寺本——

女人高野として知られる室生寺は、真言の中では空海が宝珠を埋納したとされる宀一山《べんいっさん》としても知られており、密教との関係は深い。平安時代から南都の多くの寺院がそうであったように、興福寺の支配下にあったが、鎌倉時

図１　室生寺本　金剛智

図２　室生寺本　恵果

代後期から真言化が進められ、室生寺の復興の中で、延慶元年（一三〇八）の灌頂堂建立とともに鎮壇具なども造立された。それらを担ったのが空智房忍空という、東大寺の円照や西大寺の叡尊など鎌倉時代の律僧に戒律を学び、真言をも修めた僧である（内田　二〇一二）。灌頂堂とほぼ同時期の制作と考えられている真言八祖画像である。

空智房忍空は西大寺を復興した叡尊や唐招提寺復興の覚盛、そして法金剛院復興の導御と同様に、鎌倉時代に荒廃していた室生寺を建て直した中興の祖である。

さて、室生寺本真言八祖画像は東寺根本画像を祖本として描かれていることは明らかで、祖師の姿そのものを忠実に写しているだけでなく、床座や水瓶も忠実である（図1～3）。さらに上部に梵漢の祖師名が飛白体で表されており、形式も踏襲され、大きさもほとんど同じである。しかし、記されている位置が若干異なる点が注目される。室生寺の真言化と灌頂堂建立の中で、東寺根本画像が法脈の最も正統であることと、空海請来である最も由緒正しい画像であるとの認識が室生寺本の場合もあったものと思われる。

図3　室生寺本　空海

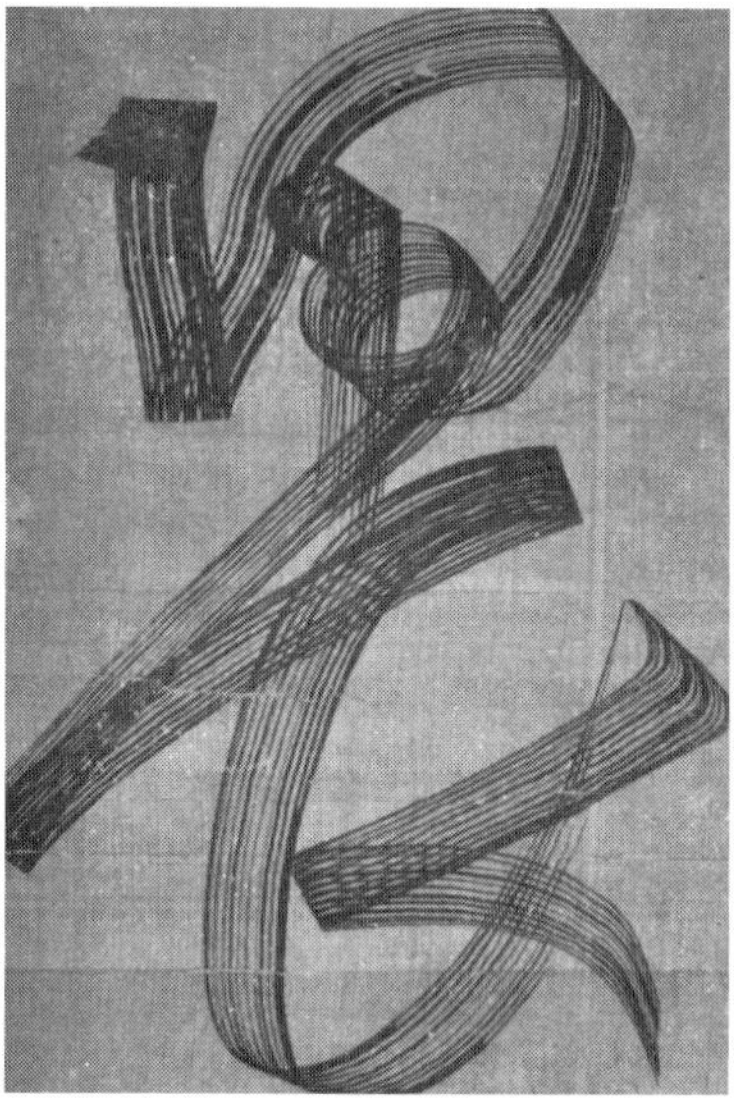

図4　室生寺本「畏」飛白体籠字

しかし、ここで改めて確認したいのは、九世紀半ばには成立した真言八祖画像が、約五百年後の十四世紀においても規範力をもつその絶対性である。

さて、この飛白体に注目してみると（塚本　二〇〇七）、あたかも筆でもって書したように見えるが、詳細に観察してみると、細い線までなぞっているのがわかる（図4）。これは書道における双鉤塡墨という技法で、原本の文字の輪郭だけを丁寧に写すものである。白描図像においては籠字と言われるものがあるが、それとほとんど同一である。

たとえばニューヨーク・メトロポリタン美術館の旧高山寺本四明王図像のうちの大威徳明王図像には、画面向かって右に「西方　金色」「六足尊」と籠字が記されている。それは、元来揃いであったと思われるもう二幅の福岡市美術館の作例も同様であるが、文字までも忠実に写すことが求められたのである。したがって室生寺本の飛白体は書された文字というよりも、輪郭線から緻密に描き起こされた図と言ってよいかも知れない。そこまで厳密に再現することは東寺根本画像と同一であることを示したいのであり、法脈を遵守する姿勢と言ってもよかろう。

しかし、忠実な写しであるといっても、ここに大きな問題点が一つある。それは金剛智の顔の色が、いわゆる黄色人種の肌の色であることである。

金剛智（六七一～七四一）は中インドの王子出身とも、南インド・マウリヤ国のバラモン出身とも言われているが、いずれにせよインド出身であり、開元八年（七二〇）に唐・洛陽に入り、その後、長安にて経典の翻訳に従事すること二十年に及んだ。空海が請来した根本画像の五祖の一人が金剛智だが、これだけ在唐期間が長いので、おそらく面貌の特徴をよく示しているものと考えてよく、当然であるが、インド出身なので肌の色は褐色という点も大きな特色であろう。ところが室生寺本は肌色なのである。

東寺根本画像本や醍醐寺本、神護寺本の金剛智は褐色であり、それと較べても明らかに室生寺本は異なっている。これは制作した画師が金剛智がインド出身で肌が褐色という点について知らなかったのであり、また基となった底本が着色画像である可能性は低く、転写のための白描粉本に「褐色」等の色注が記されていなかったためと想定されるのである。これが東寺根本画像からの直摸であれば褐色となるはずである。図像転写の場合には、重要な箇所には「色注」が記される。これによって白描の図像とはいえ、彩色をも原本を踏襲することができる。たとえばサンフランシスコ・アジア美術館蔵で旧高山寺本の文殊菩薩図像を見てみると、「御身白色也」「ココハウスズミ」との色注が記されており、この文殊菩薩は白色であるとの注意書きが認められる。おそらく通例の文殊菩薩の身体の色が「金色」か「肉身色」であるので、「白色」であることが大きな特色なのであり、それを伝えるために色注が記されたのである。その他、東寺蔵の歓喜天図像も参考になる。珍海が描いた図の写しだが、色注には「緑青」「紺青」「赤」と記されている。これらを参考にすれば、金剛智の転写図像には「褐色」等の色注が記されていなかったものと想定されるのである。

ここで金剛智の肌の色について、興味深い資料に注目したい。それは京都・六角堂能満院に伝来した図像で現在は京都市立芸術大学に所蔵されている、幕末の図像僧・大蔵の写した図像である（京都市立芸術大学編　二〇〇四）。留意したい点は、八祖御影が三輪山平等寺と室生寺に伝来していたことである。最後の第十二紙に、

嘉永四年辛亥九月十五日」於大和三輪山平等寺写得之」大師御請来写室山ニモ有リ彼ノ室山ノ写ト同本也」其ヲ又重テ写之

とあり、空海が請来したものの写しが室生寺にもあると述べている。さらに、平等寺本と室生寺本はほとんど同一であるという。

さらに、六角堂能満院本を見てみると、第五紙の不空図に、

不空三蔵」於室生山写之」画ノ内五尺八寸」四尺六分

と、室生寺の転写本であることと画像の法量が記されている。これは現状とほぼ同一である。つまり本図は幕末の嘉永四年（一八五一）九月十五日に、基本的には三輪山平等寺にあった画像を転写したものだが、同本である室生寺本を参照しており、不空図にいたっては室生寺本を転写している。平等寺本の不空図に不都合があったためなのか理由はわからないが、全く同一の画像であるので、室生寺本を写しても支障がなかったのであろう。いずれにせ

よ、室生寺本と三輪山平等寺本は同本だったのである。三輪山は西大寺と関係が深く、末寺に大御輪寺がある。ここで注目したいのは、「大師御請来の写」とあることで、二転、三転されても空海が請来したものの写しである点であり、すなわち東寺根本画像は幕末になっても、依然として絶大なる規範となっていたことである。

その第四紙の金剛智にある墨書、「室生山ノ影ハ常ノ肉色也黒ニアラズ」の文言が興味深い。この「肉色也黒ニアラズ」という指摘に注目してみれば、やはり室生寺本の金剛智が肌色に表されている点について幕末の図像僧・大蔵も違和感を感じていたのだろう。

ちなみに江戸時代の資料『平等寺年預書上』によって平等寺の規模を見ると、本堂・維摩堂・御影堂があり、灌頂堂は見当たらない。しかし、宝物の中に「八祖ノ御影　弘法大師筆」とあるので、これが大願が転写した真言八祖に相当するものと思われる。

以上見てきたように室生寺本、三輪山平等寺本が同一本で東寺根本画像の写しであり、空海請来本と称されたものであった。このことは、先に示した叡尊の『感身学正記』にも西大寺で東寺根本画像を底本として真言八祖が制作された点に関連性を感じる。叡尊は醍醐松橋流の静慶の付法である。静慶は長岳寺の住持で、近隣に三輪の平等寺がある。また、三輪の大御輪寺は西大寺末であり、室生寺は叡尊に受戒した空智房忍空が復興である。おそらく西大寺流のネットワークの中で、平等寺と室生寺の真言八祖も描かれたのであろう。

南都の鎌倉時代における寺院の復興と真言化がはかられる流れの中で、また、灌頂堂の建立とともに必要不可欠な画像が真言八祖であったのであり、灌頂という密教儀礼の中で制作されねばならない祖師画像なのである。また、鎌倉時代には付法者の増加という傾向がある。一人の阿闍梨に対して十数人、多いときには数十人となり、したがって灌頂もそれだけ多くなり、灌頂堂と真言八祖画像の必要性は高いのである。

いずれにせよ、東寺根本画像の規範力は他のいかなる絵画よりも絶大なものであることがわかる。これも空海が請来したという絶対的な力であり、灌頂という密教儀礼の中でも欠くことのできないしつらえだからである。空海請来と法脈の継承という、二重の拘束力をもつ画像と言えるだろう。

三　八祖画像の空海画像――讃文――

次いで、空海画像の色紙形に記される讃文の内容に注目してみたい。

空海画像に飛白体が記された作例はなく、もとより記されていなかったものと思われるが、空海を除く真言七祖に飛白体が記されず、色紙形が配される奈良国立博物館本や兵庫・浄土寺本など、空海画像との統一性という問題もあるかも知れず、改めて考えるべきと思われるが、ここでは内容の変化を取り上げる。

真言八祖行状文の中で、ここで注目したいのは空海画像に見られる讃文の相違である。空海は延暦二十三年（八〇四）入唐し、大同元年（元和元〈八〇六〉）、恵果より灌頂を受け、多くの請来品を携えて帰国、朝廷からの帰依も篤く、東寺や高野山を賜り密教を広めた。東寺は鎮護国家の道場であり、高野山は密教修行の場であった。ともに重要な寺院であり、中世を通じて隆盛した密教の礎を築き、承和二年（八三五）、高野山にて没した。

真言八祖に描かれる空海像は牀座に坐して右斜めを向き、右手に金剛杵、左手に念珠を持す、いわゆる真如様であり、定型である。姿そのものは同一である。

室生寺本空海画像の左上部の讃は次の通りである（図5）。

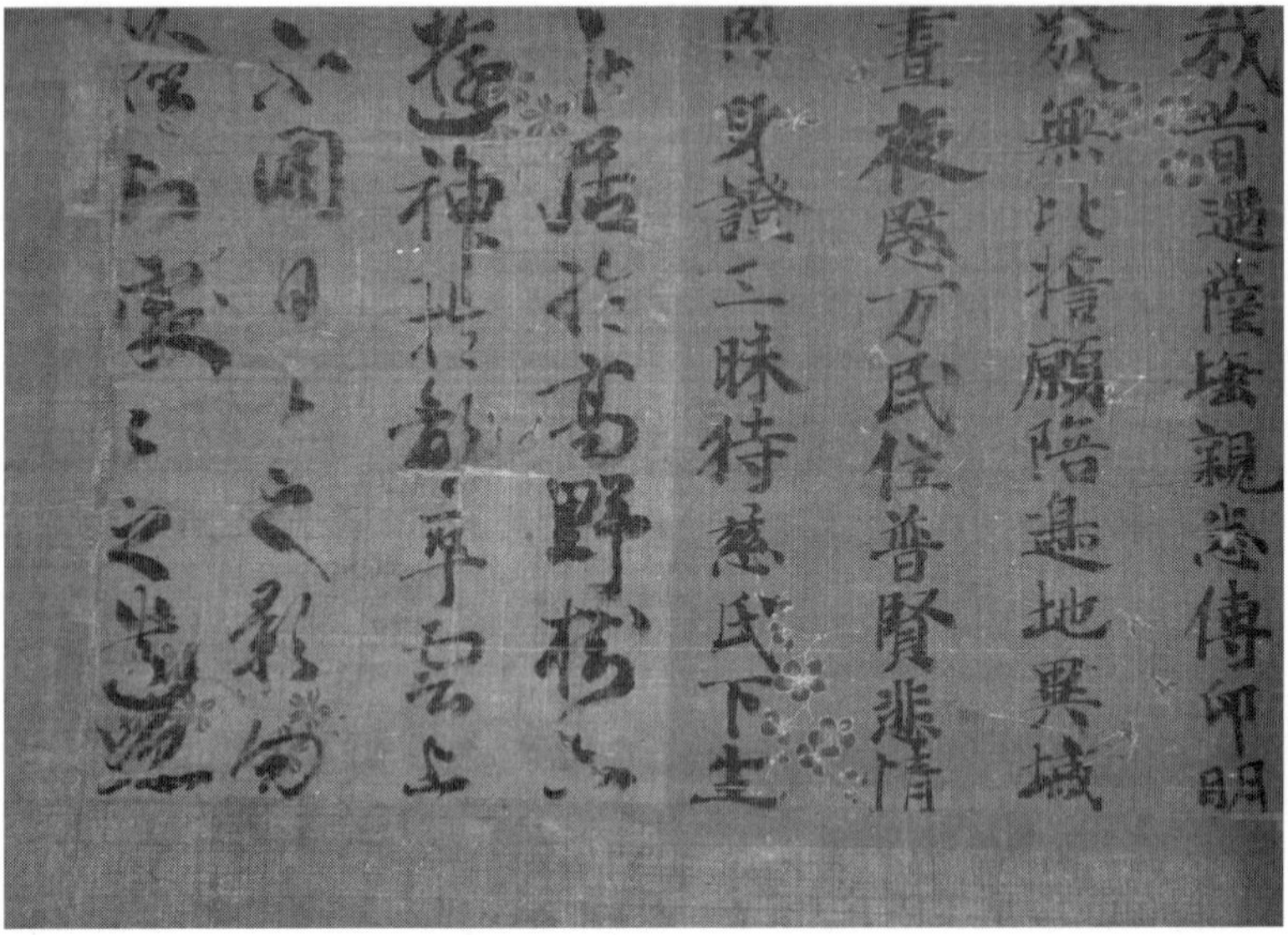

図5　室生寺本　空海讃文

我昔遇薩埵親悉伝印明
発無比誓願陪辺地異域
昼夜愍万民住普賢悲情
肉身証三昧待慈氏下生
卜居於高野樹下
遊神於都卒雲上
不闕日々之影向
検知処々之遺跡

とある。前者四行は空海御影にしばしば記される讃文であり、後半四行は金剛峯寺本弘法大師および四所明神画像に記される讃文である。内容は空海が金剛薩埵から印明を受け、弥勒下生の時を待っていること、高野山において神を都率雲上の遣いとしていることが記されている。その主眼としては空海が実在の人物としてではなく、超人格化した存在として賞賛されていることがわかる。讃文からも弘法大師空海御影が鎌倉時代の作例であることがうかがわれる。鎌倉時代十三世紀後半以降の作例であるこ崇拝の対象から聖なる存在として信仰の対象となってくる。いわゆる大師信仰であり、高野山の聖地・浄土化と空海の入定による生身としての存在、そして弥勒信仰と結びつくのである。室生寺本の著讃の内容は、そうした大師信仰を如実に示している。

次いで奈良国立博物館本だが、剝落によって少々わかりにくい箇所もあるが、

如吾道矣□法衣□□
如写瓶元和元年□□本
朝於擲三鈷大同二季帰
朝□請南山為入定処建
立伽藍濤所擲杵承和三
年三月廿一日遷化□□

とあり、いわゆる空海の行状を簡潔に記している。唐から三鈷杵を擲ったことや、帰朝して高野山を入定の場としたことである。三鈷杵の投擲が奇瑞とはいえ、奈良国立博物館本のほうはいわゆる行状である。ここで注目されるのは、「南山（高野山）為入定」と記しながらも最後に承和三年三月二十一日に「遷化」と記されていることである。「入定」ではなく、「遷化」という点は空海伝の場合に重要な文字である。次いで、浄土寺本を見ると、

□東□受法云畢□

□写瓶唐元和元年
□帰本国□船□□
密教相応之地向東
擲三鈷高神入雲間
辺大同二年帰朝啓
秘密之門弘大日之
化珠請南山為入定
処建立伽藍得所
擲□

と奈良国立博物館本と同様に行状が記され、やはり「南山為入定」とあるが、最後に「遷化」の語句はない。

室生寺本のように入定と都率のことを記すのは鎌倉時代に隆盛した、空海仮託の偽書『御遺告』に対する信奉性と相俟ったものと考えることができる。今に高野山にて生きているという弘法大師信仰のうえに記されるもので、奈良国立博物館本のように「遷化」と記されることがなくなり、生身として信仰されるようになる。『御遺告』の文言が画面いっぱいに記された、東寺本の談義本尊はその典型であろう。

定型の空海画像の讃が変化するという点は大師信仰の問題ではあるが、真言八祖の法脈という点で、日本密教の宗祖ということを考えると、大きな変化であると思われるし、その後の法脈へとつながる点で看過できまい。真言八祖の第八祖だが、わが国の真言宗では第一祖であるのである。

真言八祖に色紙形が配されたり、空海に入定信仰を背景とした讃文が記されるなど、真言八祖の形式も少しずつ変容していったのである。

おわりに

最後に、真言八祖画像の制作は灌頂や忌日供養といった儀礼の中で求められたこと以外に、真言法脈として三国伝来の標榜があったと考えられることにも注目しておきたい。鎌倉時代は祖師画像が多く描かれる時期であるが、臨済禅における頂相はさておき、天台宗では智者大師、浄土宗では善導大師、そして南都でも慈恩大師や淄州大師、律宗の大智律師と道宣大師など中国の祖師、しかも鎌倉時代から遠く遡った時代の祖師を崇拝するようになる。これは自らの宗派が正統な流れにあることを確認し、また、外に対して誇示する面があると思われる。拠り所としての中国祖師であり、日本仏教が常に依存せねばならなかった問題であるとも思われる。中国の祖師を求めない親鸞においては日本仏教の祖ともいえる聖徳太子を崇拝し、画像制作とする。少々異なるのは、融通念仏では良忍が夢告で得たのは鞍馬寺の毘沙門であり、日本諸神の念仏帳奉加という形態である。また、時衆の一遍も日本全国を遊行するが、中国やインドに法脈を求めてはいない。はなから法脈は意識されていないのである。

この点で、真言密教の法脈は中国の祖師はもとより、インドの祖師まで法脈を遡ることができる。さらに、空海が実際に長安・青龍寺の恵果より灌頂を受けたという事実がある。三国伝来といって思い浮かぶのは清凉寺蔵釈迦如来像や善光寺阿弥陀三尊像、因幡堂の薬師如来像であろう。ともに霊験像として、そして三国伝来という伝承から盛んな模刻が行われ、信仰を集めている。鎌倉時代の末法の世にあって、何が最も正統であるのかが模索され、造像に反映されたものと考えられるのである。真言八祖を掲げることはまさしく、三国にわたって流れる法脈を、他宗派に対しても優位性を示すものであったと思われる。

それに加え、室生寺本の空海讃文に見られるように、空海が金剛薩埵からの印明伝授と都率天と高野山浄土が示されることで、真言法脈は今も入定して高野にいる生身の空海から受け継いでいるという格別な意識があったに相違ない。過去ではなく現在なのである。

美術作例は絶えず大陸からの影響によって変化しつづける。様式は時代によって変化する。真言八祖についても本論で見たように若干の変容が見られる。しかし、それは絵画制作における転写上の問題であり、形式踏襲という意識の点では他の美術作例とは比較にならないほど忠実である。また、真言八祖に関しては唐時代に請来されて以降、宋代でも元代でも新たに制作され請来されることはなかった。大陸において密教の法脈が途絶え、新たな展開を遂げなかったこともある。それゆえ、九世紀の画像が絶対的な権威として継承されたのである。

灌頂という儀礼は法脈を受け継ぐという厳格な行為である。それゆえに前代の次第を忠実に踏襲するものであり、形式の簡素化や省略があったとしても、基本は真言八祖からの脈々とした法の伝授であった。その意味でも灌頂において不変なる真言八祖画像が守られ続けたのである。

参考文献

内田啓一　二〇一二「室生寺蔵真言八祖画像について―室生寺中興空智房忍空との関係から」『佛教藝術』三二〇、三一―五四。
神奈川県立金沢文庫編　一九八八『金沢文庫資料全書　第九巻　寺院指図篇』便利堂。

京都市立芸術大学編　二〇〇四　『仏教図像聚成　六角堂能満院仏画粉本』法藏館。
塚本麿充　二〇〇七　「宋代皇帝御書の機能と社会—孝宗『太白名山碑』（東福寺蔵）をめぐって」神戸大学美術史研究会『美術史論集』七、一〇—三〇。
東寺宝物館　二〇〇二　『弘法大師の書—御筆七祖影　七幅』。
藤井恵介　一九九八　『密教建築空間論』中央公論美術出版。
松原茂　一九八五、一九八六　「『正和三年本真言八祖像』考証（上・下）」『國華』一〇八九号、三五～四一頁、一〇九〇号、三三～四四頁。
松本郁代　二〇〇五　『中世王権と即位灌頂』森話社。
森　暢　一九七一　『鎌倉時代の肖像画』みすず書房。

中国・東南アジア	日　本
5世紀前半　『観仏三昧海経』『禅秘要法経』『治禅病要法』成立。禅観の中で灌頂を体験するという観法や、治病行為の一種としての灌頂が説かれる	
7世紀初　カンボジアにおける灌頂に言及する碑文の初出 629　玄奘、インドに求法の旅に出発（帰国は645） 671　金剛智生まれる（671～741）	
705　不空生まれる（705～774） 720　金剛智が洛陽に至る。その後、灌頂を行うが、これが中国における灌頂の始まりとなる。受者は一行禅師で、金剛頂経系の灌頂。結縁灌頂も頻繁に行う 746　不空の弟子で、空海の師となる恵果が生まれる（746～806） 754　不空が武威郡の開元寺において灌頂（阿闍梨灌頂と結縁灌頂の両者）を行う。それ以外にも大規模な灌頂をたびたび行う 8世紀末～9世紀初　ジャヤヴァルマン2世 8世紀末　ボロブドゥール寺院が建立される	767　最澄生まれる（767～822） 774　空海生まれる（774～835）

灌頂年表

年代＼地域	インド	チベット・ネパール
BC 1500	BC1200～BC1000　リグ=ヴェーダ成立。灌頂が即位儀礼として行われる	
BC 1000	BC1000～BC600　残りの3つのヴェーダ、サーマ=ヴェーダ、ヤジュル=ヴェーダ、アタルヴァ=ヴェーダが成立。このうちヤジュル＝ヴェーダには代表的な即位儀礼ラージャスーヤが説かれる	
BC 500	BC 6～5世紀頃　釈迦生まれる	
0	1世紀頃　ガンダーラとマトゥラーで仏像制作が始まる	
100	2世紀頃　『無量寿経』成立	
200	2～3世紀頃　『般若経』成立 3世紀頃　『法華経』『十地経』成立。このうち『十地経』に「法雲地」という名称が現れ、灌頂が強く意識される	
300	3～4世紀頃　『涅槃経』（第一類）成立	
400	4～5世紀頃　『涅槃経』（第二類）『大雲経』『如来蔵経』成立。仏教内部で如来蔵思想が有力となる 5世紀頃　『央掘魔羅経』『大法鼓経』成立 5世紀後半　アジャンター石窟後期掘の開鑿がはじまる。第1窟や第17窟の壁画に、即位式としての灌頂の場面が描かれる	
500		
600	7世紀半ば　『大日経』成立。密教儀礼としての灌頂の整備が進む 7世紀後半～8世紀末　『金剛頂経（真実摂経）』成立。五仏の智恵を受者に与える五種の灌頂などが説かれる	
700	8世紀後半　『秘密集会タントラ』成立。瓶、秘密、般若智、第四の四種の灌頂が説かれる	

中国・東南アジア	日　本
800頃　アンコール朝成立（～1400頃） 805　恵果、空海に胎蔵、金剛界、阿闍梨位の各灌頂を与える 839　青龍寺東塔において円行が灌頂を受ける。その記録が『大唐青龍寺東塔院義真阿闍梨記録　円行入壇』として現存 880　プリア・コー碑文。インドラヴァルマン王が受けた灌頂についての記述がある	802　最澄、空海、遣唐使として入唐 804　最澄、唐より帰国 805　最澄、高雄山寺で伝法灌頂を行う 806　空海、唐より帰国。経典に加え、曼荼羅や儀礼のための仏具、真言七祖像などを将来する 812～813　空海、高雄山寺で最澄らに受明灌頂を与える 816　空海、勤操らに両部灌頂を与える 836　空海の弟子の実慧が、長安の青龍寺にあてて、灌頂に言及する書状を送る
	961　横川真言堂、造営開始 10世紀末　勧修寺宝満院灌頂堂、建立
1053　スドック・カク・トム碑文。アンコール朝のジャヤヴァルマン２世に言及し、「デーヴァラージャ」の語を用いる	1055　藤原顕季生まれる（1055～1123）。歌会の儀礼である人丸影供を始めたと伝えられる 1068　後三条天皇即位（1068～1072在位）。即位灌頂を行ったという記録が、大江匡房（1041～1111）の『後三条院御即位記』にある
1113　スーリヤヴァルマン２世生まれる（1113～1145以降）。この頃の碑文に「灌頂」あるいは「王の灌頂」の語が頻繁に現れる 12世紀前半　アンコール・ワットが建立される 1125　ジャヤヴァルマン７世生まれる（1125～1218？／1220？）	1104　藤原清輔生まれる（1104～1177）。和歌灌頂の祖といわれる 1109　済暹が仁和寺で伝法会、復興 1114頃　中川寺成身院、建立。1179年にここで行われた伝法灌頂の指図が残る 1116　覚鑁、伝法灌頂受ける 1131　醍醐寺三宝院（灌頂院）で結縁灌頂開始 1132　覚鑁が高野山に大伝法院本堂建立 1150　高野山金堂再建。後世の真言密教寺院の仏堂建築に影響を与える 1155　慈円生まれる（1155～1225） 1155　高野山灌頂堂再建 1178　伝法会のために仁和寺伝法堂建立

灌頂年表

年代＼地域	インド	チベット・ネパール
800		
900	10世紀頃　ヒンドゥー・タントリズムのヴィシュヌ派の『サートヴァタ・サンヒター』『ジャヤークヤ・サンヒター』、同じく聖典シヴァ派の『ムリゲーンドラアーガマ』『ラウラヴァアーガマ』が成立。いずれも灌頂に関する各派のスタンダードな情報を含む	
1000	11世紀頃　同じく聖典シヴァ派の『ソーマシャンブパッダティ』が成立 11世紀中頃　インドの密教経典の最後に位置する『時輪タントラ』が成立。それまでの仏教内部の灌頂儀礼が整備され、世間の灌頂と出世間の灌頂という二段構成の儀礼が説かれる	
1100	12世紀初　インド後期密教の代表的な学僧アバヤーカラグプタが『ヴァジュラーヴァリー』を著し、インド密教の灌頂の集成を行う	

中国・東南アジア	日　本
	1205　藤原孝道（1166～1237）撰「先帝王御灌頂次第」に琵琶灌頂の口伝が記載 1236　三条白河房熾盛光堂（1205建立）で慈源が伝法灌頂受ける 1287　伏見天皇即位（1287～1298在位）。これ以降、即位灌頂が定着したとの説あり
	1302　金剛寺本堂にて結縁灌頂開始 1308　室生寺本堂（灌頂堂）が建立。「真言八祖像」が描かれ、堂内に安置
	1490　勧心寺金堂（14世紀中頃に建立）において、この年に結縁灌頂が修されたときの記録「勧心寺結縁灌頂米銭上下用帳」が残る
	1559　『お湯殿の上の日記』（天文五年二月二十六日条）に即位灌頂の記述あり
	1614　加賀藩の芳春院と玉泉院が芦峅寺に参詣し、布橋で儀式を行う
	1747　この年に芦峅寺から加賀藩寺社奉行所に出された書付において、立山の布橋での儀式が「布橋」と呼ばれる 1775　『布橋大灌頂勧進記』に血盆経の納経に関する記述あり
	19世紀前半　立山の布橋で行われている儀礼に「布橋大灌頂」の用語が定着する 1851　六角堂満能院本「真言八祖像」 1868頃　立山の布橋大灌頂会、廃止
	1996　立山で布橋大灌頂、復活

（制作：森雅秀）

＊この年表は本書所収の論文から、灌頂に関連する事項を中心に取り上げ、地域ごとにまとめたものである。個々の事項に関しては、研究者によって見解の異なるものもあるが、原則として執筆者の説に従った。なお本文で言及されていない事項も若干補った。

灌頂年表

年代＼地域	インド	チベット・ネパール
1200	1203　ヴィクラマシーラ僧院が破壊され、インド仏教が終焉を迎える	13世紀初　チベットのトプ翻訳官がシャーキャシュリーバドラをチベットに招聘する。当初、シャーキャシュリーバドラは『ヴァジュラーヴァリー』に従ってチベットで灌頂を行っていたが、チベット人の要請に基づき、タントラの階層に従った灌頂の作法に改めた 13世紀頃　ネパールで『金剛阿闍梨儀礼集成』が成立。ネパール仏教の灌頂儀軌の基本的文献として重視される
1300		1357　ゲルク派の開祖ツォンカパが生まれる（1357-1419） 1385　ツォンカパの主要な弟子のひとりケートゥプジェが生まれる（1385-1438）
1400		1409　ツォンカパがゲルク派を開く。生涯にわたって、灌頂を含むチベット仏教の儀礼と教義の体系について重要な著作を数多く著す（その代表作として『真言道次第論』）
1500		
1600		1617　ダライラマ５世ガワン・ロサン＝ギャンツォ生まれる（1617-1682） 1642　ダライラマ５世によってダライラマ政権確立
1700		1708　ダライラマ７世ケルサン＝ギャムツォ生まれる（1708-1757） 1751　ダライラマ７世、チベットの主権を回復し、第二次ダライラマ政権がはじまる
1800		
1900		

あとがき

儀礼研究は仏教学に残された最後の秘境である。そこには手つかずのままの膨大な文献がある。漢訳経典にも、チベット語の経典や高僧の著作にも、日本に残る事相関係の聖教にも、おびただしい数の儀礼関連文献が残されている。一生かかってもそのすべてを読破することはできない。汲めども尽きぬ情報の泉なのである。

仏教儀礼はアジア全域に広がりを持つ。インドはもちろん、中国、チベット、東南アジア、日本など、仏教の伝播した地域であれば、必ず儀礼が存在する。これは時間的な広がりについても同様である。釈迦の生きた時代にも何らかの形で儀礼はおこなわれていたであろうし、現代においても、仏教を信仰する人たちは、僧侶であろうと俗人であろうと、必ず儀礼にかかわっているはずである。

儀礼研究は、仏教学の隣接分野とも良好な関係を生み出すことができる。日本史の分野では、近年とみに儀礼への関心が高まっている。美術史や建築史においても、具体的な造形作品や建築物の背景に、儀礼の存在を強く意識するようになった。人類学や宗教学は、もともと儀礼を重要な研究対象としてきた領域である。芸能や身体論からの儀礼へのアプローチも可能である。

ところが、仏教学内部の儀礼研究は、いつまでたっても、いっこうにさかんにならない。そこに肥沃な世界が広がっていることはわかっていても、誰もなかなか足を踏み入れようとはしないのである。哲学や思想のような仏教学の王道のようなところから見ると、儀礼研究はあぶない脇道に見えるのであろう。同じように文献を扱いながらも、前者がいかにも高尚で難解な議論を繰り広げるのに対し、儀礼に関する文献には「早朝に起きて、仏像の前でかくかくのお供えをして、その後、かくかくの呪文を唱え云々」といった内容が延々と続く。

退屈で冗長な手順の説明を前にすると、いったい何の研究をしているのかわからなくなってくる。いきおい、人はその背後にある意味を探ろうとする。しかし、この「意味の探求」こそが、儀礼研究の危険な罠である。いったん足をとられると、なかなか抜け出せないぬかるみである。

「かくかくの行為を三度くりかえせと文献には書いてあるが、いったいこの三という数にはどのような意味が込められているのであろう。何かを象徴するのであろうか」、といった疑問が頭をもたげてくるが、そんな意味はたいていわからないし、どのような解答をそれに与えても、単なる思いつきの域を出ない。文献にはしばしば「教理的な説明」が示されているが、ほとんどが後からのこじつけである。

儀礼研究が陥る別のパターンに起源の探求がある。「仏教は本来、儀礼を重視しなかったはずである。別の宗教の影響を受けたに違いない」、そう考える研究者は多い。インドの場合、それへの答えは三つくらいであろう。ヴェーダの祭式か、ヒンドゥー教の儀礼か、土着的な儀礼かである。しかし、そのいずれに関しても具体的な検証はほとんどなされていない。何もせずに「ヒンドゥー教の儀礼との比較研究が、今後、期待される」といったお祈りのようなフレーズでお茶を濁す研究がいかに多いことか。あるいは、ヴェーダの祭式に起源が見つけられれば、もうそれで大満足である。インドの宗教においてヴェーダよりもさらに古い文献はないのであるから、すごろくの「あがり」のようなものである。仏教学においてもヴェーダの権威が絶対的であるのは皮肉に思える。

さて、本書のテーマの灌頂である。

これまで灌頂が取り上げられるときには、インドの灌頂であろうと、日本の灌頂であろうと、必ず「古代インドの国王即位儀礼に範をとった」という説明が、金科玉条のように添えられてきた。典型的な「ヴェーダ文献に起源を持つ」仏教儀礼だったのである。しかし、実際にヴェーダ文献のどこを探しても、そのまま密教の灌頂の原型になったような即位儀礼は見つからない。

誰もが漠然と起源と信じてきたヴェーダ文献が、密教の灌頂と直接つながらないとすると、とたんにその研究は魅力のないものになってしまうようである。しかし、むしろ安易な起源の探求や、不毛な意味の考察と決別するべき時なのであろう。さまざまな宗教でおこなわれてきた灌頂そのものを丁寧に記述し、問題点を整理することで、はじめて灌頂とは何かが具体的に浮かび上がってくるはずである。

本書は二〇一一年一一月五日・六日の二日間にわたって、金沢大学国際文化資源学研究センターでおこなわれたシンポジウム「灌頂―王権儀礼のアジア的展開」にもとづいている。このシンポジウムでは、灌頂に関する一四名による研究発表がおこなわれ、アジア各地の灌頂の多様性が鮮明に示された。儀礼研究という特殊なテーマであるにもかかわらず、多くの聴衆を集め、仏教学以外の分野の専門家たちからも高い評価をいただいた。灌頂がはじめて学際的な研究の俎上にのぼったのである。

本書の論考の大半は、このときの研究発表をベースとしているが、いずれもシンポジウム全体の成果をふまえ、論点の整理や問題の再検討をおこなっている。また、当日は発表していただけなかった研究者にもあらたに原稿を依頼した。逆に、シンポジウムの発表者の中で、諸般の事情で執筆がかなわなかった方たちも若干いる。しかし、その場合でも、他の論考に何らかの形で成果が反映されているはずである。このほか、シンポジウムにおいて討論に参加された方や、座長として進行を担当された方たちにも多くを負っている。

シンポジウム開催から本書刊行にいたるまでには、思いがけず長い時間が過ぎてしまった。これはひとえに編者である筆者に責がある。早々と原稿をお寄せいただいた執筆者には、深くお詫び申し上げる。原稿提出後も筆者からの無理難題の注文に、根気よく応じて下さった執筆者の方々には、感謝あるのみである。

本書の写真掲載にあたっては、各作品を所蔵されている上品蓮臺寺様と北村太道先生にご高配を賜った。画像データは京都国立博物館と龍谷ミュージアムからご提供いただいた。シンポジウムでは金沢大学のスタッフおよび学生諸君にお世話になった。また、原稿のとりまとめには金沢大学大学院の黒田譜美さんにお手伝いいただいた。記して謝意を表する次第である。

本書はシンポジウムの企画の段階から、法藏館に刊行について相談に乗っていただいた。昨今の出版業界において、人文系の専門書、とりわけ論文集の刊行がきわめて厳しい状況にあるなか、出版をお引き受けいただけたのは、たいへんありがたいことであった。実際に刊行準備を進めるにあたっては、編集部の皆様、とくに岩田直子さんにはひとかたならぬご尽力をいただいた。末筆ながら、あつく御礼申し上げる。

二〇一四年七月

森　雅秀

執筆者一覧（掲載順）

森　雅秀（もり　まさひで）
　→奥付記載

土山泰弘（つちやま　やすひろ）
一九五二年生まれ。埼玉工業大学人間社会学部教授。北海道大学大学院文学研究科博士課程修了。専攻はヴェーダ研究。論文に"Abhiṣeka in the Vedic and post-Vedic rituals" *From Material to Deity*, Manohar,「家長と祭火」（『日本仏教学会年報』第六九号）ほか。

鈴木隆泰（すずき　たかやす）
一九六四年生まれ。山口県立大学附属図書館長、教授。東京大学大学院アジア文化研究専攻博士課程中退。博士（文学）。専攻はインド大乗経典研究。著書に『葬式仏教正当論』『本当の仏教　第一巻』（ともに興山舎）、論文に「仏性の展開―央掘魔羅経・大法鼓経」（『如来蔵と仏性』春秋社）ほか。

杉木恒彦（すぎき　つねひこ）
一九六九年生まれ。日本橋学館大学リベラルアーツ学部教授。東京大学大学院人文社会系研究科博士課程修了。専攻はインド・ネパールの密教を中心とする、インド学・仏教学ならびに宗教学。著書に『サンヴァラ系密教の諸相―行者・聖地・身体・時間・死生』（東信堂）ほか。

井田克征（いだ　かつゆき）
一九七三年生まれ。金沢大学など非常勤講師。金沢大学社会環境科学研究科修了。博士（文学）。専攻はヒンドゥー教史。著書に『ヒンドゥータントリズムにおける儀礼と解釈―シュリーヴィディヤー派の日常供養』（昭和堂）、『世界を動かす聖者たち』（平凡社）。

引田弘道（ひきた　ひろみち）
一九五三年生まれ。愛知学院大学文学部教授。東京大学大学院人文科学研究科博士課程修了。専攻はヒンドゥー教、仏教説話。著書に『ヒンドゥータントリズムの研究』（山喜房佛書林）、論文に"Consecration of Divine Images in a Temple," *From Material to Deity*, Manohar, "Sanctification of the Sacrificial Ground," *Three Mountains and Seven Rivers*, Delhi: Motilal Banarsidass ほか。

平岡宏一（ひらおか　こういち）
一九六一年生まれ。清風高等学校・中学校校長、種智院大学客員教授。高野山大学大学院博士課程（密教学専攻）単位取得退学。インド亡命中のゲルクの派密教総本山ギュメに留学し、外国人として初めてCERTIFICATEを授与される。専攻はチベット密教。著書に『ゲルク派版死者の書』（学習研究社）、論文に「チベットの灌頂」『須弥山の仏教世界　チベット』（『新アジア仏教史』第九巻、佼成出版社）ほか。

吉崎一美（よしざき　かずみ）

一九五一年生まれ。東洋大学大学院文学研究科博士課程修了。専攻はネパール仏教。著書に『ネパール仏教』（春秋社）、The Kathmandu Valley as a Water Pot, Vajra Publications, Kathmandu. 論文に「河口慧海に梵語文法を教授したクルマン博士」（『印度学仏教学研究』六一―一号）ほか。

岩崎日出男（いわさき　ひでお）

一九五九年生まれ。園田学園女子大学人間健康学部教授。高野山大学大学院文学研究科博士課程単位取得退学。専攻は中国密教。論文に「密教の伝播と浸透」『興隆・発展する仏教　中国Ⅱ隋唐』（『新アジア仏教史』第七巻、佼成出版社）、「道教と密教」『道教と中国思想』（『講座道教』第四巻、雄山閣）ほか。

山部能宜（やまべ　のぶよし）

一九六〇年生まれ。東京農業大学農学部教授。イェール大学大学院宗教学専攻修了。専攻は唯識教学と中央アジアの禅観。末木文美士教授と『坐禅三昧経』を英訳（仏教伝道協会）。近稿に「大乗仏教の禅定実践」、「アーラヤ識論」（ともに『シリーズ大乗仏教』春秋社）ほか。また、シュミットハウゼン記念論集に寄稿。

高島　淳（たかしま　じゅん）

一九五五年生まれ。東京外国語大学アジア・アフリカ言語文化研究所教授。東京大学大学院博士課程宗教学宗教史学専攻単位取得退学。専攻は宗教史学。著書に『東南アジアのインド古典語碑文選』（アジア・アフリカ言語文化研究所〔澤田英夫と共著〕）、論文に「シヴァ教の宇宙論」（『聖なる空間』リトン）ほか。

武内孝善（たけうち　こうぜん）

一九四九年生まれ。高野山大学文学部教授。高野山大学大学院博士課程密教学専攻単位取得退学。博士（密教学）。専攻は空海学・日本密教史。著書に『弘法大師空海の研究』（吉川弘文館）、『弘法大師　伝承と史実―絵伝を読み解く』（朱鷺書房）。『寛平法皇御作次第集成』（東方出版）ほか。

冨島義幸（とみしま　よしゆき）

一九六六年生まれ。京都大学大学院工学研究科准教授。京都大学大学院工学研究科博士後期課程修了。博士（工学）。専門は日本建築史。著書に『密教空間史論』（法藏館）、『平等院鳳凰堂―現世と浄土のあいだ』（吉川弘文館）ほか。

松本郁代（まつもと　いくよ）

一九七四年生まれ。横浜市立大学国際総合科学部准教授。立命館大学大学院文学研究科史学専攻日本史専修博士課程修了。博士（文学）。専門は日本文化史。著書に『中世王権と即位灌頂』（森話社）、共編著に『儀礼の力』（法藏館）、『風俗絵画の文化学』Ⅰ Ⅱ（思文閣出版）ほか。

執筆者一覧

福江　充（ふくえ　みつる）
一九六三年生まれ。高志の国文学館主幹・学芸員。大谷大学大学院文学研究科修士課程修了。専攻は仏教文化。文学博士（金沢大学）。著書に『立山曼荼羅』『江戸城大奥と立山信仰』（以上、法藏館）、『立山信仰と立山曼荼羅』『近世立山信仰の展開』（以上、岩田書院）ほか。

内田啓一（うちだ　けいいち）
一九六〇年生まれ。早稲田大学文学学術院文学部教授。早稲田大学大学院文学研究科博士課程修了。専攻は日本美術史。著書に『文観房弘真と美術』『日本仏教版画史論考』（以上、法藏館）、論文に「新出の立川流聖教」（『密教図像』三一号）ほか。

【編著者略歴】

森　雅秀（もり　まさひで）

1962年生まれ。名古屋大学大学院文学研究科中退。ロンドン大学大学院修了。Ph. D. 高野山大学文学部助教授等を経て、現在、金沢大学人間科学系教授。専門は仏教文化史、比較文化学。著書に『生と死からはじめるマンダラ入門』（法藏館）、『エロスとグロテスクの仏教美術』（春秋社）、『チベットの仏教美術とマンダラ』（名古屋大学出版会）、『インド密教の儀礼世界』（世界思想社）、『仏のイメージを読む』（大法輪閣）ほか。

アジアの灌頂儀礼

——その成立と伝播——

二〇一四年一〇月一〇日　初版第一刷発行

編著者　森　雅秀

発行者　西村明高

発行所　株式会社法藏館

京都市下京区正面通烏丸東入

郵便番号　六〇〇―八一五三

電話　〇七五―三四三―〇〇三〇（編集）

〇七五―三四三―五六五六（営業）

装幀者　佐藤篤司

印刷・製本　亜細亜印刷株式会社

ISBN978-4-8318-7449-8　C3015